CONTENTS

부동산전문가과정(RPC)

Part

01

부동산 풍수지리

풍수지리 개요

1 풍수지리의 정의

풍수지리(風水地理)는 바람과 물과 땅과 관련된 학문이다. 글자 그대로 해석하면 바람과 물과 땅의 이치를 다스린다는 뜻이다. 바람과 물과 땅은 지구상에 존재하는 모든 생명들이 살아가는데 가장 중요한 것들이다. 인간도 자연의 일부이기 때문에 바람과 물과 땅이 없으면 살 수 없다. 이처럼 모든 생명들의 활동에 필요한 바람과 물과 땅의 이치를 설명하고 있는 것이 풍수지리이다.

풍수와 지리의 관계는 지리에 의해서 풍수가 변한다는 뜻이다. 바람과 물은 본래 특별한 형태를 가지고 있지 않다. 그러나 그 흐름은 산이나 땅의 모양에 따라서 변하게 된다. 즉 풍수는 지리에 의해서 그 흐름이 변하므로 풍수지리이다. 풍수의 흐름에 따라 기운이 변하고, 기운의 변화는 사람들의 삶터에 큰 영향을 미친다.

산업화 이전 인간의 삶은 자연환경의 영향을 많이 받았다. 기후 등 극심한 자연조건으로부터 생존하기 위해서는 지형지물을 잘 활용해야만 했다. 이처럼 자연의 조건을 효과적으로 이용할 수 있는 방법을 궁리하면서 풍수지리가 발전하게 된 것이다. 그러므로 풍수지리는 지역의 기후와 지형에 적합한 삶터를 가꾸는 것이라 할 수 있다.

2 형기풍수와 이기풍수

풍수지리는 크게 형기풍수(形氣風水)와 이기풍수(理氣風水)로 구분한다. 형기풍수에서 형(形)은 기의 형체인 모양을 일컫는 말이다. 모양이 있다는 것은 육안으로 보인다는 것을 뜻한다. 그러므로 형기풍수는 육안으로 보이는 자연과 인공물의 생김새를 보고 인간생활에 어떤 영향을 주는지를 살피는 이론이다. 주로 산과 땅의 생김새를 보고 삶터로서의 적합 여부를 판단한다.

이기풍수에서 이(理)는 기를 다스린다는 뜻이다. 다스림은 형체가 나타나지 않는다. 그러므로 이기풍수는 육안으로 보이지 않는 시간이나 방위 등을 살펴서 적합 여부를 판단한다. 이기풍수는 보이지 않기 기운을 다스리므로 음양오행이라는 공식을 사용한다. 음양오행은 옛 사람들이 자연의 순환하는 이치를 인간생활에 쉽게 적용할 수 있도록 정리한 공식이다.

인간생활에는 형기풍수와 이기풍수가 모두 필요하다. 우선 형기풍수 이론을 적용하여 좋은 터를 선정한다. 또 건물의 외관을 어떻게 할 것인지 디자인한다. 그 다음 이기풍수 이론을 적용하여 건물의 방향 및 방위에 적합한 실내배치를 한다. 또 이사 등을 비롯한 각종 택일에 적용한다. 형기와 이기 중 길흉에 더 큰 영향을 주는 것은 형기이다.

3 양택풍수와 음택풍수

풍수지리학은 집과 건물 터에 관한 양택(陽宅) 풍수와 묘지와 납골공원에 관한 음택(陰宅) 풍수로 구분한다. 양택은 산 사람의 거주지이고, 음택은 죽은 사람의 안장지다. 양택이나 음택의 풍수이론은 크게 다르지 않다. 특히 터를 선정하는 이론은 집터나 묘터나 똑같다. 또한 건물의 향을 결정하는 이론이나 묘의 향을 결정하는 이론은 동일하다.

다만 배치론은 다르다. 음택은 터를 정하고 향에 맞추어 봉분을 조성하면 끝이다. 그러나 양택은 터를 정하고 건물의 향을 정한 후에도 실내배치와 인테리어를 해야 한다. 음택에 비해 배치론과 인테리어풍수가 추가 되는 것이다. 간혹 터를 정하는 이론은 음택풍수, 실내배치와 인테리어는 양택풍수로 알고 있는 경우가 있는데 오해 없기를 바란다.

우리나라는 선사시대부터 풍수가 있어 왔는데 고려시대까지만 해도 음택풍수보다는 양택풍수가 더 발전하였다. 조선시대에 유교의 효사상이 조상숭배로 이어지면서 음택풍수가 성행한 것이다. 2000년대까지만 해도 매장을 선호하면서 음택풍수가 성행했지만 이후로는 화장문화가 자리매김하면서 음택풍수보다는 양택풍수가 더 성행하고 있다. 기후변화시대에는 이에 대응하는 논리를 풍수지리에서 찾고자 하는 연구가 활발하게 이루어지고 있다.

4 생기론

존재하는 모든 것은 에너지(Energy)인 기(氣)를 가지고 있다. 하늘이 가지고 있는 기는 천기(天氣)이고, 땅이 가지고 있는 기는 지기(地氣)이며, 사람이 가지고 있는 기는 인기(人氣)이다. 이 세 가지는 인간생활에 큰 영향을 끼치므로 천지인(天地人) 사상이 비롯되었다.

천기를 대표하는 것은 하늘에 있는 햇볕-달빛-별빛이다. 빛이 에너지이기 때문이다. 그러므로 하늘이 열려 있어서 햇볕과 달빛이 잘 드는 곳이 천기가 좋은 곳이다. 또한 밤에 별이 가득 보이면 좋은 곳이다. 이러한 곳은 미기후가 순조롭게 순환되기 때문에 사람은 건강하고 만물을 풍요롭게 한다.

지기가 좋은 곳은 땅이 기름진 곳이다. 반대로 지기가 나쁜 곳은 척박한 땅을 말한다. 땅을 팠을 때 깨끗하고 윤기가 나며 단단한 흙이 나오면 기름진 곳이다. 그러나 바위, 자갈, 모래, 진흙 등 거친 흙이 나오면 척박한 곳이다. 그러므로 좋은 터를 선택하고자 할 때는 고운 흙이 나오는 땅을 찾아야 한다.

인기는 사람이 기운이다. 인기하면 유명인 들만 있는 것으로 생각하기 쉬운데 모든 사람은 인기를 가지고 있다. 다만 인기가 좋은 사람이 있고 나쁜 사람이 있을 뿐이다. 어떤 일이든 성공하는 사람은 인기가 좋은 사람이다. 인기는 저절로 좋아지는 것이 아니라 관리를 하는 것이다. 아무리 천기가 좋고 지기가 좋은 곳이라도 인기가 나쁘면 성공할 수 없는 것이다.

그러므로 천기와 지기가 좋은 터를 선정하고 사람이 열심히 노력을 해야만 성공할 수 있는 것이다. 농사로 예를 들자면, 천기인 날씨는 좋은데 지기인 땅이 척박하면 농사가 되지 않는다. 반대로 땅은 기름지더라도 날씨가 나쁘면 역시 농사가 되지 않는다. 천기와 지기가 좋더라도 농부의 노력 없이는 성공이 어렵다. 또한 농부가 아무리 노력을 하더라도 천기와 지기가 나쁘면 역시 풍년을 기약할 수 없다. 마찬가지로 사람이 아무리 노력을 하더라도 집터나 사업장 터가 나쁘면 성공을 기대하기가 어렵다고 할 수 있다.

제 2 강 | 풍수지리 이론체계

1 용(龍)

　풍수지리에서는 산맥 또는 능선을 용(龍)이라고 한다. 용이 실재 존재했는지는 알 수 없다. 그러나 옛날부터 설화나 전설에 지극히 귀한 존재로 상징되어 왔다. 용은 변화가 무궁하여 바람과 구름과 비를 일으키며 하늘을 난다. 때로는 연못이나 바다에 큰 물보라를 일으키며 잠복하기도 한다. 산의 능선을 용이라고 부르는 것은 산맥의 흐름이 마치 용과 같이 변화무상하기 때문이다.

　많은 산맥이나 능선 중에서도 자기와 상관있는 혈이나 집, 묘지의 능선을 주룡(主龍)이라고 한다. 주룡은 전기의 전선과 같은 것으로 산천 정기를 혈에 전달하는 역할을 한다. 나무에 비유하자면 뿌리에서 흡수한 영양분을 줄기와 가지를 통해 꽃과 열매에 전달하는 것과 같다.

　산의 정기는 크고 강한 산에서 작고 순한 산으로 산맥을 따라 흐른다. 이것이 자연의 법칙이다. 우리나라는 시조산인 백두산에서 산줄기를 따라 전국으로 정기가 전달된다. 교가 중 많은 수가 '백두산 정기 받은 무슨 산 아래~♪'로 시작하는 이유다. 또한 우리 국민들이 백두산을 민족정기가 서린 영산으로 바라보는 까닭이기도 하다.

▲ 용 그림

▲ 용 몸통처럼 생긴 산줄기

● 우리나라 산줄기

　조선후기 문신이자 실학자였던 여암 신경준(1712~1781: 숙종38년 ~ 정조 5년)은 ≪산경표(山徑表)≫에서 우리나라 산맥체계를 크게 1대간·1정간·13정맥 모두 15개로 나누었다. 1대간은 백두대간으로 백두산에서부터 지리산까지 이어진 도상거리 1,625km의 한반도 척추와 같은 산줄기다. 백두대간에서 정간과 정맥들이 가지를 뻗어 나가는데 해안선까지 이어져 나가는 긴 산줄기들이다.

장백정간은 백두대간 설령봉에서 두만강 하구 서수라곶까지 이어진 산줄기다. 정간에 장백산(현 만탑산)이 있어 장백정간이라 이름 하였다. 청북정맥은 청천강 북쪽에 있는 산줄기란 뜻으로 백두대간 마대산에서 낭림산을 거쳐 신의주 압록강 하구 마곶까지 이어진 산줄기다. 청남정맥은 청천강 남쪽에 있는 산줄기란 뜻으로 낭림산에서 대동강 하구 광량진까지 이어진 산줄기다.

▲ 우리나라 산줄기

해서정맥은 황해도 지방을 지난다하여 붙여진 이름으로 백두대간 두류산에서 화개산을 거쳐 해주 장산곶까지 이어진 산줄기다. 임진북예성남정맥은 임진강 북쪽, 예성강 남쪽에 있는 산줄기란 뜻으로 화개산에서 개성 남쪽의 진봉산까지 이어진 산줄기다. 그 끝자락에 예성강, 임진강, 한강이 합류하여 서해로 나간다.

한북정맥은 한강 북쪽에 있는 산줄기란 뜻으로 백두대간 추가령에서 파주 교하 장명산까지 이어진 산줄기가. 한남금북정맥은 백두대간 속리산에서 안성 칠장산까지 이어진 산줄기로 한남정맥과 금북정맥으로 갈라지기 때문에 붙여진 이름이다. 한남정맥은 한강 남쪽으로 이어진 산줄기로 칠장산에서 김포 문수산까지 이어진 산줄기다.

금남호남정맥은 백두대간 영취산에서 완주 모래재 북쪽 주화산까지 이어진 산줄기로 금남정맥과 호남정맥으로 갈라지기 때문에 붙여진 이름이다. 금남정맥은 금강 남쪽으로 이어진 산줄기로 주화산에서 부여 부소산까지 이어진 산줄기다. 호남정맥은 호남지방을 지난다고 하여 붙여진 이름으로 주화산에서 광양 백운산까지 이어진 산줄기다.

낙동정맥은 낙동강 동쪽으로 이어진 산줄기란 뜻으로 백두대간 태백산에서 부산 물운대까지 이어진 산줄기다. 낙남정맥은 낙동강 남쪽으로 이어진 산줄기란 뜻으로 지리산에서 김해 분산까지 이어진 산줄기다.

● 지기 전달체계

대간이나 정맥이 어느 한 지역을 만들기 위해서 기를 모은다. 기가 모여 있기 때문에 산이 높고 험한 것이 특징이다. 예를 들어 서울 강북을 만들기 위해서 한북정맥 상에 도봉산과 북한산을 세웠고, 서울 강남을 위해서 한남정맥에서 갈라져 나온 산줄기가 관악산을 세웠다. 부산은 낙동정맥 상에 금정산, 대전은 금남정맥 상에 계룡산, 대구는 낙동정맥의 팔공산, 전주는 호남정맥의 모악산, 광주는 호남정맥 상의 무등산 등이 이에 해당된다. 풍수지리에서는 이와 같은 산을 태조산(太祖山)이라고 한다. 태조산은 전기에 비유하자면 발전소와 같고, 족보에 비유하면 각 문중의 시조와 같은 산이다. 참고로 백두산은 민족의 시조인 단군과 같은 산이다.

태조산에서 여러 갈래로 뻗은 산맥이 흐르다가 다시 기를 모아 중간에 산을 만든다. 이를 중조산(中祖山)이라 한다. 전기에 비유하면 변전소이고, 사람에게는 중시조와 같다. 태조산이 광역시·도를 대표할만한 산이라면 중조산은 서너 개의 시·군을 대표할만한 산이다. 중조산은 태조산 만큼은 아니더라도 기가 세고 험하다. 그러므로 태조산과 중조산 자락은 기가 순한 산자락에 있는 마을에 비해서 잘 사는 곳이 많지 않다.

　　중조산에서 또 여러 갈래로 갈라진 맥이 흘러가다가 중소도시나 읍을 대표할만한 산을 세운다. 이를 소조산(小祖山)이라고 하는데 태조산이나 중소산에 비하여 해발도 낮고 기도 순하다. 그렇지만 아직은 기가 세서 택지로는 부적합하다. 전기에 비유하면 변압기와 같고 사람에게는 할아버지와 같은 존재다. 흔히 어느 고장의 주산(主山)을 언급할 때 바로 소조산을 두고 하는 말이다.

　　소조산을 출발한 주룡이 마을이나 집터를 만들기 위해서 작고 아담한 봉우리를 세운는데, 이를 현무봉(玄武峰)이라 한다. 전기로는 두꺼비집과 같으며, 사람으로는 부모와 같은 산이다. 태조산과 중조산, 소조산을 거치며 순화된 기가 현무봉에 이르러 대부분 순화 되었다. 그 특징은 바위 없이 흙산으로 이루어져야 좋은 현무봉이라 할 수 있다.

　　현무봉에서 나온 용맥이 물을 만나 더 이상 나가지 못하고 멈춘 곳을 혈(穴)이라고 한다. 전기로는 전구와 비유되고 사람으로는 자식과 같은 존재다. 이곳에 집을 짓거나 묘를 쓰는 것이다. 풍수지리는 결국 이 혈을 찾고자 하는 이론이라 해도 과언이 아니다. 혈의 크기는 사방 8자라 했으니 지름이 평균적으로 2.4m 정도 되는 원형의 땅이다. 이곳에 순화 된 땅의 생기가 모여 있는 것이다.

　　이처럼 산이나 전기가 여러 과정을 거치는 것은 억세고 강한 기운을 순화시키기 위해서다. 고압선에서는 전기를 사용할 수 없듯이 기세 강한 용맥은 혈을 맺을 수 없다. 만약 이러한 곳에 집을 짓거나 묘를 쓴다면 고압선에다 전구를 꽂는 거와 같은 것이다. 또 산맥이 개발로 절단되면 전선이 잘린 것처럼 지기 전달이 끊긴다. 자연환경을 잘 보전해야 하는 이유다.

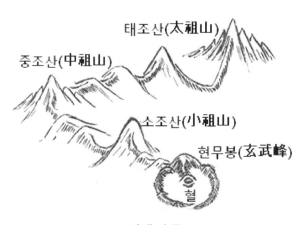

▲ 산세 흐름도

2 혈(穴)

혈은 풍수지리에서 산줄기인 용과 함께 가장 중요한 요소이다. 용을 따라 전달되는 땅의 생기가 모여 있는 장소다. 이곳에 집을 짓거나 주요 건물이 들어서며, 음택의 경우 묘가 위치하는 곳이다. 옛 사람들은 혈의 중요성을 강조하여 "천리내룡 근유일석지지(千里來龍 僅有一席之地)"라 하였다. 천리를 이어져 온 산맥이라도 겨우 한자리 혈을 맺는 다는 뜻이다. 다소 과장된 표현이지만 그만큼 혈이 드물고 귀하다는 의미다.

대개의 혈은 산줄기 끝에 위치한다. 마치 나뭇가지 끝에 꽃이 피고 열매가 열리는 거와 같은 이치다. 산줄기 끝을 다할 진(盡)자를 써서 용진처(龍盡處)라고 한다. 산은 물을 건너지 못하므로 앞에 물이 있으면 용은 멈춘다. 용이 멈추면 용을 따라 전달되는 생기가 더 이상 나가지 못하고 모이게 된다. 그러므로 혈이 위치하는 곳은 뒤에는 산이 있고 앞에는 물이 있는 배산임수(背山臨水) 지형이다. 흔히 배산임수 지형을 명당이라고 하는 이유다.

혈의 흙은 생기가 모여 있기 때문에 밝고 깨끗하다. 풍수지리 서적 중 가장 오래 된 책인 『금낭경』은 사람살기 좋은 땅의 토질과 토색을 다음과 같이 설명하고 있다. "무릇 혈의 흙은 미세하고 단단하며, 윤택하나 습하지 않고, 옥에 기름칠 한 것처럼 광택이 나고, 오색을 갖추어야 한다. 토지가 건조해서 윤택이 나지 않거나 습기가 많아서 토질이 매끈하지 않거나, 땅속에서 물이 나거나 모래나 자갈이 있는 땅은 사람 살기에 나쁜 곳이다."

또 『금낭경』은 사람이 살기에 적합하지 않은 땅을 다섯 가지로 설명하고 있다. 첫째, 돌산은 피하라. 기는 흙으로 돌아다니기 때문이다. 둘째, 산맥이 잘린 단산은 피하라, 기가 전달되지 않기 때문이다. 셋째, 산맥이 멈추지 않고 지나가는 과산은 피하라. 기가 멈추지 않기 때문이다. 넷째, 홀로 서있는 독산은 피하라. 기가 모이지 않기 때문이다. 다섯째, 초목이 자라지 못하는 민둥산은 피하라. 기가 죽어 있기 때문이다.

▲ 혈에 위치한 집터
(경북 안동시 임하면 천전리)

▲ 혈에 위치한 마을
(안동 하회마을)

3 사(砂)

　　사란 혈의 전후좌우에 있는 모든 산을 말한다. 혈 뒤로는 주산과 현무가 있고, 앞에는 안산과 조산이 있으며, 좌우에는 청룡과 백호가 있다. 또 외곽을 둘러싸고 있는 나성이 있다. 수구에 있는 한문·화표·북신·나성 등을 비롯하여 혈을 둘러싸고 있는 모든 산과 바위를 모두 합쳐 사 또는 사격(砂格)이라 한다. 사라는 용어는 옛날 지리를 가르칠 때 종이와 붓이 귀하기 때문에 무래로 산 모양을 만들어 설명한데서 유래되었다.

　　사의 첫 번째 역할은 용과 혈의 생기를 바람으로부터 흩어지지 않도록 보호하는데 있다. 『금낭경』은 "기는 바람을 타면 흩어지고 물을 만나면 멈추는 성질이 있다. 그러므로 옛사람들은 기가 모이고 흩어지지 않는 곳, 기가 행하다가 멈춘 곳을 자고로 풍수라고 하였다." 즉 기는 바람을 타면 흩어져 없어지기 때문에 바람을 막아주는 일이 중요하다. 두 번째 역할은 혈이 구체적으로 어떻게 발복할 것인가를 나타낸다. 주변의 산들이 깨끗하고 반듯하면 귀한 인물이 나는 땅이고, 풍요롭고 넉넉하게 살이 찐듯하면 부자들이 많이 나며, 깨지고 부서지고 기울고 배반하여 달아나면 흉한 땅이 된다.

　　『지리인자수지』에서는 산의 형세에 따라 사람의 인격과 품성, 길흉화복 등이 정해진다고 하였다. "산이 후덕하면 사람이 살찌고, 산이 야위면 사람이 배가 주리고, 산이 맑으면 사람이 귀하고, 산이 깨지면 사람이 슬프고, 산이 돌아오면 사람이 모이고, 산이 달아나면 사람이 흩어지고, 산이 장대하면 사람이 용맹하고, 산이 오그라들면 사람이 낮아지고, 산이 밝으면 사람이 현달하고, 산이 어두우면 사람이 미욱하고, 산이 순하면 사람이 효도하고, 산이 반역하면 사람이 기만한다."

　　그러나 사는 용과 혈의 영향을 많이 받아서 이들의 역량에 따라 길흉화복이 달라진다. 『지리인자수지』는 "용혈이 참이면 전후좌우의 산도 자연히 응할 것이나, 용혈이 참되지 아니하면 좋은 산들이 있다 하더라도 무익한 것이 된다." 또 "용이 천하면 사가 비록 귀하더라도 변하여 흉으로 돌아가는 것이고, 사가 천하더라도 용이 귀하면 사도 흉하지 않다."고 하였다.

▲ 길한 사격과 흉한 사격 개념도

● 보국과 동네

　보국은 주산·조산·외청룡·외백호가 감싸준 안쪽 공간을 말한다. 혈의 생기는 바람을 타면 흩어지는 성질이 있다. 혈의 생기가 바람으로부터 흩어지지 않도록 주변의 산들이 사방을 에워 감싸주어야 한다. 즉 뒤는 현무, 앞은 주작, 좌측에는 청룡, 우측에는 백호가 양팔을 벌려 끌어안듯 있어야 한다. 이처럼 사방의 산들이 혈지를 향해 감싸주면 그 안에 생기는 공간이 보국이다. 보국을 국(局) 또는 판국(版局), 국세(局勢)라고도 하며, 태풍이나 홍수 등과 같은 자연재해로부터 안전하고 외적의 침입을 방어하기에 유리한 지형이다.

　『지리인자수지』에서는 큰 보국을 나성원국(羅城垣局)으로 표현하며 다음과 같이 설명하고 있다. 나성원국은 앞의 조산과 뒤의 받혀주는 산이 빙 둘러 서로 연결된 것을 말한다. 이들 산들이 주위를 여러 겹으로 에워 감싸주며 성의 울타리처럼 빈틈이 없어야 한다. 마치 두 팔을 벌려 서로 안아주듯이 다정하게 감싸하면 빈틈이 없는 공간이 된다. 이러한 곳이 가장 좋은 나성이다.

　보국의 둘레가 크면 도읍지가 되고, 그보다 작으면 시나 읍이 되고, 그보다 더 작으면 마을이 된다. 주변에서 감싸주는 산들이 겹겹으로 있으면 발복은 오랫동안 지속되고, 감싸주는 산들이 적으면 발복은 빨리 끝난다. 만약 감싸주는 산이 없으면 기가 곧 흩어지므로 발복은 기대할 수 없다. 보국이 잘 갖추어졌던 곳이라도 개발로 인해 보국이 파괴되면 발복은 끝나고 만다.

▲ 보국 개념도

▲ 서울 도심 보국

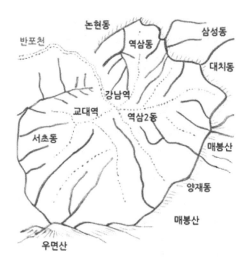

▲ 강남 서초지역　　　　　　　　　▲ 춘천 박사마을

4　수(水)

　물은 지구상에 가장 많이 존재하며 만물을 생성하는 근원이다. 풍수지리를 흔히 산수(山水) 또는 풍수(風水)라고 하는 것은 그만큼 물이 차지하는 비중이 크다는 것을 뜻한다. 물은 혈을 결지하는데 산과 함께 필수조건이다. 산천 생기를 보호하고 인도하고 멈추게 할 수 있는 것은 물이기 때문이다.

　풍수지리에서 산은 본래 움직이지 않고 정(靜)한 성질이기 때문에 음으로 보고, 물은 움직여 동(動)하는 성질이므로 양으로 본다. 산과 물이 서로 만나 음양조화를 이루었을 때 길한 터다. 산과 물이 음양조화를 얼마만큼 잘 이루었느냐에 따라 살기 좋은 도시·마을·주택이 된다. 산이 크고 물이 작거나, 산이 작고 물이 큰 것은 음양조화를 이루지 못한 곳이다.

　풍수지리에서 물은 수관재물(水管財物)이라 하여 재산을 관장한다고 보고 있다. 『지리인자수지』는 물이 깊은 곳에는 부자가 많이 살고, 물이 얕은 곳에는 가난한 사람이 많이 산다. 물이 모이는 곳은 사람이 조밀하게 많이 살고, 물이 흩어지는 곳에는 고향을 떠나는 사람이 많다고 하였다.

　길한 물의 형세는 첫째, 구불구불 굴곡하면서 유유해야 한다. 둘째, 가로지르는 물은 혈을 감싸며 흘러야 한다. 셋째, 물이 보국 밖으로 빠져 나갈 때는 느리게 흘러가야 한다. 넷째, 물이 혈 앞으로 들어올 때는 멀리서부터 천천히 흘러와야 한다. 다섯째, 웅덩이에 모인 물은 맑고 넘쳐흘러야 한다.

　흉한 물의 형세는 빠른 물줄기가 혈을 향해 일직선으로 있으면 사람이 다칠 우려가 있다. 경사가 급하여 물이 빨리 빠져나가는 곳은 재물이 모이지 않는다. 물이 졸졸 소리를 내며 흐르는 곳은 집안에 우환이 많을 수 있다. 물이 혈을 등 돌리듯 반배하고 흐르면 재물이 달아난다고 하는 곳이다.

▲ 물이 감싸고 있는 하회마을

▲ 두 물줄기 사이에 위치한 평창동

음양오행론[陰陽五行論]

1 음양·사상·팔괘·64괘

기(氣)는 우주를 형성하고 있는 근원이다. 처음에는 아무런 형상도 없이 기로만 가득 찬 무극(無極, ○) 상태였다. 기가 우주만물을 생성 해나가려면 반드시 음양으로 나누어지는데 이를 태극(太極, ◑)이라 한다.

태극 상태의 기가 양[－]과 음[－－]으로 분리되는 것을 음양(陰陽) 혹은 양의(兩儀)라고 한다. 음양의 표시는 문자가 없었을 당시 남녀 생식기의 모양을 보고 만들었다고 하며 이를 효(爻)라고 불렀다. 양[－]은 다시 양[＝]과 음[＝＝]으로 분리되고, 음[－－] 역시 양[＝＝]과 음[＝＝]으로 분리되어 사상(四象)을 만든다.

사상은 다시 만물을 형성하는 과정에서 음양으로 분류되어 건[☰]·태[☱]·이[☲]·진[☳]·손[☴]·[☵]·간[☶]·곤[☷]으로 나누어 지는데 이를 팔괘(八卦)라 한다. 그런데 천태만상의 우주 조화를 팔괘만으로는 모두 설명할 수가 없었다.

다시 괘끼리 결합하여 64괘(六十四卦)를 만들었다. 따라서 만물의 생로병사(生老病死) 등 우주의 순환과 변화는 64괘에 의해서 설명되며 이를 주역(周易)이라 한다.

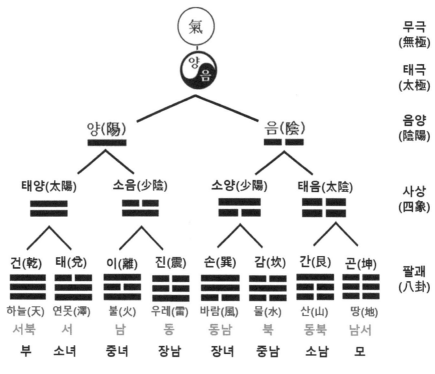

▲ 음양의 변화과정

◈ 64괘

上卦 / 下卦	건(乾,☰) 천(天)	태(兌,☱) 택(澤)	이(離,☲) 화(火)	진(震,☳) 뇌(雷)	손(巽,☴) 풍(風)	감(坎,☵) 수(水)	간(艮,☶) 산(山)	곤(坤,☷) 지(地)
건(乾,☰) 천(天)	건위천 乾爲天 1	택천쾌 澤天夬 43	화천대유 火天大有 14	뇌천대장 雷天大壯 34	풍천소축 風天小畜 9	수천수 水天需 5	산천대축 山川大畜 26	지천태 地天泰 11
태(兌,☱) 택(澤)	천택이 天澤履 10	태위택 兌爲澤 58	화택규 火澤暌 38	뇌택귀매 雷澤歸妹 54	풍택중부 風澤中孚 61	수택절 水澤節 60	산택손 山澤損 41	지택임 地澤臨 19
이(離,☲) 화(火)	천화동인 天火同人 13	택화혁 澤火革 49	이위화 離爲火 30	뇌화풍 雷火豊 55	풍화가인 風火家人 37	수화기제 水火旣濟 63	산화분 山火賁 22	지화명이 地火明夷 36
진(震,☳) 뇌(雷)	천뇌무망 天雷无妄 25	택뇌수 澤雷隨 17	화뇌서합 火雷噬嗑 21	진위뢰 震爲雷 51	풍뇌익 風雷益 42	수뇌둔 水雷屯 3	산뇌이 山雷頤 27	지뇌복 地雷復 24
손(巽,☴) 풍(風)	천풍구 天風姤 44	택풍대과 澤風大過 28	화풍정 火風鼎 50	뇌풍항 雷風恒 32	손위풍 巽爲風 57	수풍정 水風井 48	산풍고 山風蠱 18	지풍승 地風升 46
감(坎,☵) 수(水)	천수송 天水訟 6	택수곤 澤水困 47	화수미제 火水未濟 64	뇌수해 雷水解 40	풍수환 風水渙 59	감위수 坎爲水 29	산수몽 山水蒙 4	지수사 地水師 7
간(艮,☶) 산(山)	천산돈 天山豚 33	택산함 澤山咸 31	화산여 火山旅 56	뇌산소과 雷山小過 62	풍산점 風山漸 53	수산건 水山蹇 39	간위산 艮爲山 52	지산겸 地山謙 15
곤(坤,☷) 지(地)	천지부 天地否 12	택지췌 澤地萃 45	화지진 火地晋 35	뇌지예 雷地豫 16	풍지관 風地觀 20	수지비 水地比 8	산지박 山地剝 23	곤위지 坤爲地 2

2 낙서구궁도

약 4000년 전 낙수(洛水)에서 신기한 거북이가 등에 지고 나온 그림이 있었다. 주나라 문왕이 자세히 살펴보고, 우주만물의 생성과 조화, 천지운행의 이치가 구체적으로 나타나 있음을 깨달았다. 이를 낙수에서 나온 그림이라 하여 낙서(洛書)라 부르고, 여기에 담긴 하늘과 땅 사이에서 일어나고 있는 만물의 생성소멸과 순환의 이치를 구궁도(九宮圖)로 표시하여 설명하였다.

 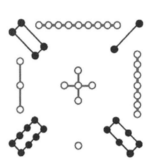 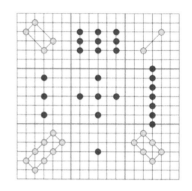

4 입하 辰·巳 **동남**	9 하지 午 **남**	2 입추 未·申 **남서**
3 춘분 卯 **동**	5 사계절 **중앙**	7 추분 酉 **서**
8 입춘 丑·寅 **동북**	1 동지 子 **북**	6 입동 戌·亥 **서북**

☴ 사손녹목 (四巽綠木) **동남/입하** 진(辰)·사(巳)	☲ 구이자화 (九離紫火) **남/입하** 오(午)	☷ 이곤흑토 (二坤黑土) **남서/입추** 미(未)·신(申)
☳ 삼진벽목 (三震碧木) **동/춘분** 묘(卯)	오중황토 (五中黃土) **중앙**	☱ 칠태적금 (七兌赤金) **서/추분** 유(酉)
☶ 팔간백토 (八艮白土) **북동/입춘** 축(丑)·인(寅)	☵ 일감백수 (一坎白水) **북/동지** 자(子)	☰ 육건백금 (六乾白金) **서북/입동** 술(戌)·해(亥)

4손녹목 동남 2, 12, 22	9이자화 남 3, 13, 23	2곤흑토 남서 4, 14, 24
3진벽목 동 1, 11, 21	5중황토 중앙 사계절	7태적금 서 5, 15, 25
8간백토 북동 8, 18, 28	1감백수 북 7, 17, 27	6건백금 서북 6, 16, 26

4 손녹목 우마사각 8, 17, 26, 34, 43 53, 62, 71, 80, 89	9 이자화 대길 9, 18, 27, 36, 44 54, 63, 72, 81, 90	2 곤흑토 처사각 1, 10, 19, 28, 37 46, 56, 64, 73, 82
3 진벽목 대길 7, 16, 24, 33, 42 52, 61, 70, 79, 88	5 중황토 잠사각 5, 15, 25, 35, 45 50, 55, 65, 75, 85	7 태적금 대길 2, 11, 20, 29, 38 47, 57, 66, 74, 83
8 간백토 자사각 6, 14, 23, 32, 41 51, 60, 69, 78, 87	1 감백수 대길 4, 13, 22, 31, 40 49, 59, 68, 77, 86	6 건백금 부모사각 3, 12, 21, 30, 39 48, 58, 67, 76, 84

▲ 손 없는 날 　　　　　　▲ 성조운(집짓는 운, 나이로 봄)

3 구성

우주천체에는 수많은 별들의 기운이 있다. 그 별들의 기운을 서로 주고받으면서 우주 만물은 생성소멸과 변화를 해나간다. 우주천체에서 가장 중심이 되는 별은 북극성(北極星)이다. 그 다음 중요한 별은 북두칠성(北斗七星)과 좌보성(左輔星)·우필성(右弼星)을 합한 아홉 개의 별인 구성(九星)이다. 구성은 우주천체의 중심인 북극성 주위를 운행하며 실질적으로 우주를 지배한다.

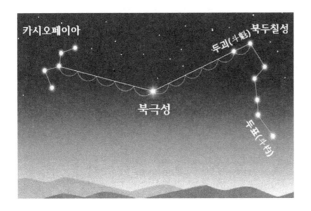 

① 탐랑성(貪狼星)

제1성은 탐랑성으로 천추생기궁(天樞生氣宮)이다. 주로 총명·문필·귀·관직·인구 등을 관장하는 별이다. 탐랑성이 비추면 속발부귀하여 가운이 번창한다.

② 거문성(巨文星)

제2성은 거문성으로 천의제왕궁(天醫帝王宮)이며 천을(天乙)이라고도 한다. 주로 총명·귀·장수·재물을 관장하는 별이다. 거문성이 비추면 부귀다복한다.

③ 녹존성(祿存星)

제3성은 녹존성으로 천기절체궁(天機絶體宮)이다. 주로 일을 안 풀리게 방해하며 재앙을 관장한다. 녹존성이 비추면 손재와 질병이 따른다.

④ 문곡성(文曲星)

제4성은 문곡성으로 천권유혼궁(天權遊魂宮)이며 육살(六殺)이라고도 한다. 용모가 뛰어나고 총명한 재주가 있으나 사치와 음행으로 패가망신한다. 그러나 터가 좋으면 예술과 연예 방면에 크게 두각을 나타낸다.

⑤ 염정성(廉貞星)

제5성은 염정성으로 천형오귀궁(天衡五鬼宮)이며 화해(禍害)라고도 한다. 주로 가공할 폭력을 관장하는 별로 형살과 흉사가 끊임이 없다.

⑥ 무곡성(武曲星)

제6성은 무곡성이며 합양복덕궁(闔陽福德宮)으로 연년(延年)이라고도 한다. 주로 무(武)와 재물(財物)을 관장하는 별이다. 무곡성이 비추면 부자와 장군이 많이 난다.

⑦ 파군성(破軍星)

제7성은 파군성으로 요광절명궁(瑤光絶命宮)이다. 주로 형벌·악질·죽음을 관장한다. 파군성이 비추면 흉사를 당하여 단명하는 등 온갖 재앙이 끊임이 없다.

⑧ 좌보성(左輔星)·⑨ 우필성(右弼星) = 보필성(輔弼星)

제8성은 좌보성이며 무곡성의 좌변에 위치하여 육안으로 볼 수 있는 별이다. 제9성은 우필성이며 파군성의 우변에 위치하며 육안으로 보이지 않는다. 두 별을 합쳐 보필성(輔弼星)이라고 한다. 주로 보좌해주는 역할을 하므로 도움과 협조를 얻어 성공하게 된다. 그러나 작은 부귀에 그친다.

구성 중에서 길한 기운을 가지고 있는 별은 탐랑성(貪狼星, 생기), 거문성(巨文星, 천의, 천을), 무곡성(武曲星, 복덕, 연년), 보필성(輔弼星, 귀혼) 4성이다. 흉한 기운을 가지고 있는 별은 녹존성(祿存星, 절체, 화해), 문곡성(文曲星, 유혼, 육살), 염정성(廉貞星, 오귀), 파군성(破軍星, 절명) 4성이다.

● 동사택(東四宅)과 서사택(西四宅)

팔괘 방위를 동사택과 서사택으로 구분한다. 중앙에서 나침반을 놓고 출입문 방위를 측정하여 기준방위로 삼는다. 기준방위가 동, 동남, 남, 북쪽이면 동사택(東四宅)이다. 기준방위가 서, 남서, 서북, 동북쪽이면 서사택(西四宅)이다.

◈ 동사택과 서사택

동사택 (東四宅)	감(임자계) 坎(壬子癸) 정북(正北)	진(갑묘을) 震(甲卯乙) 정동(正東)	손(진손사) 巽(辰巽巳) 동남(東南)	이(병오정) 離(丙午丁) 정남(正南)
서사택 (西四宅)	건(술건해) 乾(戌乾亥) 서북(西北)	곤(미곤신) 坤(未坤申) 남서(南西)	간(축간인) 艮(丑艮寅) 북동(北東)	태(경유신) 兌(庚酉辛) 정서(正西)

제 **4** 강 | # 낙서구궁도와 구성의 활용

1 실내배치

❀ 동사택과 서사택 조견표

배치방위 \ 기준방위		감(坎) 壬子癸 북	간(艮) 丑艮寅 북동	진(震) 甲卯乙 동	손(巽) 辰巽巳 동남	이(離) 丙午丁 남	곤(坤) 未坤申 남서	태(兌) 庚酉辛 서	건(乾) 戌乾亥 서북
감(坎) 壬子癸 북	중남 中男	보필 輔弼 △	오귀 五鬼 ×	천을 天乙 ○	생기 生氣 ○	연년 延年 ○	절명 絕命 ×	화해 禍害 ×	육살 六殺 ▽
간(艮) 丑艮寅 북동	소남 少男	오귀 五鬼 ×	보필 輔弼 △	육살 六殺 ▽	절명 絕命 ×	화해 禍害 ×	생기 生氣 ○	연년 延年 ○	천을 天乙 ○
진(震) 甲卯乙 동	장남 長男	천을 天乙 ○	육살 六殺 ▽	보필 輔弼 △	연년 延年 ○	생기 生氣 ○	화해 禍害 ×	절명 絕命 ×	오귀 五鬼 ×
손(巽) 辰巽巳 동남	장녀 長女	생기 生氣 ○	절명 絕命 ×	연년 延年 ○	보필 輔弼 △	천을 天乙 ○	오귀 五鬼 ×	육살 六殺 ▽	화해 禍害 ×
이(離) 丙午丁 남	중녀 中女	연년 延年 ○	화해 禍害 ×	생기 生氣 ○	천을 天乙 ○	보필 輔弼 △	육살 六殺 ▽	오귀 五鬼 ×	절명 絕命 ×
곤(坤) 未坤申 남서	노모 老母	절명 絕命 ×	생기 生氣 ○	화해 禍害 ×	오귀 五鬼 ×	육살 六殺 ▽	보필 輔弼 △	천을 天乙 ○	연년 延年 ○
태(兌) 庚酉辛 서	소녀 少女	화해 禍害 ×	연년 延年 ○	절명 絕命 ×	육살 六殺 ▽	오귀 五鬼 ×	천을 天乙 ○	보필 輔弼 △	생기 生氣 ○
건(乾) 戌乾亥 서북	노부 老父	육살 六殺 ▽	천을 天乙 ○	오귀 五鬼 ×	화해 禍害 ×	절명 絕命 ×	연년 延年 ○	생기 生氣 ○	보필 輔弼 △

⊗ 배치방법

1. 실내 중심에서 나침반을 놓고 8방위로 나눈다. 한 개 방위는 45°이다.
2. 중심에서 주출입문 어느 방위에 해당되는지를 확인한다. 주출입문은 아파트의 경우 현관문이고 방안의 경우 방 출입문이다.
3. 주출입문이 동, 동남, 남, 북쪽에 해당되면 동사택이고, 서, 남서, 서북, 북동에 해당되면 서사택이다.
4. 출입문 방위쪽은 보필이고, 같은 사택인 3개 방위는 길방(생기·천을·연년)에 해당된다. 다른 사택 4개 방위는 흉방(화해, 육살, 오귀, 절명)에 해당한다.
5. 길방에 안방, 주방, 거실, 서재 등 중요한 것들을 배치하고 흉방에 화장실, 하수구 등 중요도가 떨어지는 것들을 배치한다.

⊗ 주출입문 방위

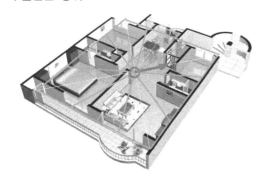

▲ 아파트의 현관문
(중문이 있을 경우 중문 방위)

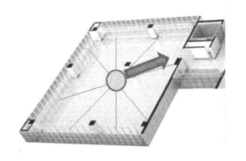

▲ 사무실의 경우 주출입문

방위	각도	범위
북	0°	337.5°~22.5°
북동	45°	22.5°~67.5°
동	90°	67.5°~112.5°
동남	135°	112.5°~157.5°
남	180°	157.5°~202.5°
남서	225°	202.5°~247.5°
서	270°	247.5°~292.5°
서북	315°	292.5°~337.5°

◈ 동사택 배치

▌북쪽에 출입문이 있을때

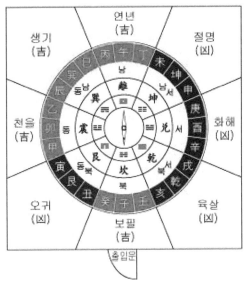

▌동쪽에 출입문이 있을때

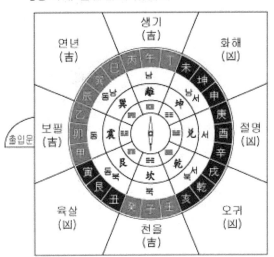

▌동남쪽에 출입문이 있을때

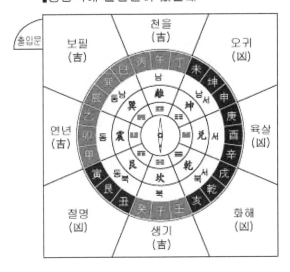

▌남쪽 출입문

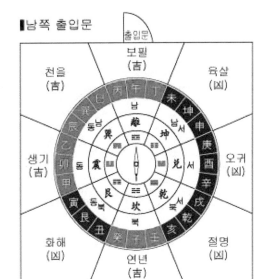

◈ 서사택 배치

■동북쪽에 출입문이 있을때

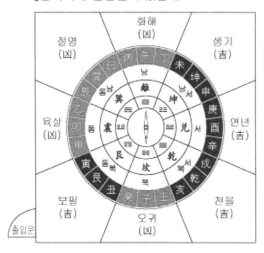

■남서쪽에 출입문이 있을때

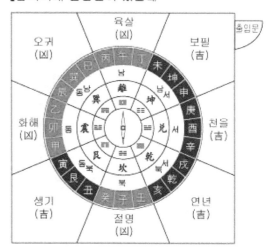

■서쪽에 출입문이 있을때

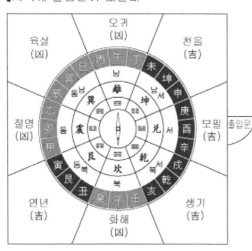

■북서쪽에 출입문이 있을때

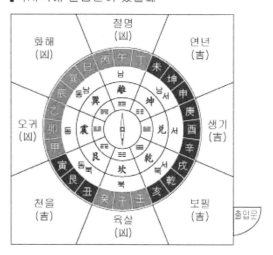

2 생기복덕법(生氣福德法)

생기복덕법은 오늘의 일진으로 이사 및 결혼 등 택일에 활용한다. 올해의 나이(한국 나이)를 기준으로 한다. 오늘의 일진은 12지지(자, 축, 인, 묘, 진, 사, 오, 미, 신, 유, 술, 해)로 본다. 이사 및 결혼 등에 좋은 날은 생기, 천의, 복덕에 해당하는 날이다. 불가피할 경우 귀혼에 해당하는 날을 선택한다.

Part 01

❖ 생기복덕법

년궁(年宮)		감(坎) ☵	간(艮) ☶	진(震) ☳	손(巽) ☴	이(離) ☲	곤(坤) ☷	태(兌) ☱	건(乾) ☰
남자나이 건명(乾命)		4,12,20 28,36,44 52,60,68 76,84,92	5,13,21 29,37,45 53,61,69 77,85,93	6,14,22 30,38,46 54,62,70 78,86,94	7,15,23 31,39,47 55,63,71 79,87,95	1,8,16 24,32,40 48,56,64 72,80,88	9,17,25 33,41,49 57,65,73 81,89,97	2,10,18 26,34,42 50,58,66 74,82,90	3,11,19 27,35,43 51,59,67 75,83,91
여자나이 곤명(坤命)		1,8,16 24,32,40 48,56,64 72,80,88	15,23,31 39,47,55 63,71,79 87,95	7,14,22 30,38,46 54,62,70 78,86,94	6,13,21 29,37,45 53,61,69 77,85,93	5,12,20 28,36,44 52,60,68 76,84,92	4,11,19 27,35,43 51,59,67 75,83,91	3,10,18 26,34,42 50,58,66 74,82,90	2,9,17 25,33,41 49,57,65 73,81,89
감(坎) ☵	子日 (자일)	귀혼 歸魂 △	천의 天醫 ○	복덕 福德 ○	생기 生氣 ○	절체 絶體 ×	절명 絶命 ×	화해 禍害 ×	유혼 遊魂 ×
간(艮) ☶	丑·寅日 (축,인일)	천의 天醫 ○	귀혼 歸魂 △	유혼 遊魂 ×	절명 絶命 ×	화해 禍害 ×	생기 生氣 ○	절체 絶體 ×	복덕 福德 ○
진(震) ☳	卯日 (묘일)	복덕 福德 ○	유혼 遊魂 ×	귀혼 歸魂 △	절체 絶體 ×	생기 生氣 ○	화해 禍害 ×	절명 絶命 ×	천의 天醫 ○
손(巽) ☴	辰·巳日 (진,사일)	생기 生氣 ○	절명 絶命 ×	절체 絶體 ×	귀혼 歸魂 △	복덕 福德 ○	천의 天醫 ○	유혼 遊魂 ×	화해 禍害 ×
이(離) ☲	午日 (오일)	절체 絶體 ×	화해 禍害 ×	생기 生氣 ○	복덕 福德 ○	귀혼 歸魂 △	유혼 遊魂 ×	천의 天醫 ○	절명 絶命 ×
곤(坤) ☷	未·申日 (미,신일)	절명 絶命 ×	생기 生氣 ○	화해 禍害 ×	천의 天醫 ○	유혼 遊魂 ×	귀혼 歸魂 △	복덕 福德 ○	절체 絶體 ×
태(兌) ☱	酉日 (유일)	화해 禍害 ×	절체 絶體 ×	절명 絶命 ×	유혼 遊魂 ×	천의 天醫 ○	복덕 福德 ○	귀혼 歸魂 △	생기 生氣 ○
건(乾) ☰	戌·亥日 (술,해일)	유혼 遊魂 ×	복덕 福德 ○	천의 天醫 ○	화해 禍害 ×	절명 絶命 ×	절체 絶體 ×	생기 生氣 ○	귀혼 歸魂 △

저자 박유희

저자 약력

경희대학교 법학과 졸업
우남건설 법무팀 근무
K&DNA 근무
공매전문가
한국자산관리공사 용역수행
부동산 칼럼 기고
딸기부동산 대표
강뜰부동산 대표 (현)

Part

02

AI 아파트 청약 실무

1 청약의 정의

- 청약이란 주택 및 복리시설을 공급받기 위한 신청 절차를 의미합니다. 이는 「주택법」 제54조에 의해 정의되며, 주택을 분양하거나 임대하기 위해 신청자가 자격을 갖추고 참여하는 행위입니다.

(1) 공급

- 주택 및 복리시설을 분양 또는 임대하는 모든 행위로, 법적 요건과 절차를 따라야 합니다.

(2) 세대 및 세대주

1) 세대: 동일한 주민등록표에 등재된 구성원으로 이루어진 집단.
2) 세대주: 법적 책임을 지는 세대 대표로, 청약 과정에서 중요한 역할을 담당합니다.
3) 단독세대주: 배우자나 직계 가족이 없는 독립된 세대주.

2 청약의 법적 근거

(1) 「주택법」 제54조

- 주택 및 복리시설의 공급에 관한 기본적인 법적 근거를 제공합니다.

(2) 주택공급에 관한 규칙(국토교통부령)

- 주택 및 복리시설 공급 조건, 방법, 절차를 명확히 규정합니다

(3) 주택법 시행령

- 주택 청약 관련 세부사항과 지역별 규제를 설정

로그인 회원가입 English - 100% +

법령   자치법규   행정규칙   판례·해석례등   별표·서식   공공기관 규정   그밖의 정보   전체메뉴

법제처는 우리나라의 모든 **법령정보**를 제공합니다.

현행법령 ∨   주택공급에관한규칙   × ≡ ▼   검색

☑ 출처:국가법령정보센터

제2절 청약의 자격 요건

1 청약 자격요건 개요

(1) 목적

공공주택 및 민영주택 청약 자격을 규정하는 기준

(2) 중요성

실수요자 중심의 주택 분배, 무주택자 및 사회적 배려 계층 보호

(3) 주택유형별 차이

1) 공공주택: 소득 및 자산 기준 엄격
2) 민영주택 : 비교적 완화된 기준 적용

2 기본 자격

(1) 세대주 요건

1) 대부분의 청약은 세대주만 신청 가능
2) 세대주는 주민등록표상 1세대를 대표하는 사람으로 정의됩니다.
3) 예외: 특별공급(생애최초, 신혼부부 등)은 세대원이 신청 가능

(2) 무주택 요건

1) 무주택자 정의
 - 본인 및 세대원 모두 주택을 소유하지 않은 상태
2) 무주택 상태로 인정되는 경우
 ⅰ) 소형·저가 주택 소유
    - 전용면적 60㎡ 이하, 가격1억6천만원(수도권), 1억원(지방)
 ⅱ) 경매 또는 공매로 임차 주택을 매수한 경우
    - 주택 가격 1억5천만원 (수도권 3억원 이하), 면적 85㎡이하
 ⅲ) 상속 지분의 처분
    - 상속받은 주택의 공유지분을 부적격 통보 후 3개월 이내에 처분
 ⅳ) 생애 최초 주택 취득
    - 2024년 1월1일부터 12월 31일까지 생애 최초로 주택을 취득한 경우
    - 전용면적 60㎡이하, 가격 2억원 (수도권 3억원) 이하
3) 무주택 기간 산정 기준
 ⅰ) 만 30세부터 시작
 ⅱ) 혼인한 경우, 혼인 신고일부터 무주택 기간 계산

(3) 무주택 세대의 정의와 조건

　　1) 세대원 중 누구도 주택을 소유하지 않아야 하며, 주택 소유 이력이 있으면 무주택자로
　　　인정되지 않음.

　　2) 무주택 세대는 공공주택 청약에서 높은 가점을 받을 수 있음

3 **거주 및 연령 기준**

(1) 지역별 거주 요건

　　1) 지역 거주 기간

　　ⅰ) 주택 건설 지역의 우선 공급 대상이 되기 위해 일정 기간 이상 거주해야 함

　　ⅱ) 투기과열지구 및 조정대상지역: 최소 1년 이상 거주

　　ⅲ) 비규제지역: 거주 요건 완화(6개월~1년)

　　2) 우선공급 대상

　　- 청약 주택이 위치한 시·군·구 거주자 우선 공급

(2) 연령 요건

　　1) 만 19세 이상

　　- 성년자만 청약 신청 가능

　　2) 예외

　　ⅰ) 미성년자가 부양가족을 둔 세대주인 경우 신청 가능

　　ⅱ) 상속받은 재산으로 주택을 구매해야 하는 경우

(3) 청약 순위에 따른 거주 및 연령 요건

　　1) 1순위

　　청약통장 가입 기간(2년 이상)과 지역 거주 요건을 충족

　　2) 2순위

　　납입 횟수 부족 또는 지역 거주 요건 미충족 시 해당

제3절 | 청약 통장의 이해

1 청약 통장의 개념

(1) 청약통장이란?

- 청약 통장은 국민이 주택을 분양받기 위해 가입하는 금융 상품입니다. 이는 무주택자 및 실수요자가 공공주택과 민영주택에 청약할 수 있는 기본 조건을 충족시킵니다.

(2) 필요성

1) 청약 순위 산정의 필수 조건.
2) 민영주택과 공공주택에 모두 활용 가능.
3) 무주택 기간과 저축 내역에 따라 가점 및 우선순위 부여

2 청약 통장의 종류

(1) 주택청약종합저축

1) 개념
- 2009년 이후 통합 상품으로 도입
- 공공주택(분양 및 임대)과 민영주택 청약이 모두 가능한 전용 통장
2) 특징
- 누구나 가입 가능
- 월 2만 원 이상, 50만 원 이하 납입 (월 25만원까지 인정)
- 납입 금액과 기간에 따라 청약 순위 및 점수 산정
3) 가입 조건
- 대한민국 국민

(2) 기존 청약 통장

1) 청약저축
- 공공주택 청약 전용
- 저소득층과 무주택자를 우선 대상으로 함
- 가입 종료 후 주택청약종합저축으로 전환 가능
2) 청약예금
- 민영주택 청약을 위한 통장
- 예치금액에 따라 청약 가능한 주택의 전용면적 결정
- 현재는 신규 가입 불가
3) 청약부금
- 민영주택 중 전용면적 85㎡ 이하 주택에 청약 가능
- 일정 금액 이상 납입 시 예금으로 전환하여 큰 면적의 주택에 청약 가능
- 신규 가입 중단

(3) 각 통장 간 비교

구분	주택청약종합저축	청약저축	청약예금	청약부금
대상 주택	공공+민영	공공	민영	민영
가입 가능	제한 없음	제한적	신규 중단	신규 중단
용도	다목적	공공주택	민영 대형	민영 소형

3 청약 통장의 활용법

(1) 청약 순위 및 조건

1) 1순위 조건
- 공공주택: 가입 기간, 납입 횟수, 무주택 기간 충족
- 민영주택: 예치금액 기준 충족
2) 우선권
- 규제 지역: 거주 요건과 납입 기준을 강화
- 비규제 지역: 추첨제 비중 확대

(2) 민영주택과 공공주택 청약

1) 민영주택
- 예치금액에 따라 전용면적 신청 가능(지역별 차등)
- 가점제와 추첨제 혼합 운영.
2) 공공주택
- 주택청약종합저축 납입 횟수 및 무주택 기간 기준으로 순위 결정

(3) 특별공급 및 우선공급 활용

1) 특별공급
- 청년, 신혼부부, 다자녀 가구 등 특정 계층에 우선 공급
- 청약 통장은 가입 기간만 충족하면 자격 부여
2) 우선공급
- 지역 거주자 우선
- 투기과열지구 등 규제 지역에서는 추가 요건 검토

제4절 청약 통장의 예치금 요건

1 공공주택 예치금 요건 등

항목	공공주택
정의	공공주택은 정부나 공공기관(예: LH)이 제공하는 주택으로, 국민주택을 포함한 임대주택과 분양주택을 모두 포함하는 개념입니다. 주로 무주택자와 특정 계층(예: 신혼부부, 청년층, 다자녀 가구 등)을 대상으로 하여, 주거 안정을 제공하기 위해 공급됩니다.
예치금 요건	예치금액보다 납입 횟수와 가입 기간이 중요한 기준입니다. 예치금 자체가 청약 자격에 미치는 영향은 적습니다. 주로 청약통장에 납입한 횟수와 가입 기간이 중요한 요소로 고려됩니다.
납입 횟수 요건	최소 24회 이상 납입해야 청약 자격을 부여받을 수 있습니다.
가입 기간 요건	최소 2년 이상 가입해야 청약 자격을 부여받을 수 있습니다.
예치금의 영향	납입 횟수와 가입 기간을 충족하면 1순위 자격을 얻을 수 있습니다. 예치금은 자격에 직접적인 영향을 미치지 않습니다.

2 민영주택 예치금 요건 및 지역별 예치금 기준

(1) 예치금 요건

항목	민영주택
정의	민영주택은 민간 건설업체가 공급하는 주택으로, 예치금액이 중요한 기준으로 작용합니다.
예치금 요건	예치금액이 중요한 기준으로 작용합니다. 예치금액은 전용면적과 분양가에 따라 다르며, 예치금액이 높을수록 청약 당첨 확률이 높아집니다
예치금 충족방법	예치금 부족 시 모집공고일 전까지 일시납 가능 청약 가능한 전용면적은 예치금액 이상이어야 함

(2) 지역별 예치금 기준

지역	전용면적 85㎡ 이하	전용면적 102㎡ 이하	전용면적 135㎡ 이하	전용면적 135㎡ 초과
서울/부산	300만 원	600만 원	1,000만 원	1,500만 원
기타 광역시	250만 원	400만 원	700만 원	1,000만 원
기타 시/군	200만 원	300만 원	400만 원	500만 원

1 청약 방식 개요

청약 방식은 주택을 공정하게 배분하기 위해 설정된 기준과 절차입니다. 가점제와 추첨제는 실수요자의 특성에 따라 달리 적용됩니다.

(1) 가점제

- 무주택 기간, 부양가족 수, 청약저축 가입 기간 등으로 점수를 산정하여 순위를 매김.
- 실수요자를 우선 배려

(2) 추첨제

- 점수가 아닌 무작위 추첨을 통해 입주자를 선정.
- 가점이 낮은 사람에게도 기회 제공.

2 가점제 개념과 점수 산정 기준

(1) 가점제의 개념

1) 점수 기반으로 청약 당첨자를 선정하는 방식
2) 실수요자 중심의 공정성을 강화하기 위해 도입

(2) 청약 가점 산정 기준

1) 무주택 기간: 만 30세부터 무주택 기간을 산정하며, 결혼 후 혼인 신고일부터 추가 산정. 무주택 기간이 길수록 점수 증가
2) 부양가족 수: 배우자, 부모, 자녀 등 직계존비속 포함. 동거하는 형제자매도 포함 가능. 부양가족 수가 많을수록 점수 상승
3) 청약저축 가입 기간: 가입 후 납입 횟수와 총 가입 기간을 기준으로 점수를 산정. 꾸준히 납입할수록 높은 점수 부여

(3) 적용 대상 및 우선순위

1) 주로 투기과열지구 및 조정대상지역에서 활용
2) 1순위 조건을 충족한 사람 중 가점이 높은 순으로 선정되며, 실수요자에게 우선 배정

(4) 가점 계산 공식

무주택 기간 점수 + 부양가족 점수 + 청약저축 가입 기간 점수를 합산하여 최종 점수를 산출. 가점이 높은 사람에게 당첨 우선권이 부여됩니다.

(5) 민영주택 청약 가점 기준표 (84점 만점)

1) 무주택 기간 점수

가점 항목	가점 상한	가점구분	점수	가점구분	점수
무주택 기간	32점	1년 미만	2점	8년 이상~9년 미만	18점
		1년 이상~2년 미만	4점	9년 이상~10년 미만	20점
		2년 이상~3년 미만	6점	10년 이상~11년 미만	22점
		3년 이상~4년 미만	8점	11년 이상~12년 미만	24점
		4년 이상~5년 미만	10점	12년 이상~13년 미만	26점
		5년 이상~6년 미만	12점	13년 이상~14년 미만	28점
		6년 이상~7년 미만	14점	14년 이상~15년 미만	30점
		7년 이상~8년 미만	16점	15년 이상	32점

2) 부양 가족수

가점 항목	가점 상항	가점구분	점수	가점구분	점수
부양 가족수	35점	0명	5점	4명	25점
		1명	10점	5명	30점
		2명	15점	6명 이상	35점
		3명	20점		

3) 입주자 저축 가입기간

가점 항목	가점 상항	가점구분	점수	가점구분	점수
주택청약 종합저축 가입기간	17점	6개월 미만	1점	8년 이상~9년 미만	10점
		6개월 이상~1년 미만	2점	9년이상~10년 미만	11점
		1년 이상~ 2년 미만	3점	10년 이상~11년 미만	12점
		2년 이상~ 3년 미만	4점	11년 이상~12년 미만	13점
		3년 이상~ 4년 미만	5점	12년 이상~13년 미만	14점
		4년 이상~ 5년 미만	6점	13년 이상~14년 미만	15점
		5년 이상~ 6년 미만	7점	14년 이상~15년 미만	16점
		6년 이상~ 7년 미만	8점	15년 이상	17점
		7년 이상~ 8년 미만	9점		

☑ 출처:주택공급에관한규칙 별표1

3 추첨제의 개념과 적용 방식

항목	내용	특징 및 세부 사항
추첨제의 개념과 특징	무작위 추첨을 통해 입주자를 선정	가점이 낮거나 신혼부부 등 특수 계층에게 기회 제공
적용 대상	민영주택 중심으로 운영	전용면적 85㎡ 초과 주택이나 비규제 지역에서 주로 사용
추첨 방식 및 절차	1순위 대상자 선정	일정 요건(청약통장 가입 기간 등)을 충족한 자
	추첨 절차	시스템을 통해 무작위로 당첨자 선정
	자격 검증	당첨자는 계약 체결 전 자격 검증
추첨제와 가점제의 혼합 운영	투기과열지구	가점제 비중: 70%, 추첨제 비중: 30%
	비규제 지역	추첨제 비중 확대

4 가점제와 추첨제 비교

항목	가점제	추첨제
기준	점수(무주택 기간, 부양가족 등)	무작위 추첨
대상	실수요자 중심	가점 낮은 사람도 기회 제공
적용 지역	투기과열지구, 조정대상지역	비규제 지역
비중	규제 지역: 70% 이상	비규제 지역: 비중 확대

제6절 규제 지역에 따른 청약 규정

1 규제 지역의 개념

- 규제 지역은 부동산 시장의 안정과 실수요자 보호를 위해 정부가 특정 규제를 적용하는 지역을 말합니다.

(1) 목적
  ◦ 주택 가격 상승 억제
  ◦ 투기 방지 및 실수요자 중심의 주택 공급

(2) 구분
  ◦ 투기과열지구: 주택 시장이 과열되어 투기가 성행하는 지역
  ◦ 조정대상지역: 시장 과열은 아니지만 투기 가능성이 높은 지역
  ◦ 비규제지역: 특별한 규제 없이 자유로운 거래가 가능한 지역

2 투기과열지구

- 최근 주택 가격 상승률이 물가 상승률보다 현저히 높을 때.
- 분양권 거래가 과열되거나 투기가 우려될 때.
- 주택 공급 대비 청약 경쟁률이 지나치게 높을 때

● 청약 1순위 요건 요약

조건	세부내용
가입기간	2년이상
납입횟수	24회이상
가점제비중(85m²이하)	가점제75%, 추첨제25%
가점제비중(85m²초과)	가점제30%, 추첨제70%
전매제한	최대10년

3 조정대상지역

- 주택 가격 상승률이 물가 상승률보다 높고 거래량이 급증할 때.
- 주택 보급률이 낮거나 무주택자 실수요가 많은 경우.

● 청약 1순위 요건

조건	세부내용
가입기간	1년이상
납입횟수	12회이상

● 가점제 비중

구분	비중
85m²이하	가점제50%, 추첨제50%
85m²초과	가점제20%, 추첨제80%

● 전매 제한 및 재당첨 제한

항목	내용
전매제한	최대3년까지 전매제한적용
재당첨제한	7년이내 동일세대내당첨불가

4 비규제지역

- 투기 및 가격 상승 우려가 적어 정부 규제가 적용되지 않은 지역.

● 청약1순위 요건

조건	세부내용
가입기간	최소6개월이상
납입횟수	지역에 따라 제한이없을수도있음

● 추첨제 중심 운영

구분	비중
85㎡이하및초과	추첨제비율확대

● 전매제한

항목	내용
전매제한기간	6개월~1년이내로짧은전매제한

5 규제 지역별 차이와 영향

구분	투기과열지구	조정대상지역	비규제지역
청약 1순위 요건	가입 2년 이상, 24회 납입	가입 1년 이상, 12회 납입	가입 6개월 이상
가점제 비중	75%(85㎡ 이하)	50%(85㎡ 이하)	추첨제 중심
전매 제한	최대 10년	최대 3년	6개월~1년
재당첨 제한	10년	7년	제한 없음

제7절 | 특별공급

1 신혼부부 특별공급 요약표

항목	세부 내용
1. 대상	
– 혼인 기간	혼인신고 기준 7년 이내
– 법적 혼인 관계	법적 혼인 관계만 인정, 사실혼 제외
– 자녀 여부	만 19세 미만 자녀가 있는 경우 우선 배정 가능
– 신혼부부 범위	재혼 부부 포함, 이전 자녀도 자녀 수 계산에 포함
2. 우선 조건	
– 자녀 우선권	자녀 수에 따라 추가 가점 부여, 우선 배정 물량 대상
– 소득 요건	맞벌이: 중위소득 160% 이하 (2024년 기준 월소득 약 1,000만 원) 외벌이: 중위소득 140% 이하
– 무주택 상태 유지	신청 당시 및 입주 시점까지 무주택 상태 유지
3. 목적	
– 출산 장려	출산율 저하 문제 해결, 자녀 양육 가구 지원
– 주거 안정성 강화	초기 주거비 부담 완화, 젊은 세대의 자산 형성 지원
– 사회적 안정 도모	결혼 초기 주거 불안 해소, 지역사회 정착률 향상
4. 신청 요건	
– 혼인신고서 제출	혼인신고서 또는 가족관계증명서로 혼인 상태와 기간 증빙
– 소득 증빙 자료 제출	근로소득 원천징수영수증, 소득금액증명원 등
– 무주택 증명	주택소유사실 확인서 제출
– 청약통장 가입	주택청약종합저축 가입 및 납입 요건(최소 6개월) 충족
5. 배정 방식	
– 우선 배정 물량	신혼부부 특별공급 물량 중 일부는 자녀가 있는 가구에 우선 배정
– 물량 비율	전체 청약 물량의 10~20% 설정
– 추첨 방식	자녀가 없는 신혼부부는 동일 조건 간 추첨제로 당첨자 선정
– 지역 우선 공급	해당 지역에 1년 이상 거주한 신혼부부에게 물량 일부 우선 배정

2 다자녀 특별공급 요약표

항목	세부 내용
1. 대상	
– 기본 대상	만 19세 미만 자녀를 2명 이상 양육하는 무주택 가구
– 부양 자녀 요건	주민등록등본상 세대원으로 등재, 만 19세 미만
– 무주택 요건	신청 당시와 입주 시점까지 무주택 상태 유지
2. 특징	
– 자녀 수에 따른 우선권	자녀가 많을수록 가점이 높아지고 당첨 가능성 증가
– 소득 요건	외벌이: 중위소득 140% 이하, 맞벌이: 중위소득 160% 이하
– 다자녀 특별공급 물량	전체 특별공급 물량의 약 10~15% 배정
– 우선 배정 방식	자녀 수, 소득 요건, 지역 우선 공급 기준 적용
3. 목적	
– 다자녀 가구 지원	출산율 감소 및 고령화 문제 해결, 자녀 양육 가구의 경제적 부담 완화
– 출산율 증가	자녀 수가 많을수록 주거 안정성을 확보하도록 지원
– 주거 불안 해소	초기 자산 형성이 어려운 다자녀 가구에 자가 마련 기회 제공
4. 신청 요건	
– 자격 요건	무주택 상태 유지, 소득 요건 충족
– 증빙 자료	주민등록등본(자녀 수 및 연령 확인), 소득 증빙 서류(근로소득 원천징수영수증 등)
– 청약통장 가입 요건	주택청약종합저축 가입, 납입 요건(6개월 이상) 충족
5. 배정 방식	
– 배정 물량	특별공급 물량 중 10~15% 다자녀 특별공급에 배정
– 지역 우선 배정	해당 지역 거주 다자녀 가구에 우선 배정
– 우선 배정 기준	자녀 수가 많을수록 높은 우선권 부여, 소득 및 무주택 기간 등을 종합 고려
6. 기대 효과	
– 출산율 증가	다자녀 가구 주거 지원 강화로 출산 의지 고취
– 주거 안정성 확보	안정적 주거 환경 제공으로 다자녀 가구의 경제적 부담 완화
– 사회적 기여	저출산 문제 해결 및 인구 구조 개선

3 생애최초 특별공급 요약표

항목	세부 내용
1. 대상	
– 기본 대상	– 생애 첫 주택을 구입하려는 무주택 세대주. – 본인 및 배우자가 과거 주택 소유 이력이 없어야 함.
– 무주택 상태 요건	– 신청 시점과 입주 시점까지 무주택 상태 유지 필요 – 동일 세대 구성원(배우자, 부모, 자녀)의 주택 소유 이력도 포함하여 평가
2. 신청 요건	
– 무주택 기간	– 기준: 만 30세 이후 또는 혼인신고일 중 빠른 시점 – 최소 5년 이상 무주택 상태 유지 필요
– 소득 기준	– 외벌이 가구: 중위소득 140% 이하 – 맞벌이 가구: 중위소득 160% 이하 – 예: 외벌이 월소득 약 700만 원 이하, 　맞벌이 약 1,000만 원 이하
– 청약통장 가입 요건	– 주택청약종합저축 가입 후 납입 요건 충족 필요 – 최소 가입 기간: 6개월 이상 – 지역별 예치금 기준 충족 필요
– 기타 요건	– 부동산 소유 이력 확인 필요(주민등록등본, 부동산 등기부등본 등 증빙 제출)
3. 특징	
– 특별공급 물량	– 전체 분양 물량의 10~15% 배정
– 소득 우선 배정	– 소득이 낮은 가구를 우선 배정 – 소득 구간별 경쟁률에 따라 물량을 분배.
– 추첨제 병행	– 동일 조건 신청자 간 추첨제 시행
– 지역 우선 공급	– 2년 이상 해당 지역 거주 신청자에게 우선 배정.
4. 목적	
– 무주택자의 주거 안정	– 경제적 부담 완화 및 안정적인 주거 환경 제공 – 첫 주택 구매를 지원하여 자가 소유율 상승 유도.
– 주택 구입 장려	– 생애 첫 주택 구매 경쟁력을 강화하여 젊은 세대의 자산 형성 지원.
– 사회적 안정 도모	– 무주택 가구의 주거 불안 해소 – 중저소득층의 경제적 안정성을 지원하고 출산율 및 사회 안정성 향상
5. 신청 절차	
– 서류 준비	– 주민등록등본: 세대원 확인 소득 증빙: 근로소득 원천징수영수증, 소득금액증명원 – 주택 소유 이력 증빙: 부동산 등기부등본, 주택소유사실 확인서
– 청약 신청	– 한국부동산원 청약홈 시스템을 통해 신청. 소득 기분 및 무주택 요건 충족 증빙 필요
– 당첨 발표 및 계약	– 당첨자는 발표 후 지정된 기간 내 계약 체결 필요
6. 배정 방식	
– 소득 우선 배정	– 소득 구간별로 물량을 배정하여 경제적 약자 우선 지원
– 추첨 방식	– 동일 소득 구간 내 경쟁 시 추첨제 시행.
– 지역 우선 공급	– 해당 지역 거주 신청자가 우선 배정 대상.

● 도시근로자 가구원수별 월평균 소득

가구원 수	월평균 소득 (100%)	50% 기준	70% 기준	100% 기준	120% 기준	130% 기준	140% 기준
1인 가구	3,482,964원	1,741,482원	2,438,075원	3,482,964원	4,179,557원	4,527,853원	4,876,150원
2인 가구	5,415,712원	2,707,856원	3,790,998원	5,415,712원	6,498,854원	7,040,426원	7,581,997원
3인 가구	7,198,649원	3,599,325원	5,039,054원	7,198,649원	8,638,379원	9,358,244원	10,078,109원
4인 가구	8,248,467원	4,124,234원	5,773,927원	8,248,467원	9,898,160원	10,723,007원	11,547,854원
5인 가구	8,775,071원	4,387,536원	6,142,550원	8,775,071원	10,530,085원	11,407,592원	12,285,099원
6인 가구	9,563,282원	4,781,641원	6,694,297원	9,563,282원	11,475,938원	12,432,267원	13,388,595원
7인 가구	10,351,493원	5,175,747원	7,246,045원	10,351,493원	12,421,792원	13,456,941원	14,492,090원
8인 가구	11,139,704원	5,569,852원	7,797,793원	11,139,704원	13,367,645원	14,481,615원	15,595,586원

도시근로자 가구당 월평균 소득은 주택청약, 공공임대주택 입주 등 다양한 주거복지 서비스의 소득 기준으로 활용됩니다.

제8절 사전청약제도

1 사전청약의 개념

사전청약은 주택 착공 이전에 이루어지는 청약 제도로, 본청약보다 1~2년 앞서 진행됩니다. 이는 주택 공급의 불확실성을 줄이고, 무주택 실수요자들에게 안정적으로 주택을 공급하기 위해 도입되었습니다.

2 사전청약의 절차

(1) 사전청약 공고

  1) 사업주체

   공공기관(예:LH, SH)이나 공공택지를 공급받은 민간사업자가 사전청약을 진행

  2) 공고 내용

   모집 주택 수, 예상 분양가, 대상 지역, 청약 자격 조건 등이 포함됨

(2) 신청 및 자격 요건

  1) 신청 자격

   무주택 세대 구성원

   청약통장 보유자.

   지역별 거주 요건 충족 필요(예: 해당 지역 1년 이상 거주)

2) 필요 서류:

　　주민등록등본, 무주택 확인서, 청약통장 가입 증명서 등

(3) 사전당첨자 선정

1) 선정 방식

　　가점제와 추첨제를 혼합하여 진행.

　　공공분양의 경우 가점제 비중이 높으며, 민영주택에서는 추첨제 비율이 높음

2) 우선순위

　　지역 거주자, 무주택 기간이 긴 신청자, 부양가족이 많은 세대주 등이 우선권을 가짐

(4) 본청약 진행

1) 본청약 시점

　　사전청약 당첨 후 약 1~2년 이내.

2) 본청약 과정

　　실제 분양가 확정, 계약금 납부, 정식 계약 체결.

3) 자격 유지

　　사전청약 당첨자는 본청약 시점까지 무주택 상태를 유지해야 함.

3 사전청약과 본청약의 차이

구분	사전청약	본청약
청약 시기	주택 착공 이전(1~2년 앞서 진행)	실제 분양 시점
대상 주택	주로 공공주택	공공주택 및 민영주택
자격 유지 요건	당첨자는 본청약 시까지 자격 유지 필요	본청약에서 자격 심사를 다시 진행
계약금 납부	가계약 형태(계약금 납부 없음)	정식 계약 체결 시 계약금 납부
장단점	청약 대기 시간 단축, 자금 마련 시간 확보	공급 일정 명확, 입주까지의 기간이 짧음

4 장단점 비교

구분	장점	단점
사전청약	주택 구매 계획을 미리 수립 가능 자금 마련과 입주 계획에 충분한 시간 확보	본청약 시 분양가 변동 리스크 당첨 후에도 자격 유지 필요
본청약	분양가 및 조건이 확정된 상태에서 청약 가능 계약 체결 후 곧바로 입주 가능	청약 경쟁률이 높은 인기 지역에서는 당첨 확률이 낮음

1 배우자 청약통장 가입기간 합산

(1) 민영주택 일반공급 가점제 신청 시, 본인뿐만 아니라 배우자의 청약통장 가입기간도 일정 비율로 합산하여 가점에 반영합니다.

(2) 배우자의 청약통장 가입기간을 최대 3점까지 추가로 인정합니다.
    (단, 배우자의 청약통장이 당첨 이력이 없는 경우에만 해당됩니다.)

2 다자녀 특별공급 기준 완화

(1) 다자녀 가구를 위한 특별공급의 자녀 수 기준을 기존 3명 이상에서 2명 이상으로 완화하였습니다.

(2) 입주자모집공고일 현재 2명 이상의 미성년 자녀를 둔 가구가 대상입니다.
    자녀 수에 따른 배점도 조정되었습니다.

3 미성년자 청약통장 가입 인정기간 확대

(1) 내용

   미성년자의 청약통장 가입 인정기간을 기존 최대 2년에서 5년으로 확대하였습니다.

(2) 세부사항

   - 만 14세부터 납입한 금액과 기간이 인정됩니다.
   - 최대 60개월(5년)까지 인정되며, 납입 횟수는 최대 60회까지 인정됩니다.

4 신생아 특별공급 신설

(1) 내용

   공공분양에서 신생아가 있는 가정을 대상으로 하는 특별공급이 신설되었습니다.

(2) 세부사항

   - 입주자모집공고일 기준 2세 미만(태아 포함)의 자녀가 있는 가구가 대상입니다.
   - 소득 및 자산 기준을 충족해야 하며, 신생아 우선공급과 일반공급으로 구분됩니다.

5 부부 중복 청약 허용

(1) 내용

부부가 동일한 단지에 중복 청약할 수 있도록 허용하였습니다.

(2) 세부사항

- 부부가 같은 단지에 중복 청약하여 동시 당첨될 경우, 신청일시가 빠른 건은 유효하며, 늦은 건은 무효 처리됩니다.
- 부부가 아닌 세대원 간 중복 당첨 시에는 모두 부적격 처리됩니다.

6 혼인 전 배우자의 주택 소유 및 당첨 이력 배제

(1) 내용

혼인 전에 배우자가 소유했던 주택이나 특별공급 당첨 이력이 청약 심사에서 제외됩니다.

(2) 세부사항

신혼부부 및 생애최초 특별공급 신청 시, 배우자의 혼인 전 주택 소유 및 당첨 이력은 고려하지 않습니다.
단, 혼인 전에 소유한 주택은 입주자모집공고일 기준으로 처분 완료되어야 합니다.

7 가점제 동점자 발생 시 장기 가입자 우선 선정

(1) 내용

가점제에서 동점자가 발생할 경우, 청약통장 가입기간이 긴 신청자를 우선적으로 선정합니다.

(2) 세부사항

- 가입기간이 동일한 경우에는 추첨으로 당첨자를 결정합니다.
- 예비입주자 선정 시에는 기존과 같이 추첨으로 결정합니다.

8 임차주택 취득 시 무주택 간주 요건 신설

(1) 내용

임차인이 거주하던 주택을 일정 요건 하에 취득한 경우, 무주택으로 간주합니다.

(2) 세부사항

- 취득한 주택이 단독 또는 공동주택(아파트 제외)으로서, 전용면적 60㎡ 이하일 것
- 취득가격이 수도권은 3억 원, 그 외 지역은 2억 원 이하일 것
- 2024년 1월 1일부터 12월 31일 사이에 취득할 것
- 취득일 전날까지 1년 이상 해당 주택에 거주했을 것

1. 분양 개요 및 일정 분석

(1) 텍스트에서 날짜와 일정 관련 키워드를 추출하여, 입주자모집 공고일, 청약 신청일, 당첨자 발표일, 입주 예정일 등 중요한 날짜를 정리합니다.

(2) 사업지 위치와 공급 세대수 등도 문서 내에서 패턴 인식을 통해 빠르게 찾아냅니다.

2. 공급 내역 및 분양가 정리

(1) 주택의 면적별 세대수와 분양가, 납부 일정(계약금, 중도금, 잔금) 정보를 구조화된 데이터(표 형식)로 정리합니다.

(2) 필요 시 분양가와 납부 금액을 바탕으로 자금 계획을 자동 계산합니다.

3. 청약 자격 및 선정 방식 검토

(1) 공고문의 특별공급 및 일반공급 조건을 분석하고, 입력된 사용자의 정보를 바탕으로 신청 가능 여부를 판단합니다.

(2) 가점제, 추첨제 기준을 비교하여 사용자의 청약 성공 가능성을 예측합니다.

4. 옵션 사항 및 추가 비용 확인

(1) 공고문에서 옵션 비용(예: 발코니 확장비용)을 추출하여, 선택 가능한 항목과 비용을 사용자에게 명확히 제시합니다.

(2) 계약자 유의사항, 전매 제한 조건, 보증 관련 내용 등을 요약하여 줍니다.

1 입주자 모집공고문 분석 실습 예제

(1) 복잡한 공고문 분석 쉽게!

📄 ★★[서울원 아이파크]입주자모집공고...
PDF

위 PDF 파일의 내용에 대해서 자세하게 정리해주세요.

Part
02

1. 공고 내용 정정

- **층수 및 호수 변경**
  - 예: 특정 동, 층수(40~~41층~~ → ~~40~~45층)로 변경.
- **시설 및 동 배치 변경**
  - 예: 어린이 놀이터, 경로당, 주민운동시설 등 법정 시설 위치 및 설치 방식 수정.

2. 단지 개요

- **위치**: 서울특별시 노원구 월계동.
- **구조**: 최고 47층, 총 2,264세대.
- **특별공급**: 490세대(기관추천, 다자녀가구, 신혼부부 등 포함).
- **일반공급**: 1,366세대.
- **입주시기**: 2028년 7월 예정.

3. 청약 일정

- **특별공급 접수**: 2024년 11월 25일.
- **1순위 일반공급 접수**: 2024년 11월 26일.
- **당첨자 발표**: 2024년 12월 4일.
- **계약 체결 기간**: 2024년 12월 16일~19일.

4. 주요 청약 및 자격 요건

- **청약 자격**: 청약통장 가입 요건 충족, 소득 및 자산 기준 등.
- **부적격 당첨 시**: 청약 자격 박탈 및 청약 제한.
- **우선 배정**: 고령자, 장애인, 다자녀 가구에게 최하층 우선 배정.

5. 주요 변경 및 참고사항

- **법정 시설 추가**: 어린이집, 작은도서관 등.
- **관리비 부담 방식 수정**: 분양동과 임대동 별도 관리비 분담.
- **전매 제한**: 당첨자 발표일로부터 1년.

(2) 가상의 상황 만들기 or 나의 상황을 입력하기

위 모집공고문을 바탕으로 청약을 희망하는 3명의 인물을 스타 연예인 이름으로 만들어주세요.
미혼 or 기혼인지(결혼생활년수),청약 가점 (부양가족 수,(부양가족에서 본인은 제외), 사는 곳, 보유 현금 등 청약과 관련해서 필요한 정보를 꼼꼼히 만들어 주세요.

1. 송중기

- **혼인 상태**: 기혼 (결혼생활 5년)
- **청약 가점**:

  - **무주택 기간**: 7년 (만 30세 이후 계산, 16점)
  - **부양가족 수**: 1명 (배우자 → 10점)
  - **청약통장 보유기간**: 9년 (11점)
  - **총 가점**: 37점
- **사는 곳: 서울특별시 성동구 성수동**
- **보유 현금**: 2억 원
- **기타 정보**: 맞벌이 부부로 월소득 합산 약 900만 원. 교육 및 생활 편의성이 우수한 중형 평형 (74A)을 희망하며, 생애최초 특별공급 검토 중.

2. 한지민

- **혼인 상태**: 미혼
- **청약 가점**:

  - **무주택 기간**: 15년 (만 30세 이후 계산, 30점)
  - **부양가족 수**: 없음 (0점)
  - **청약통장 보유기간**: 13년 (15점)
  - **총 가점**: 45점
- **사는 곳: 서울특별시 마포구 합정동**
- **보유 현금**: 1억 8천만 원
- **기타 정보**: 중견기업 근무로 안정적인 소득. 교통이 편리한 지역에 거주하며, 59A 타입 희망. 일반공급 1순위로 청약 예정.

3. 유재석

- **혼인 상태**: 기혼 (결혼생활 12년)
- **청약 가점**:

  - **무주택 기간**: 20년 (만 30세 이후 계산, 32점)
  - **부양가족 수**: 3명 (배우자, 자녀 2명 → 25점)
  - **청약통장 보유기간**: 15년 (17점)
  - **총 가점**: 74점
- **사는 곳: 서울특별시 노원구 상계동**
- **보유 현금**: 3억 5천만 원
- **기타 정보**: 다자녀 가구로 넓은 주거 공간(105A)을 선호하며, 다자녀 특별공급 신청을 우선 고려. 자녀의 교육 환경과 커뮤니티 시설이 중요한 요소.

(3) 나의 상황 검토 및 자금 계획 세우기

1. 위 유재석님의 조건이 입주자모집공고무에 맞는지 검토해주세요.
2. 청약 당첨 시 자금 계획에 대해 세워주세요.
   (LTV, DTI,DSR, 취득세 및 옵션 계약금 등을 고려해주세요.)
   서울 노원구는 비규제지역이니 그에 맞게 써주세요.

1. 유재석님의 조건 검토 (입주자 모집공고 기준)

유재석님의 조건:

- **혼인 상태**: 기혼 (결혼생활 12년)
- **청약 가점**:
  - **무주택 기간**: 20년 (만 30세 이후 계산, 32점)
  - **부양가족 수**: 3명 (배우자, 자녀 2명 → 25점)
  - **청약통장 가입 기간**: 15년 (17점)
  - **총 가점**: 74점
- **현재 거주지**: 서울특별시 노원구

입주자 모집공고에 따른 검토:

1. **일반공급 1순위**:
   - 무주택 세대주: 충족
   - 청약통장 가입 기간: 15년으로 충족
   - 가점: 74점으로 매우 유리
   - 거주 요건: 서울 노원구 거주로 해당 지역 거주자 요건 충족
   - **결론**: 일반공급 1순위 요건 충족

2. **특별공급 - 다자녀 특별공급**:
   - 미성년 자녀 2명 이상 보유: 충족
   - 무주택 세대주: 충족
   - 서울 거주 요건: 충족
   - **결론**: 다자녀 특별공급 요건 충족

2. 청약 당첨 시 자금 계획

가정:

- 희망 주택: **105A 타입**
- 예상 분양가: 12억 원

자금 계획 구성

1. **주택담보대출 (LTV)**:
   - 비규제지역에서는 LTV가 **70%**까지 적용 가능.
   - 대출 가능 금액 = 12억 × 70% = **8억 4천만 원**

2. DTI 및 DSR:

- **DTI**: 비규제지역에서는 60% 적용.
- **DSR**: 모든 금융권 대출을 포함하여 40% 적용.
- 유재석님의 월소득이 약 1,200만 원(추정)이라면, 연소득 기준으로
  - DTI 기준: (1,200만 × 12) × 60% = 8억 6천만 원
  - DSR 기준: (1,200만 × 12) × 40% = 5억 7천만 원
- **결론**: DSR 기준으로 대출 가능 금액은 약 **5억 7천만 원**

3. 취득세:

- 주택 가격 9억 원 이하 부분: 1%
- 주택 가격 9억 원 초과 부분: 3%
- **취득세 계산**:
  - (9억 × 1%) + (3억 × 3%) = 1,800만 원

4. 계약금 및 중도금:

- **계약금**: 12억 × 10% = **1억 2천만 원**
- **중도금**: 12억 × 60% = **7억 2천만 원**
  - 분납 방식으로 6회 차까지 나누어 납부.

5. 잔금:

- 잔금: 12억 × 30% = **3억 6천만 원**

6. 옵션 비용:

- 발코니 확장 및 기타 옵션: **2천만 원**

자금 조달 계획

항목	금액	비고
보유 현금	3억 5천만 원	계약금, 취득세, 옵션 비용 충당
주택담보대출	5억 7천만 원	DSR 기준
기타 대출	필요 없음	
총계	9억 2천만 원	

총비용 요약

- **계약금**: 1억 2천만 원
- **중도금**: 7억 2천만 원 (분할 납부)
- **잔금**: 3억 6천만 원
- **취득세**: 1,800만 원
- **옵션 비용**: 2천만 원
- **총 필요 자금**: 약 **12억 2천만 원**

결론:

- 유재석님은 **서울원 아이파크 일반공급 및 다자녀 특별공급** 요건을 모두 충족하며, 충분한 보유 현금과 대출 한도를 통해 자금 계획을 무리 없이 수립할 수 있습니다.
- DSR 규제에 따라 주택담보대출이 제한될 수 있으므로, 필요한 경우 중도금 대출이나 추가 대출을 검토해야 합니다.

청약 성공을 위한 데이터 활용 비법

공공데이터포털에서 제공하는 다양한 청약관련 정보를 활용하면 시장 트렌드를 읽고,전략적으로 청약을 준비할 수 있습니다.

☑ 출처:공공데이터포털

1. 청약 시장의 판도를 읽는 방법

(1) 주택 청약 통계로 숨겨진 트렌드 찾기

- 공공데이터포털에서는 지역별, 주택 유형별 청약 데이터를 제공합니다.

(2) 활용 방법

1) 특정 지역의 청약 접수 현황과 공급량을 확인하여 수요와 공급의 균형을 파악합니다.
2) 아파트, 오피스텔 등 다양한 주택 유형의 통계를 비교하여 자신에게 적합한 주택 유형을 선택할 수 있습니다.

(3) 장점

1) 시장 전반의 흐름을 이해하고 경쟁이 덜한 지역을 선택할 수 있습니다.
2) 데이터 기반 분석으로 의사결정의 신뢰성을 높입니다.

2. 경쟁률로 보는 인기 지역의 비밀

- 청약 경쟁률 데이터로 유리한 전략 세우기

주택 청약 경쟁률 데이터는 특정 지역과 단지의 인기도를 보여주는 중요한 지표입니다.

(1) 활용 방법

1) 최근 1~2년간의 경쟁률 데이터를 통해 인기 지역과 단지를 파악합니다.
2) 경쟁률이 낮은 지역이나 신규 공급 지역을 중심으로 전략을 조정합니다.

(2) 장점

1) 인기 지역을 선택하거나 경쟁이 덜한 곳을 찾아 청약 성공 확률을 높일 수 있습니다.
2) 경쟁률 데이터를 통해 실패 가능성을 줄이고 효율적인 자원 배분이 가능합니다.

3. 청약통장 가입률로 미래를 예측하다

- 지역별 데이터로 유망 지역 분석하기

청약통장 가입률은 특정 지역에서 청약에 대한 관심도를 나타내는 중요한 데이터입니다.

(1) 활용 방법

1) 지역별 가입률 데이터를 통해 청약의 잠재적 경쟁률을 예측합니다.
2) 가입률이 높은 지역은 경쟁이 치열할 가능성이 크며, 가입률이 낮은 지역은 성공 가능성이 높습니다.

(2) 장점

1) 미래 청약 시장의 동향을 예측하고 유망 지역을 발굴할 수 있습니다.
2) 안정적으로 청약에 성공할 수 있는 지역을 선별하는 데 유리합니다.

4. 정기 보고서로 완성하는 청약 마스터플랜

공공데이터포털에서는 주기적으로 청약 관련 보고서를 제공합니다.

(1) 활용 방법

1) 보고서에 포함된 지급 현황 등의 데이터를 활용합니다.
2) 장기적인 관점에서 청약 계획을 수립하고, 투자 가능 지역을 선정합니다.

(2) 장점

1) 최신 정보를 바탕으로 전략적이고 체계적인 청약 준비가 가능합니다.
2) 전문가 수준의 분석 데이터를 무료로 제공 받아 효율적인 의사결정을 할 수 있습니다.

1 공공데이터포털을 이용한 데이터 분석을 손쉽게!

1. 청약 경쟁률을 쉽게 분석하자.

 청약 경쟁률.xlsx

위 파일 내용 중 서울에서 경쟁률 가장 높았던 아파트 10개 알려주세요.

1. **디에이치 대치 에델루이** (강남구 대치동)
   - **1순위 평균 경쟁률**: 1,025.6대 1
   - **공급 세대수**: 37세대
   - **청약 신청자 수**: 37,946명
   - **분양 시기**: 2024년 9월
   - **특징**: 분양가상한제 적용으로 주변 시세 대비 저렴한 분양가로 높은 관심을 받음.

2. **청담 르엘** (강남구 청담동)
   - **1순위 평균 경쟁률**: 667.3대 1
   - **공급 세대수**: 85세대
   - **청약 신청자 수**: 56,717명
   - **분양 시기**: 2024년 9월
   - **특징**: 한강변 입지와 분양가상한제 적용으로 시세 대비 저렴한 분양가로 주목받음.

3. **래미안 원펜타스** (강남구 개포동)
   - **1순위 평균 경쟁률**: 500대 1
   - **공급 세대수**: 50세대
   - **청약 신청자 수**: 25,000명
   - **분양 시기**: 2024년 8월
   - **특징** 서울 아파트 경쟁률 추세 분석해주세요. 경 다른 지역 경쟁률 상위 알려주세요.

2. 청약통장 전체 가입현황을 분석해보자!

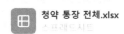

청약 통장 전체.xlsx
스프레드시트

위 엑셀 파일의 내용을 요약해주세요.

이 엑셀 파일은 2022년 동안의 청약 통장 가입 현황을 기록하고 있습니다. 데이터는 '종합저축'과 '청약저축'의 두 가지 주요 유형으로 나뉘며, 각 지역(서울, 인천·경기, 5대 광역시, 기타 지역)의 월별 가입자 수가 포함되어 있습니다. 각 월마다 1순위와 2순위로 나누어 데이터를 기록하여 청약 통장의 가입자 분포와 변화를 파악할 수 있습니다.

주요 내용 요약:

1. **청약 유형:**
   - 데이터는 '종합저축'과 '청약저축'으로 나뉘어 있습니다.
   - 각 청약 유형마다 1순위와 2순위 가입자 수가 구분되어 기록되어 있어, 경쟁 상황을 분석할 수 있습니다.

2. **지역 구분:**
   - 서울, 인천·경기, 5대 광역시, 기타 지역의 청약 통장 가입 현황이 기록되어 있습니다.
   - 각 지역의 월별 가입자 수를 통해 지역별 청약 수요의 차이를 확인할 수 있습니다.

3. **월별 가입자 현황:**
   - 2022년 매월의 1순위와 2순위 가입자 수를 기록하고 있어, 시간에 따른 청약 통장 가입자 수의 변화를 살펴볼 수 있습니다.
   - 예를 들어, 서울의 종합저축 가입자는 2022년 초에 약 374만 명으로 시작하여 연말에는 약 386만 명으로 소폭 증가했습니다.
   - 인천·경기는 같은 기간 동안 약 494만 명에서 약 621만 명으로 증가하며 높은 성장세를 보였습니다.

4. **분석 가능성:**
   - 이 데이터를 통해 각 지역의 청약저축 및 종합저축 가입자 수의 증가율과 감소율, 월별 변동 추이를 분석할 수 있습니다.
   - 예를 들어, 서울과 인천·경기의 가입자 증가 추이를 비교하여 어느 지역의 청약 수요가 더 빠르게 증가했는지 확인할 수 있습니다.
   - 청약 유형별로 가입자 수의 변화를 분석하여, 어떤 청약 유형이 더 인기가 있는지 파악할 수 있습니다.

이 데이터는 청약 통장 가입 현황을 지역별, 월별로 분석하여 부동산 시장의 트렌드와 청약 수요의 변화를 파악하는 데 유용한 정보를 제공합니다. 이를 통해 부동산 정책이나 청약 전략 수립에 도움을 줄 수 있습니다. 추가적으로 궁금한 사항이 있거나 더 자세한 분석이 필요하시면 말씀해 주세요.

- 각종 AI 사이트를 활용해서 풍성한 답변을 얻어 보세요
  (ChatGPT, Claude, Microsoft Copilot, Google Gemini, Perplexity 등)

1 청약자격 및 지역 관련

Q1. 특정 지역에서만 청약 신청이 가능한가요?

A: 네, 청약 신청은 주로 해당 지역 거주자를 대상으로 이루어집니다. 지역별 우선 공급 비율과 거주 요건은 입주자 모집 공고에 명시되며, 대규모 택지 개발지구 등은 전국 단위로 열릴 수도 있습니다.

Q2. 우선공급을 받기 위한 최소 거주기간은 어떻게 되나요?

A: 일반적으로 6개월 이상의 거주기간이 필요하지만, 지역에 따라 다를 수 있습니다. 투기과열지구는 거주 요건이 더 엄격할 수 있습니다.

Q3. 해외 체류 중인 경우에도 청약이 가능한가요?

A: 가능합니다. 다만, 해외 체류 기간에 따라 거주 요건 충족 여부가 제한될 수 있으며, 입주 시점 이전에 국내로 복귀해야 할 수도 있습니다.

Q4. 해당 지역에 일시적으로 거주한 경우 우선공급 혜택을 받을 수 있나요?

A: 단순히 일시적으로 거주한 경우는 인정되지 않습니다. 주민등록상 해당 지역에 일정 기간 이상 등록되어 있어야 합니다.

Q5. 장기복무 군인의 경우, 특정 지역 청약에 제한이 있나요?

A: 장기복무 군인은 전국 모든 지역에서 우선공급 청약이 가능합니다. 군인의 특수한 근무 환경이 고려됩니다.

2 청약통장 관련

Q6. 기존 청약통장을 주택청약종합저축으로 전환할 수 있나요?

A: 기존 청약저축이나 청약예금 통장은 주택청약종합저축으로 전환이 가능합니다. 전환 후에는 민영주택과 공공주택 모두에 신청할 수 있습니다.

Q7. 납입금 연체 시 어떻게 되나요?

A: 추가 납입을 통해 부족한 회차를 복구할 수 있습니다. 복구된 회차는 청약 자격이나 가점 산정에 반영됩니다.

Q8. 청약통장의 예치금은 언제까지 입금해야 하나요?

A: 입주자 모집 공고일 전일까지 예치금을 납부해야 하며, 공고 이후 납입은 인정되지 않습니다.

Q9. 청약통장을 해지한 경우 복구할 수 있나요?

A: 복구는 불가능합니다. 해지 후 다시 가입하면 새로운 통장으로 간주됩니다.

Q10. 청년우대형 청약통장이란 무엇인가요?

A: 청년우대형 청약 통장은 만 19~34세 청년을 대상으로 하며, 기존 청약 통장보다 높은 이자율과 비과세 혜택을 제공합니다.

3 세대구성 및 가족 관련

Q11. 부모님과 함께 거주 중인 경우, 무주택 세대 구성원으로 인정되나요?

A: 부모님이 주택을 소유하고 있어도 본인이 세대 분리 후 무주택 상태라면 무주택 세대 구성원으로 인정받을 수 있습니다.

Q12. 이혼 후 세대가 분리 된 경우, 무주택자로 인정되나요?

A: 경우에 따라 달라집니다. 이혼 후, 배우자가 소유된 주택에서 분리된 경우 무주택으로 간주됩니다. 단, 이혼 전에 본인이 주택을 소유했거나 지분이 있었다면 해당 기간은 무주택 기간에서 제외됩니다.

Q13. 외국인 배우자도 부양가족으로 인정되나요?

A: 인정됩니다. 외국인 배우자는 혼인 관계와 주민등록 등본을 통해 부양가족으로 인정됩니다.

Q14. 부모님이 주택을 소유하고 있어도 자녀는 무주택 세대 구성원이 될 수 있나요?

A: 가능합니다. 자녀가 별도의 세대주로 주민등록이 되어 있다면 무주택으로 인정됩니다.

Q15. 동일 주소에 거주하지만 주민등록표가 분리된 경우 청약 가점에 영향을 미치나요?

A: 주민등록상 세대가 분리되어 있으면 독립 세대로 간주되어 가점에 영향을 미칩니다.

4 **주택소유 여부**

Q16. 분양권을 소유하고 있으면 무주택으로 인정되지 않나요?

A: 일반적으로 분양권은 주택 소유로 간주됩니다. 단, 일정 조건에서는 예외가 적용될 수 있습니다.

Q17. 상속받은 주택도 주택 소유로 간주되나요?

A: 상속받은 주택은 소유로 간주되지만, 상속 이후 처분하면 무주택으로 인정될 수 있습니다.

Q18. 오피스텔을 보유한 경우 청약 신청이 가능한가요?

A: 오피스텔은 주택으로 간주되지 않아 무주택으로 인정될 수 있습니다. 단, 거주용으로 사용하면 제한될 수 있습니다.

Q19. 주택 소유를 포기한 경우 무주택 기간은 어떻게 계산되나요?

A: 주택을 처분한 시점부터 무주택 기간이 시작됩니다.

Q20. 공동명의로 주택을 소유한 경우 몇 채로 간주되나요?

A: 부부 공동명의는 1채로 간주됩니다. 단, 소유 비율에 따라 세부 규정이 다를 수 있습니다.

5 **청약 가점 및 절차**

Q21. 청약 가점은 어떻게 산정되나요?

A: 무주택 기간, 부양가족 수, 청약통장 가입 기간을 기준으로 최대 84점까지 산정됩니다.

Q22. 부양가족 점수에 본인도 포함되나요?

A: 본인은 부양가족에 포함되지 않습니다.

Q23. 이혼한 경우 무주택 기간 점수는 어떻게 되나요?

A: 이혼 후 무주택 상태로 간주되어 기간 점수에 반영됩니다.

Q24. 청약 신청 후 당첨 발표는 언제 이루어지나요?

A: 입주자 모집 공고에 당첨 발표일이 명시됩니다. 일반적으로 공고일로부터 2~4주 후 발표됩니다.

Q25. 동일한 조건의 지원자가 많으면 어떻게 당첨자를 선정하나요?

A: 가점 순위에 따라 선정되며, 동점자의 경우 무작위 추첨으로 결정됩니다.

6 청약 제한 및 당첨 관련

Q26. 과거 청약 당첨 이력이 있는 경우 재당첨이 가능한가요?

A: 투기과열지구 등 일부 지역에서는 일정 기간 동안 재당첨이 제한됩니다.

Q27. 계약을 포기한 경우에도 당첨자로 관리되나요?

A: 계약을 포기하면 당첨자로 관리되며, 제한 기간 동안 재청약이 어렵습니다.

Q28. 특별공급은 몇 번까지 신청할 수 있나요?

A: 특별공급은 1회 신청이 원칙이지만, 유형에 따라 다를 수 있습니다.

Q29. 특별공급과 일반공급을 동시에 신청할 수 있나요?

A: 특별공급과 일반공급은 동시에 신청할 수 없습니다.

Q30. 재개발 지역 조합원의 경우 다른 지역 청약에 제한이 있나요?

A: 조합원으로 등록된 경우에도 다른 지역 청약 신청은 가능하지만, 우선 순위에서 제외될 수 있습니다.

박유희 교수의 무적의 청약봇

청약의 모든것을 답하다.

"청약의 모든 답, 여기 있다!, 청약GPT"

저자 박종철

저자 약력

한양대학교 법과대학 법학과 졸업
한양대학교 행정대학원졸업

<현>

세종사이버대학교 부동산자산경영학과 겸임교수
호서대 대학원 부동산자산관리학과 겸임교수
한국산업단지공단 산업단지선정위원, 구도고도화사업 심의
위원
한국철도공사 감사자문위원
한국생산성본부 한국사회능력개발원 부동산실무 지도교수
EBS 공인중개사 부동산공법 담당교수
(재)건설산업교육원 교수
(사)한국부동산자산관리사협회 토지자산관리 담당교수
대한민국 국회 전문가(국토교통위원회)
골든리얼티 부동산연구소 대표 (주)토크뷰
에듀앤컬처 사회적협동조합 이사장

<전>

한국토지주택공사 토지주택대학 교수
영화진흥위원회 자문위원
명지대부동산대학원 공인중개사 실무교육 담당 교수
매경부동산자산관리사시험 출제위원
한국법학교육원 올에듀넷 대표이사
한국공인중개사협회 공인중개사 실무교육 담당 교수
신성대학교 세무부동산과 외래교수

방송출연 등

sbscnbc 부동산삼국지, MBC 비하인드 스토리, KBS 모닝
와이드, MBN M머니 생방송부동산, tvn 백지연의 피플인
사이드, TV조선 돌아온 저격수다, EBS 등 다수 방송출연

주요저서

아무도 알려주지 않는 실전토지투자(올에듀넷,2016)
토지자산관리(한국부동산자산관리협회,2022)
실무자·투자자를 위한 부동산개발 인허가 실무(올에듀넷,
2014)
국토의 계획 및 이용에 관한 법률 실무(올에듀넷,2014)
EBS 부동산공법(에스티엔북스,2021)
부동산공법(공인단기,2014)
실전부동산투자실무(2014,한국부동산전문교육원)

포상

매경머니닥터 100인(매일경제신문사선정) 선정
2011 대한민국 자랑스러운 혁신 한국인(스포츠조선선정) 선정

Part

03

AI 개발계획분석

부동산관련 행정계획의 체계

제1절 | 부동산관련 행정계획

1. 행정계획의 존재의의

부동산, 특히 토지에 대한 투자와 개발을 준비하려는 사람은 가장 먼저 이해하여야 하는 것이 국가가 대한민국의 전 국토를 어떠한 방향으로 보전·개발·관리하려는가를 파악해야 한다.

이에 대한 지침을 제시하는 것이 각종 행정계획이다. 부동산 관련 행정계획은 그 계획대로 추진되어 목표가 달성되는 경우도 있고, 또한 계획으로 그치는 경우도 있으나, 정부의 각종 부동산정책의 기준이 된다는 점에서 이에 대한 이해와 숙지는 필수적이라고 하겠다.

2. 국토계획의 기본체계

국토계획이라 함은 국토를 이용·개발 및 보전함에 있어서 미래의 경제적·사회적 변동에 대응하여 국토가 지향하여야 할 발전방향을 설정하고 이를 달성하기 위한 계획을 말한다. 국토계획은 다음의 구분에 따라 국토종합계획·도종합계획·시군종합계획·지역계획 및 부문별계획으로 구분한다.

(1) 국토종합계획

국토전역을 대상으로 하여 국토의 장기적인 발전방향을 제시하는 종합계획

(2) 도종합계획

도의 관할구역을 대상으로 하여 당해 지역의 장기적인 발전방향을 제시하는 종합계획

(3) 시·군종합계획

특별시·광역시·시 또는 군(광역시의 군을 제외한다)의 관할구역을 대상으로 하여 당해 지역의 기본적인 공간구조와 장기발전방향을 제시하고, 토지이용·교통·환경·안전·산업·정보통신·보건·후생·문화 등에 관하여 수립하는 계획으로서 「국토의 계획 및 이용에 관한 법률」에 의하여 수립되는 도시·군계획

(4) 지역계획

특정한 지역을 대상으로 특별한 정책목적을 달성하기 위하여 수립하는 계획

(5) 부문별 계획

국토전역을 대상으로 하여 특정부문에 대한 장기적인 발전방향을 제시하는 계획

◈ 국토 및 도시계획 체계

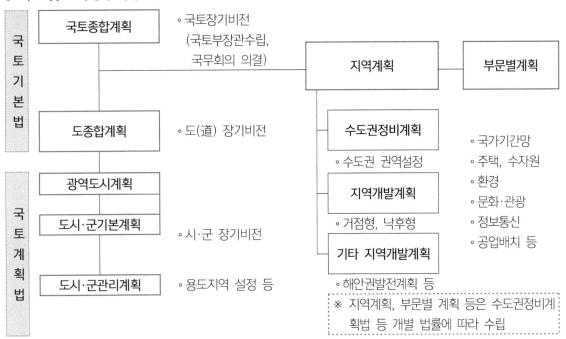

◈ <참고> 체계도

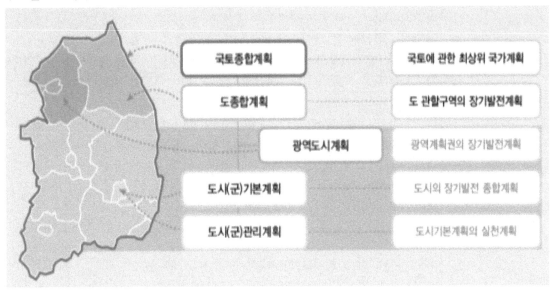

최상위계획	국토종합계획
계획의 분류	계획의 종류
1. 종합계획·지역계획	가. 「국토기본법」 제6조제2항제2호에 따른 도종합계획 나. 「수도권정비계획법」 제2조제2호에 따른 수도권정비계획 다. 「국토의 계획 및 이용에 관한 법률」 제2조제1호에 따른 광역도시계획 라. 「국토의 계획 및 이용에 관한 법률」 제2조제3호에 따른 도시·군기본계획 바. 「동·서·남해안 및 내륙권 발전 특별법」 제2조제2호에 따른 해안권 및 내륙권 발전종합계획
2. 기간시설계획	가. 「국가통합교통체계효율화법」 제4조제1항에 따른 국가기간교통망계획 나. 「대도시권 광역교통 관리에 관한 특별법」 제3조제1항에 따른 광역교통기본계획 다. 「도로법」 제5조에 따른 국가도로망종합계획 라. 「철도의 건설 및 철도시설 유지관리에 관한 법률」 제4조제1항에 따른 국가철도망구축계획 마. 「항만법」 제5조제1항에 따른 항만기본계획 바. 「마리나항만의 조성 및 관리 등에 관한 법률」 제4조제1항에 따른 마리나항만에 관한 기본계획 사. 「항공사업법」 제3조제1항에 따른 항공정책기본계획 아. 「공항시설법」 제3조제1항에 따른 공항개발 종합계획 자. 「물류정책기본법」 제11조제1항에 따른 국가물류기본계획 차. 「물류시설의 개발 및 운영에 관한 법률」 제4조제1항에 따른 물류시설개발종합계획 카. 「댐건설 및 주변지역지원 등에 관한 법률」 제4조제1항에 따른 댐건설장기계획
3. 부문별 계획	가. 「주거기본법」 제5조에 따른 주거종합계획 중 10년 단위의 계획 나. 「농어촌정비법」 제4조제1항에 따른 농어촌 정비 종합계획 다. 「임업 및 산촌 진흥촉진에 관한 법률」 제23조제1항에 따른 산촌진흥기본계획 라. 「수자원의 조사·계획 및 관리에 관한 법률」 제17조제1항에 따른 수자원장기종합계획 마. 「지하수법」 제6조제1항에 따른 지하수관리기본계획 바. 「산림기본법」 제11조제1항에 따른 산림기본계획 사. 「수자원의 조사·계획 및 관리에 관한 법률」 제18조제1항에 따른 하천유역수자원관리계획 아. 「연안관리법」 제6조제1항에 따른 연안통합관리계획 자. 「연안관리법」 제21조제1항에 따른 연안정비기본계획 차. 「해양환경관리법」 제14조제1항에 따른 해양환경종합계획 카. 「관광진흥법」 제49조제1항에 따른 관광개발기본계획 타. 「산림문화·휴양에 관한 법률」 제4조제1항에 따른 산림문화·휴양기본계획

국토종합계획

제1절 　국토종합계획의 개념

국토종합계획은 국토 전역을 대상으로 하여 국토의 장기적인 발전방향을 제시하는 종합계획으로서 우리나라 부동산관련계획 중에서 최상위에 위치하는 계획이다. 국토종합계획은 「국토기본법」에 규정되어 있으며, 국토해양부장관이 수립하여 대한민국 전 국토의 보전·개발·관리의 방향을 제시하는 계획으로서 구체적인 사항은 규정되지 않는 계획이나, 국토의 발전방향을 알 수 있는 청사진이므로 토지에 대한 투자·개발·관리를 위하여는 제일 먼저 검토하여야할 계획이라고 할 수 있다. 즉, 국토종합계획을 통하여 국토개발의 체계와 흐름을 파악하고, 부동산투자처와 투자의 적기를 판단하는 하나의 지침으로 활용할 수 있다. 현재의 국토종합계획은 제5차 국토종합계획(2020~2040년)으로서 2019년도에 발표되어 현재 전 국토에 적용되고 있다.

제2절 　제5차 국토종합계획(2020~2040)의 주요내용

1. 개요

제5차 국토종합계획이 지난 계획과 가장 크게 달라진 변화는 국가 주도의 성장과 개발 중심에서 탈피했다는 데 있다. 인구감소, 기후변화, 기술혁신 등 최근의 여건변화를 반영해 국토를 가로지르던 개발축 대신, 지역과 지역, 중앙과 지역이 함께 연대하고 협력하면서 유연하고 스마트한 국토를 조성하는 것을 국토의 새로운 미래상으로 제시하고 있다.

이에 따라 계획의 비전을 '모두를 위한 국토, 함께 누리는 삶터'로 설정하고, 균형국토, 스마트국토, 혁신국토의 3대 목표와 6가지 발전전략을 제시하고 있다.

◈ 성장과 개발 중심에서 탈피, 국토의 관리와 경영을 위한 국토정책 전환
◈ 지역별 특징과 수요를 고려한 지역간 협력사업 발굴을 통해 균형발전 추진
◈ 지역경제 활성화를 위해 지역별 혁신성장 공간 확충 및 문화·관광 활성화
◈ 인구감소와 인구구조 변화에 대응한 스마트한 공간 재배치 전략을 마련
◈ 기후변화에 대응해 국토-환경 통합관리 추진
◈ 인프라의 효율적 구축·운영과 기존 교통체계를 혁신해 미래를 대비

▲ 제5차 국토종합계획의 비전과 목표

2. 중요 특징

6가지 발전전략에 나타난 5차 계획의 중요한 특징은 다음과 같다.

(1) 지역별 특징과 수요를 고려한 지역 간 협력사업 발굴을 통해 균형발전을 추진한다.(「전략 1」관련)

제5차 계획은 무엇보다 지역과의 자유로운 연대와 협력적 관계를 중시하고 있다. 앞으로는 복수의 지자체가 산업, 관광, 문화 등을 매개로 개성있는 지역발전을 꾀할 수 있는 협력사업을 직접 발굴하고, 중앙정부는 투자협약제도 등을 통해 이를 지원하는 방식으로 국가 균형발전을 추진할 계획이다.

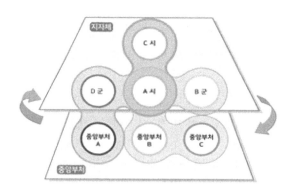

▲ 자유로운 연대와 협력적 관계 개념도

이번 계획 수립과정에서 지자체가 제안한 광역 연계·협력 사업들은 앞으로 중앙부처와의 협의 등 절차를 거쳐 추진여부가 결정될 예정이다.

⊗ 광역 연계·협력 지자체 제안 사업(예시)

구분		광역 연계·협력 제안사업	해당 지자체
산업·경제		국가기간산업 초광역 산업클러스터 구축	부산, 울산, 경남 등
		동북아 글로벌 물류플랫폼 육성	부산, 울산, 경남 등
		송도-부평-서울 광역 신산업벨트 조성	인천, 서울 등
		국제과학비즈니스벨트와 연계한 혁신산업 클러스터 구축	충북, 대전, 충남 등
		광역벤처기업 클러스터 구축, 인천공항-김포공항 연계경제권	인천, 경기 등
환경	수자원	광역상수도 취수원 다변화	부산, 울산, 경남 / 서울, 경기 등
		광역적 수자원 관리기반 구축(한강 수계권, 대청호, 충주호 등)	충북, 대전 등
		한강 하구의 공동 관리 및 개발	경기, 인천 등
	대기	동남권 대기환경청 설립 추진	울산, 부산, 경남 등
		광역적 환경문제 공동대응을 위한 수도권 상설기구 추진	인천, 서울, 경기 등
문화·관광	관광	남해안 광역 문화관광권 개발	부산, 경남, 광주, 전남, 경기, 충남, 전북 등
		전라천년문화권 광역관광개발	전북, 전남, 광주
	역사문화	충청 유교문화권 조성 사업	대전, 세종, 충북, 충남 등
		가야문화권 조성 사업	경남, 경북, 전북, 전남, 부산 등
교통·인프라	도로	충청·대전권 광역 연계교통망 구축	대전, 세종, 충남, 충북 등
		남해안권 통행시간 단축(남해-동해안고속도로 연계 등)	부산, 경남, 광주, 전남, 경북 등
		전북대도시권 형성을 위한 첨단교통체계 구축(철도 포함)	전북, 전남, 서울 등
		동서 내륙간선도로 확충(동서3축 고속도로 등)	대구, 광주, 경북, 경남, 전북, 전남 등
		백두대간 국가생태경관도로 조성	충북, 강원 등
	철도	동서 내륙철도 확충(대구-광주, 김천-전주 내륙철도)	대구, 광주, 경북, 경남, 전북, 전남 등
		수도권 광역철도망 구축(GTX구축 및 연계 등)	서울, 인천, 경기 등
		남해안 고속화철도(부산-광주)	부산, 광주, 전남 등
		동해선 고속철도 등 광역교통체계 구축	부산, 울산, 경남 등
	항공	대구공항 통합이전을 통한 대구-경북 경제 활성화	대구, 경북 등
	해운	제주-육지부 해상물류체계	제주, 부산, 강원, 인천 등
복합		강원-충청-호남을 연결하는 산업 및 교통망 구축	전남·북, 충남·북, 강원 등 8개 시·도

(2) 지역경제 활성화를 위해 지역별 혁신성장 공간을 확충하고 문화·관광을 활성화한다.
    (「전략 2」 관련)

　　지역산업 생태계의 회복력 제고를 목표로 하여 규제자유특구를 중심으로 지역 여건에 맞
는 신산업 육성기반을 구축하고 지역별 혁신성장 공간을 확충한다.
　　특히, 변화된 산업입지 수요에 맞게 인재 수급이 원활한 도심, 대학 등에 산업공간을 확
충하고, 일터-삶터-쉼터가 조화된 공간을 조성하여 투자를 활성화하고 양질의 일자리가
확보될 수 있도록 유도할 계획이다.

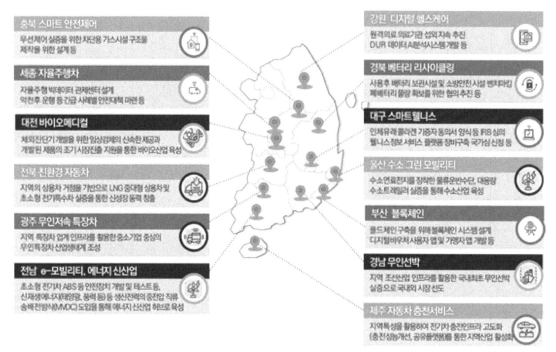

▲ 규제자유특구 지정 현황(1차 및 2차)

　　지역경제 활력 제고를 위한 관광산업 활성화도 지원한다.
　　특정 지역에 집중되고 있는 관광환경 개선을 위해 지역 간 연계 관광자원 발굴을 지원하여
지역경제의 동반성장을 추진한다.
　　또한 협력사업 활성화를 위해 접근성이 높은 국제공항, KTX역 등을 관광거점으로 조성하고
배후시설 유치, 지역관광 콘텐츠 연계를 통해 신규 관광객 유치와 지역으로의 관광객 확산
을 위한 관문으로 활용한다는 계획이다.

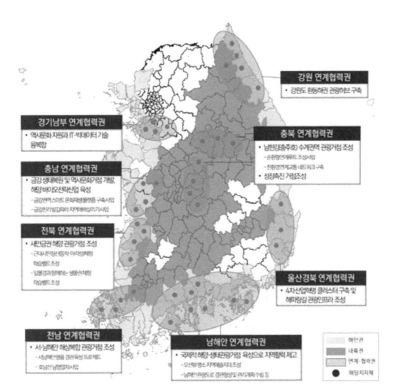

▲ 해안권·내륙권 연계·협력형 지역 관광계획('18.12 수립·발표 내용)

(3) 인구감소와 인구구조 변화에 대응한 스마트한 공간 재배치 전략을 마련한다.(「전략 3」 관련)

이번 국토종합계획안의 가장 두드러진 여건변화는 20년의 계획기간 중에 처음으로 인구가 감소한다는 것이다. 계획에는 이로 인한 충격을 완화할 수 있는 스마트 공간 재배치 전략이 처음으로 제시되었다.

첫째, 합리적 인구예측을 통해 교통축·생활문화축 등을 중심으로 주요 거점 공간은 압축적 공간으로 재편하는 한편, 기반시설계획을 최적화하고 녹지공간을 최대한 확충한다는 방안이다.

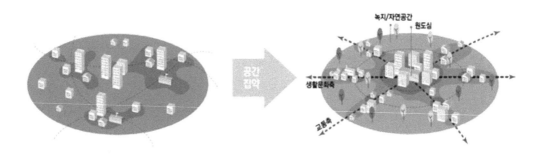

▲ 스마트 공간 재배치 개념도

둘째, 그 외 농촌 마을단위는 기존 기반시설을 효율적으로 사용하고 수요응답형 교통체계 등을 활용하여 생활 SOC로의 접근성 개선 등 기초적인 삶의 질을 보장토록 할 예정이다.

셋째, 고령인구 증가 등 인구구조 변화에 대응하는 내용도 포함하고 있다. 고령자의 특성을 고려한 공간설계 등을 반영하여 도시공간을 계획하고, 주거와 건강관리 등 복지서비스가 가능한 고령자 복지주택을 확산하는 내용을 포함하고 있다.

(4) 기후변화에 대응해 국토-환경 통합관리를 추진한다.(「전략 4」 관련)

제5차 계획은 개발 중심의 양적 팽창에서 벗어나 개발과 보전이 조화되는 지속 가능한 국토발전을 도모하기 위해 수립 초기부터 국토부와 환경부의 협업을 통해 작성되었다는 점에서 또다른 의미를 찾을 수 있다.

양 부처가 각각 수립하고 있던 국토종합계획과 국가환경종합계획이 상호보완적으로 수립될 수 있도록 인구감소 시대에 대응한 공간개편, 국토환경 네트워크 강화, 기후변화 대비, 첨단기술 활용, 국제협력 등 5대 전략을 마련해 각 계획에 이를 구체적으로 담도록 하였다. 또한 계획의 적용시기를 2020년으로 일치시키는 한편, 상호 모니터링 시스템을 구축해 계획 수립 이후에도 지속적으로 정보를 공유하기로 하였다.

이에 따라 제5차 계획에서는 기후변화에 대응하여 온실가스 감축목표를 이행하고, 바람길 등 미세먼지 분산에 유리한 도시공간구조를 통해 깨끗하고 안전한 생활환경 조성을 추진한다.

아울러 백두대간 등 국토 생태축의 보전과 복구, 산업쇠퇴로 발생한 오염·방치공간을 문화예술 공간으로 활용하는 등 복원과 재생 등을 통해 국토의 회복력도 높일 계획이다.

(5) 인프라의 효율적 구축·운영과 기존 교통체계를 혁신해 미래를 대비한다.(「전략 5」 관련)

전국을 2시간대, 대도시권은 30분대로 연결하기 위해 도로, 철도 단절구간을 연결하는 등 국가교통 네트워크를 보완하고 고속 철도서비스 확대로 전국에 X자형 고속교통망을 구축한다. 또한 GTX 등 광역철도망 구축, 순환도로망으로 교통량 분산, 대심도 지하도로 추진 등 지난 10월 31일 발표된 「광역교통비전 2030」도 반영되었다.

자율차 등 출현과 개인용 모빌리티 증가에 대응해 도로·보도로 이루어진 기존 도로체계 개편, 드론 및 소형비행기 등 다양한 항공교통수단이 안전하게 운항할 수 있는 항공교통 체계 구축, 대심도 교통수단 및 하이퍼루프 등 새로운 교통수단 등장에 대비해 지하교통 체계 개편 등도 계획에 포함되어 있으며, 이는 내년에 수립예정인 「제2차 국가기간교통망 계획(2021~2040)」에서 구체화될 예정이다.

아울러 교통사고 사망자 제로화도 추진한다. 도심내 차량 제한속도의 하향조정을 정착시키고 어린이·고령 보행자에 맞는 맞춤형 안전 환경을 조성한다.
☑ 2020년 상반기에 각 중앙행정기관은 국토종합계획의 집행력 제고를 위한 5년 단위 실천계획 수립 예정

◈ 제4차 계획(수정계획)과 제5차 계획 비교

구분	제4차 국토종합계획 수정계획 (2011-2020)	제5차 국토종합계획 (2020-2040)
비전	∘ 새로운 도약을 위한 글로벌 녹색국토	∘ 모두를 위한 국토, 함께 누리는 삶터
목표	∘ 경쟁력 있는 통합국토 ∘ 지속가능한 친환경국토 ∘ 품격있는 매력국토 ∘ 세계로 향한 열린국토	∘ 어디서나 살기좋은 균형국토 ∘ 안전하고 지속가능한 스마트국토 ∘ 건강하고 활력있는 혁신국토

공간
전략
	∘ 개방형 국토발전축
	  5+2 광역경제권 중심 거점도시권
		∘ 연대와 협력을 통한
		  유연한 스마트국토 구축

발전
전략
	<6대전략>
	∘ 국토경쟁력 제고위한 지역 특화
	  및 광역적 협력 강화
	∘ 자연친화적, 안전한 국토 조성
	∘ 쾌적하고 문화적인 도시·주거환경
	∘ 녹색교통·국토정보 통합 네트워크 구축
	∘ 세계로 열린 신성장 해양국토 기반·초국경적
	  국토경영 기반 구축
		<6대 전략>
		∘ 개성있는 지역발전과 연대·협력 촉진
		∘ 지역산업 혁신과 문화관광 활성화
		∘ 세대와 계층을 아우르는 안심 생활공간 조성
		∘ 품격있고 환경친화적인 공간 창출
		∘ 인프라의 효율적인 운영과 국토 지능화
		∘ 대륙과 해양을 잇는 평화국토 조성

지역
발전
방향
	∘ 광역경제권 형성하여 지역별 특화발전, 글로벌
	  경쟁력 강화
	∘ 지역특성을 고려한 전략적 성장거점 육성(대도
	  시와 KTX 정차도시 중심으로 도시권 육성)
		∘ 공간 재배치를 통해 압축적 발전,
		  지역 간 다양한(하드웨어 + 소프트웨어) 연계·
		  협력으로 경쟁력 강화
		∘ 혁신도시 등 균형발전 거점을 지속 육성하고 수
		  도권과 지방의 상생

집행	∘ 지역개발사업 남발 방지위한 효율적인 지역개 발 시스템 구축 ∘ 재원조달방식 다양화	∘ 계획 모니터링 및 평가 연동 ∘ 국토-환경 계획 통합관리

제 3 강 수도권정비계획

제1절 수도권정비계획의 개념

1. 수도권정비계획의 의의

수도권정비계획은 수도권정비계획법에 규정되어 있는바, 이 법은 수도권(首都圈) 정비에 관한 종합적인 계획의 수립과 시행에 필요한 사항을 정함으로써 수도권에 과도하게 집중된 인구와 산업을 적정하게 배치하도록 유도하여 수도권을 질서 있게 정비하고 균형 있게 발전시키는 것을 목적으로 한다.

2. 권역의 구분과 지정

수도권의 인구와 산업을 적정하게 배치하기 위하여 수도권을 다음과 같이 구분한다.

> 1. 과밀억제권역: 인구와 산업이 지나치게 집중되었거나 집중될 우려가 있어 이전하거나 정비할 필요가 있는 지역
> 2. 성장관리권역: 과밀억제권역으로부터 이전하는 인구와 산업을 계획적으로 유치하고 산업의 입지와 도시의 개발을 적정하게 관리할 필요가 있는 지역
> 3. 자연보전권역: 한강 수계의 수질과 녹지 등 자연환경을 보전할 필요가 있는 지역

알아두기

각종 부동산관련 행정계획 중에서 실질적으로 가장 강력한 효력을 지니는 것은 수도권정비계획이라 할 수 있다.

3. 과밀억제권역·성장관리권역·자연보전권역의 범위

과밀억제권역	성장관리권역	자연보전권역
◦ 서울특별시 ◦ 인천광역시(강화군, 옹진군, 서구 대곡동·불로동·마전동·금곡동·오류동·왕길동·당하동·원당동, 인천경제자유구역 및 남동 국가산업단지는 제외한다) ◦ 의정부시 ◦ 구리시 ◦ 남양주시(호평동, 평내동, 금곡동, 일패동, 이패동, 삼패동, 가운동, 수석동, 지금동 및 도농동만 해당한다) ◦ 하남시 ◦ 고양시 ◦ 수원시 ◦ 성남시 ◦ 안양시 ◦ 부천시 ◦ 광명시 ◦ 과천시 ◦ 의왕시 ◦ 군포시 ◦ 시흥시(반월특수지역은 제외한다)	◦ 동두천시 ◦ 안산시 ◦ 오산시 ◦ 평택시 ◦ 파주시 ◦ 남양주시(와부읍, 진접읍, 별내면, 퇴계원면, 진건읍 및 오남읍만 해당한다) ◦ 용인시(신갈동, 하갈동, 영덕동, 구갈동, 상갈동, 보라동, 지곡동, 공세동, 고매동, 농서동, 서천동, 언남동, 청덕동, 마북동, 동백동, 중동, 상하동, 보정동, 풍덕천동, 신봉동, 죽전동, 동천동, 고기동, 상현동, 성복동, 남사면, 이동면 및 원삼면 목신리·죽릉리·학일리·독성리·고당리·문촌리만 해당한다) ◦ 연천군 ◦ 포천시 ◦ 양주시 ◦ 김포시 ◦ 화성시 ◦ 안성시(가사동, 가현동, 명륜동, 숭인동, 봉남동, 구포동, 동본동, 영동, 봉산동, 성남동, 창전동, 낙원동, 옥천동, 현수동, 발화동, 옥산동, 석정동, 서인동, 인지동, 아양동, 신흥동, 도기동, 계동, 중리동, 사곡동, 금석동, 당왕동, 신모산동, 신소현동, 신건지동, 금산동, 연지동, 대천동, 대덕면, 미양면, 공도읍, 원곡면, 보개면, 금광면, 서운면, 양성면, 고삼면, 죽산면 두교리·당목리·칠장리 및 삼죽면 마전리·미장리·진촌리·기솔리·내강리만 해당한다) ◦ 인천광역시 중 강화군, 옹진군, 서구 대곡동·불로동·마전동·금곡동·오류동·왕길동·당하동·원당동, 인천경제자유구역, 남동 국가산업단지 ◦ 시흥시 중 반월특수지역	◦ 이천시 ◦ 남양주시(화도읍, 수동면 및 조안면만 해당한다) ◦ 용인시(김량장동, 남동, 역북동, 삼가동, 유방동, 고림동, 마평동, 운학동, 호동, 해곡동, 포곡읍, 모현면, 백암면, 양지면 및 원삼면 가재월리·사암리·미평리·좌항리·맹리·두창리만 해당한다) ◦ 가평군 ◦ 양평군 ◦ 여주군 ◦ 광주시 ◦ 안성시(일죽면, 죽산면 죽산리·용설리·장계리·매산리·장릉리·장원리·두현리 및 삼죽면 용월리·덕산리·율곡리·내장리·배태리만 해당한다)

▲ 수도권 권역구분

▲ 제4차 수도권정비계획 공간구상

제2절 | 수도권정비계획의 주요내용

1. 수도권 정비의 목표와 기본방향

☐ (계획 개요) 수도권의 인구·산업의 집중을 억제하고 적정하게 배치하기 위하여 관계기관
장 의견을 들어 국토부 장관이 수립(법 제4조)

  ☑ 국토종합계획의 하위 계획이며 수도권(서울·경기·인천)을 공간적 범역으로 하는 최상위 법정계획으로
    다른 법령에 따른 토지이용·개발계획 등에 우선

☐ (기본방향) 시대정신인 연대·협력을 기반으로 국토종합계획*과 연계하여 균형발전·삶의
질·혁신성장·평화경제의 4대 목표 등 방향 제시

  ☑ (수도권 관련내용) 지방과의 상생발전, 주민 삶의 질 향상, 글로벌 경쟁력 확보

☐ 수도권-비수도권, 수도권 내, 남북 등 다양한 관계간 연대 추진 및 계획 집행·관리에 대
한 중앙정부·지자체간 등 협력 증진

**연대와 협력을 통해 상생발전과 글로벌 혁신성장을
선도하는 살기 좋은 수도권**

| 균형발전 | 주민 삶의질 | 혁신성장 | 평화경제 |

☐ (중장기 비전) 그간 수도권 정책 패러다임은 물리적 규제·중앙정부 중심의 경직성 극복
을 위해 유연성·협력성을 확보하는 방향으로 변화

☐ 균형발전 성과에 따라 중앙정부·지자체 상호협력에 기반하여 계획을 통해 도시성장을
관리하는 "협력적 성장관리"로 단계적 이행 검토

◈ 협력적 성장관리

  ° 법에서는 규제범위 등 큰 틀을 정하고, 중앙정부·지자체간 상호협력으로 구체적 지침·규
    제사항 등을 포함한 계획을 수립하여 도시 성장을 관리
  ° 균형발전 성과 및 제도실효성 등을 평가하여 현재 법령으로 규정하고 있는 사항을 계획에
    서 규정할 수 있도록 단계적으로 계획의 기능 강화

2. 인구와 산업의 배치

> ◈ 특화산업 분포 및 네트워크 분석, 수도권 지자체별 공간계획 및 주요 개발 예정지 검토 등을 통해 수도권 공간구조 구상

☐ (글로벌 혁신 허브) 서울을 글로벌 경제도시로 육성하고 경기도 주요 거점도시를 중심으로 혁신역량 확산

☐ (국제물류·첨단산업 벨트) 인천공항·평택항 등의 국제관문역할을 제고하고, 수도권 남서부·인천의 첨단산업 특화 및 구조 고도화

☐ (스마트 반도체 벨트) 경기남부에 제조업 스마트화의 핵심인 반도체 산업 거점 육성 및 생산·지원시설 확충 등 강화

☐ (평화경제 벨트) 접경지역을 중심으로 의류·식품 등 생활밀착형 산업 발전 및 종합적 지원 등을 통해 평화경제 마중물 역할 제고

☐ (생태 관광·휴양 벨트) 경기 동부지역의 양호한 자연환경을 보전하고, 이를 바탕으로 휴양·레저산업 육성 등을 통한 관광 활성화

3. 권역의 구분과 정비

> ◈ 단기적으로 3개 권역체제를 유지하되 지역특성을 고려하여 차등관리를 추진하고, 권역체제 변경은 여건변화에 따라 중장기 검토

☐ (과밀억제권역) 인구밀도 등 측면에서 과밀은 지속되고 있으며, 경기 남부지역 등 주변지역으로 과밀화 현상이 확산중
   ⇒ 여전한 과밀현상 해소를 위해 현행규제를 유지하여 지속 관리*, 중장기적으로 과밀화 추세를 평가하여 과밀억제권역 조정 검토
   ☑ 서울도 과밀부담금 징수, 서울로의 대학이전 금지 등 현행수준으로 관리지속

☐ (성장관리권역) 권역내에서 남부–북부지역의 격차가 확대되는 추세, 신규 공장 절반이 개별입지 형태로 입지하는 등 여전히 난개발 우려
   ⇒ 남부의 개발수요를 북부로 유도*하도록 공업지역 물량 공급계획**을 운영하고, 성장관리방안 수립 등 주요 난개발 방지 정책과 연계
   ☑ * 공업지역 공급물량 북부비중 확대, 추가물량 요건으로 평화경제 사업 명시
      ** 기존에는 산업단지만 관리하였으나, 산단 외 공업지역까지 포함하여 관리

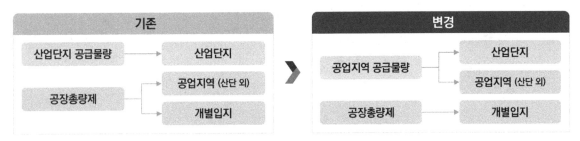

▲ 성장관리권역 공업지역 관리 개편

□ (자연보전권역) 소규모 개별입지 공장의 비율(96%)이 매우 높아 관리가 필요하며, 지역특성을 고려하지 않고 동일하게 규제
　⇒ 성장관리방안과 연계한 공장총량 배정 등 신규 개별입지 억제 및 기존 난개발 해소를 위한 개별입지 공장 정비 유도방안* 마련
　☑ 기존 개별입지 공장 정비목적의 경우 공업용지 조성 허용면적 조정 등
　　※ 상수원·환경에의 영향정도 등 지역특성차이를 고려한 차등 관리방안 검토

4. 인구집중유발시설 및 개발사업 관리

□ 인구집중유발시설 관리
　◦ (공장) 공장총량제를 개별입지에 대해서만 적용하도록 개편하고, 공급물량 단계적 축소, 세부 집행지침* 마련 등을 통해 관리강화
　　☑ 난개발 수준을 고려한 지역별 배정계획 수립, 성장관리방안 수립과 연계 등
　◦ (대학) 교육의 수도권 집중 및 파생되는 인구집중 방지를 위해 입지규제를 지속하고, 학령인구 감소를 반영하여 대학총량 조정
　◦ (공공청사) 권역별·유형별 신축·증축·용도변경을 심의 등을 통해 관리하고, 지방이전 가능기관의 경우 신·증축을 엄격히 제한
　◦ (연수시설) 과밀억제권역 입지금지, 성장관리·자연보전권역 심의등을 통한 관리를 지속하고 중장기적으로 관리방안 검토
　◦ (대형건축물) 과밀부담금 부과를 통해 균형발전 재원을 마련하고, 중장기적으로 과밀부담금 부과 범위·대상·활용 등 체계개선 검토

◈ 과밀부담금 부과·징수 현황('20.6월 기준)

구 분	부과		징수	
	건수	금액(억원)	건수	금액(억원)
'94 ~ '96	84	859	53	147
'97 ~ '05	532	9,580	432	6,120
'06 ~ '20	1,254	18,284	718	15,712
합 계	1,870	28,723	1,203	21,979

☐ 개발사업 관리
  ◦ 법적기준 이상의 개발사업에 대해 심의를 통한 관리를 지속*하고, 중장기적으로 심의 대상 사업의 유형·기준에 대한 적정성 검토
    ☑ 권역지정 취지 및 사업유형별 특성 등을 고려한 심의 내실화(심의기준 검토 등)

5. 광역시설

☐ (교통시설) 광역철도망 구축, 도로망 네트워크 강화, 인천·김포공항 및 인천·평택항 시설 확충 등 세계적 수준의 교통 인프라 확충
  ◦ 광역버스 노선·BRT 구축사업 확대 및 서비스 고도화, 주요 거점에 체계적인 환승센터 구축 등으로 빠르고 편리한 교통 서비스 확대
  ◦ 대중교통 친환경 차량으로 전환 추진 및 충전인프라 확충, 공항·항만 등에 친환경 시설 도입·운영 등 미래지향적 친환경 교통망 구축

☐ (물류시설) 거점 물류단지 조성 등 물류인프라 확충, 로봇·IoT 등 첨단 물류기술 개발·보급, 친환경 운영 등 그린물류 체계 구축

☐ (상·하수도시설) 안정적 용수공급을 위한 시설확충 및 관리, 첨단기술을 통한 상수도 스마트관리체계 도입, 하수도 안전관리 강화

6. 환경보전

☐ (대기질) 광역적 대기문제 대응, 핵심배출원 관리 등 대기오염 개선 및 그린뉴딜 등을 통해 기후변화 대응을 위한 온실가스 적극 감축

☐ (수질) 완충저류시설 설치, 유해물질 저감 등 안전한 물환경 기반 조성 및 오염원 관리강화, 수질개선사업 등을 통한 깨끗한 물 확보

☐ (폐기물) 폐기물 발생 원천 감축, 폐기물 수거 안정성 강화, 선별품질 개선 및 재활용 촉진, 안정적 폐기물처리 기반 조성

☐ (녹지) 수도권 녹지 연결성 강화, 바람길 확보·폐공간 생태자연화 등 쾌적한 도시공간 관리, 생활환경 개선을 위한 녹색인프라 확충

7. 계획의 집행 및 관리

☐ (집행·관리) 국토부는 소관별 추진계획 수립지침을 마련·배포하고, 관계기관은 소관별 추진계획 수립(5년 단위) 및 집행실적 제출(매년)

☐ (평가) 국토부는 모니터링 결과 및 관계기관의 소관별 집행실적 등을 종합하여 5년 단위로 수도권정비계획을 평가하고 필요시 변경

제1절 | 광역도시계획의 개념

1. 광역도시계획의 의의

광역도시계획은 인접한 2 이상의 특별시·광역시·특별자치시·시 또는 군(이하 "시·군"이라 한다)의 행정구역(이하 "광역계획권"이라 한다)에 대하여 장기적인 발전방향을 제시하거나 시·군간 기능을 상호 연계하기 위하여 수립하는 계획으로 다음과 같은 의의를 갖는다.

① 인접한 시·군간에 정주공간 및 통근권 등의 외연적 확산이 개별적으로 진행되어 토지이용, 환경보전 등의 측면에서 비효율이 발생하고 있는 경우 이들 지역을 하나의 계획권으로 지정하여 광역계획권 전체의 지속가능한 발전을 유도한다.

② 특별시·광역시를 중심으로 설정된 광역계획권의 경우 도시간 기능분담, 광역토지이용, 광역시설 배치 등을 통해 도시권의 경쟁력 강화를 위한 전략을 수립할 수 있다.

③ 인구감소 및 고령화 현상이 심화되거나 지역경제의 쇠퇴 등으로 인해 행정구역 단위로는 최소한의 도시서비스를 제공하기 곤란한 지역들을 하나의 광역계획권으로 묶어 기초적인 도시서비스 제공이 가능한 새로운 공간단위를 설정한다.

2. 광역도시계획의 지위와 성격

① 국토종합계획은 광역도시계획의 상위계획이며, 국토종합계획중 부문별 계획도 광역도시계획의 상위계획이 된다. 지역계획중에서는 광역권개발계획과 수도권정비계획이 광역도시계획의 상위계획이 된다. 광역도시계획을 수립할 경우에는 이러한 상위계획과 조화를 이루어야 한다.

② 광역도시계획은 광역계획권 전체를 하나의 계획단위로 보고 장기적인 발전방향과 전략을 제시하는 도시·군계획체계상의 최상위계획으로서, 광역계획권내 시·군들의 도시·군기본계획, 도시·군관리계획 등에 대한 지침이 된다. 다만, 도시·군기본계획과 도시·군관리계획 등 하위계획이라 할지라도 전략적으로 중요한 사항이 있을 경우에 환류·조정하여 수용한다.

③ 광역도시계획은 시·군별 기능분담, 환경보전, 광역시설과 함께 광역계획권내에서 현안사항이 되고 있는 특정부문 중심으로 계획을 수립할 수 있다.

④ 광역도시계획이 종합적인 계획으로서 도시·군기본계획에 포함되어야 할 내용들을 모두 수용하여 수립하는 경우, 광역계획권에 관할구역 전부가 포함된 시·군은 도시·군기본계획을 수립하지 아니할 수 있다.

3. 광역계획권 지정 현황

수도권, 부산권, 광주권, 대구권, 대전권, 행복도시, 전주권, 창원권, 청주권, 전남서남권, 광양만권, 제주권, 공주역세권, 내포신도시권

제2절   **광역도시계획에 포함될 내용**

광역도시계획에서는 수립목적 및 지역여건에 따라 다음의 내용 중에서 필요한 항목을 선택하여 계획을 수립한다. 다만, 도시·군기본계획을 대체하기 위한 종합계획으로 수립될 경우에는 모든 항목을 포함하여 계획을 수립하여야 한다.

> 1. 계획의 목표와 전략
> 2. 광역계획권의 현황 및 특성
> 3. 공간구조 구상 및 기능분담계획
>   ① 여건변화 및 전망분석
>   ② 주요지표 제시
>   ③ 공간구조의 골격구상 : 중심지 체계 및 개발축(성장축), 교통축, 녹지축 설정
>   ④ 도시간 기능분담계획
>   ⑤ 생활권의 설정
> 4. 부문별 계획
>   ① 토지이용계획
>   ② 문화·여가공간계획
>   ③ 녹지관리계획
>   ④ 환경보전계획
>   ⑤ 교통 및 물류유통체계
>   ⑥ 광역시설계획
>   ⑦ 경관계획
>   ⑧ 방재계획
> 5. 개발제한구역의 조정
> 6. 집행 및 관리계획

제 5 강 | 도시·군기본계획

제1절 도시·군기본계획의 개념

1. 의의

도시·군기본계획은 국토의 한정된 자원을 효율적이고 합리적으로 활용하여 주민의 삶의 질을 향상시키고, 특별시·광역시·시·군(이하 "시·군"이라 한다)을 환경적으로 건전하고 지속가능하게 발전시킬 수 있는 정책방향을 제시함과 동시에 장기적으로 시·군이 공간적으로 발전하여야 할 구조적 틀을 제시하는 종합계획이다.

2. 지위와 성격

국토종합계획, 도종합계획, 광역도시계획 등 상위계획의 내용을 수용하여 시·군이 지향하여야 할 바람직한 미래상을 제시하고, 정책계획과 전략계획을 실현할 수 있는 도시·군관리계획의 지침적 계획으로서의 위상을 갖는다. 따라서, 다른 법률에 의해 수립하는 각 부문별 계획이나 지침 등은 시·군의 가장 상위계획인 도시·군기본계획을 따라야 한다.

제2절 도시·군기본계획의 내용

도시·군기본계획을 효율적이고 합리적으로 수립하기 위하여 다음의 부문별 내용이 포함되어야 한다.

(1) 지역의 특성과 현황

(2) 계획의 목표와 지표의 설정 (계획의 방향·목표·지표 설정)

(3) 공간구조의 설정 (개발축 및 녹지축의 설정, 생활권 설정 및 인구배분)

(4) 토지이용계획 (토지의 수요예측 및 용도배분, 용도지역 관리방안 및 비도시지역 성장관리방안)

(5) 기반시설 (교통, 물류체계, 정보통신, 기타 기반시설계획 등)

(6) 도심 및 주거환경 (시가지정비, 주거환경계획 및 정비)

(7) 환경의 보전과 관리

(8) 경관 및 미관

(9) 공원·녹지

(10) 방재·안전 및 범죄예방

(11) 경제·산업·사회·문화의 개발 및 진흥 (고용, 산업, 복지 등)

(12) 계획의 실행 (재정확충 및 재원조달, 단계별 추진전략)

도시·군기본계획의 작성시 다음 항목에 적합하여야 한다.

(1) 내용항목의 누락이 없을 것(변경 수립시에는 해당부분만 계획수립할 수 있음)

(2) 상위계획의 수용

(3) 계획논리와 합리성 확보

(4) 현황자료의 신빙성 확보

　① 자료출처 명시

　② 통계자료는 가능한 최신자료를 사용하며 장단기로 구별하여 적절하게 사용

(5) 적정한 계획기법 적용

(6) 시설입지의 적정성 확보

(7) 계획의 일관성 확보

1. 공간구조의 설정

(1) 공간구조의 진단

① 시가지면적 변화추이 및 주요 교통축의 변화추이, 지역별 중심지 구조(단핵구조, 다핵구조)와 도시성장형태(확산, 축소, 정체) 등을 분석하여 공간구조를 진단한다.

② 산업 및 기능, 토지이용분포 등을 고려하여 기존 공간구조의 문제점을 종합적으로 분석한다.

(2) 공간구조개편방향

① 당해 시·군 및 주변 시·군의 지형·개발상태·환경오염 등 여건과 목표년도의 개발지표에 의한 중심지체계를 설정하고, 토지이용계획, 교통계획, 기타 도시·군기본계획의 근간이 되는 사항을 대상으로 하여 2개안 이상의 기본골격안을 구상한다.

② 대안별로 개발축·보전축을 설정하고 성장주축과 부축 등을 설정하여, 개발축별 핵심기능을 부여하고 기능강화를 위한 전략을 제시한다.

③ 보전축은 지역내 충분한 녹지공간 확보와 생태적 건전성 제고를 위하여 녹지축, 수변축, 농업생산축, 생태축 등 다양한 형태로 배치하고 이들을 연결하여 네트워크화한다.

④ 각 안에 대한 지표, 개발전략, 기본골격 등의 차이점을 명시한 후 계획의 합리성, 경제적 타당성, 적정성, 환경성 등에 대한 장·단점을 비교·분석하고 최종안의 선택사유를 제시한다.

⑤ 개발과 보전이 조화되는 공간구조 설정을 위하여 토지적성평가 결과를 활용하여 계획의 합리성과 효율성을 제고한다.

⑥ 기후변화에 따라 대형화·다양화되고 있는 재해에 효율적으로 대응하기 위하여 일반적인 방재대책(하천, 하수도, 펌프장 등)과 함께 도시의 토지이용, 기반시설 등을 활용한 도시계획적 대책을 제시한다.

2. 생활권 설정 및 인구배분계획

(1) 생활권설정

① 시·군의 발전과정, 개발축, 도시기능 및 토지이용의 특성, 주거의 특성, 자연환경 및 생활환경 여건 등 지역특성별로 위계에 따른 생활권을 설정한다.

② 생활권은 시·군의 여건에 따라 위계별로 구분할 수 있으며, 하나의 생활권은 계획의 적정규모가 될 수 있도록 설정한다.

③ 생활권의 경계는 생활서비스의 공간적 제공범위와 물리적?사회문화적 공간의 동질성 및 각종 자료 취득의 용이성 등을 고려하여 정한다.

(2) 인구배분계획

① 생활권별 인구·가구분포현황 및 인구밀도 변화요인을 분석하여 목표연도의 계획인구(상주인구, 주간인구, 인구구조 등)를 생활권별로 추정하고 단계별 인구배분계획을 수립한다. 다만, 도시여건의 급격한 변화등 불가피한 사유(기 승인된 주택건설사업의 변경이 인구계획 변경을 불가피하게 수반하는 경우를 포함한다)가 있으면 인구배분계획 총량을 유지하면서 시·도도시계획위원회 심의를 거쳐 생활권별(서울특별시·광역시의 경우 대생활권을 기준으로 한다)·단계별 인구배분계획을 조정할 수 있으며, 아래의 경우에는 시·도도시계획위원회의 심의를 거치지 아니할 수 있다.

　· 동일한 생활권 내에서 단계별 인구배분계획(전단계로부터 이월된 인구배분계획의 인구수를 제외한다)의 30퍼센트 내에서 조정

　· 동일한 계획단계에서 연접한 생활권별 인구배분계획의 10퍼센트(연접생활권 중 계획인구가 가장 적은 생활권을 기준으로 함)내에서 조정

② 생활권별로 인구증감추세, 재개발·재건축, 개발가능지(미개발지나 저개발지) 등을 고려한 적정인구밀도를 계획하여 그에 따라 인구배분계획을 수립한다. 이 때 인구증감추세, 인구밀도 현황, 재개발?재건축, 개발가능지(미개발지나 저개발지), 중심지와의 거리, 개발축 등을 고려하여 생활권의 중심기능을 담당하는 소생활권과 주변부 소생활권의 인구밀도를 달리하고, 시가화구역 및 비시가화구역에 대한 인구배분계획을 수립한다.

③ 생활권별 인구밀도계획시 학교, 상·하수도, 도로 등 기반시설을 고려하여 수용가능한 인구배분계획이 될 수 있도록 한다.

④ 인구배분계획은 토지이용계획, 교통계획, 산업개발계획, 환경계획 등과 연계되고 지역여건을 고려하여 생활권별로 수립한다.

⑤ ①에도 불구하고 중앙행정기관의 장이 다른 법률에 따라 추진하는 국가산업단지 등 각종 개발사업이 도시·군기본계획에 반영되지 않은 경우에는 목표연도 총량범위에서 인구배분계획을 조정하고, 단계별·생활권별 배분계획을 적용하지 아니한다.

⑥ 인구배분계획에 반영된 인구 중 사업계획의 지연, 취소 등으로 인하여 목표연도내에 사업목적 달성이 불가능하다고 판단되는 인구에 대하여는 시·도도시계획위원회의 심의를 거쳐 다른 사업에 배분할 수 있다.

⑦ ①,⑤ 또는 ⑥에 따라 인구배분계획을 조정한 경우에는 도시·군기본계획을 변경하거나 재수립할 때에 동 조정내용을 반영하여야 한다.

⑧ 역세권 등에는 다양한 용도의 기능을 복합할 수 있도록 생활권별 인구배분계획을 추가로 반영할 수 있다.

제5절   **토지이용계획**

1. 토지이용의 기본원칙 및 현황분석

(1) 토지이용현황을 분석하고 토지적성평가 결과를 활용하여 기개발지, 개발가능지, 개발억제지, 개발불가능지로 구분하여 장래 토지이용을 예측한다.

(2) 기개발지는 비효율적인 토지이용 발생지역과 도시기능의 왜곡지역을 조사·분석하고, 발생원인과 문제점을 판단하여 기존 토지이용계획을 변경할 필요가 있는 곳을 선별한다.

(3) 도시지역 등에 위치한 개발가능토지는 단계별로 시차를 두어 개발되도록 할 것

(4) 시가지 외곽에서는 난개발의 발생지역과 신규 개발 잠재력이 큰 지역을 현장조사하여 파악한다.

(5) 하천 주변지역은 보전과 개발의 조화를 원칙으로 하여 토지이용을 예측한다. 다만, 하천 주변지역 개발이 하천에 미치는 영향을 최소화하는 개발방향과 기준을 제시한다.

(6) 승인권자는 인접 도시간, 지역간 연담화 방지와 광역적 토지이용 관리를 위하여 시·군의 합리적인 토지이용 방침을 제시하고 조정할 수 있다.

2. 용도별 수요량 산출

(1) 주거용지

① 인구예측에 근거하여 미래 주택 및 토지수요를 산정한 후, 기성 시가지의 주거면적과 비교하여 신규로 확보하여야 할 주거용지를 산출한다. 이때 개발밀도는 용적률 150퍼센트를 기준으로 하여 필요한 면적을 산출한다.

② 신규 주거용지의 개발물량은 기성 시가지 또는 기존취락내 나지, 나대지 등 미개발지나 저개발지를 최대한 고려하고 재개발·재건축, 도시재생 등을 예상하여 최소화하도록 한다.

(2) 상업용지

① 미래 인구규모 및 도시특성에 따라 적정한 상업용지의 수요를 판단한다.

② 기존 시가지에서 이미 상업기능으로 바뀌고 있는 타 용도지역 등을 파악하고, 상업용지가 도시내에서 적정하게 분포되어 있는지를 판단한다.

③ 도시지역에서는 상업용지의 수요, 타용도지역의 전환, 적정한 분포 등을 감안하고, 비도시지역에서는 유통 및 관광·휴양 등의 수요를 판단하여 신규로 필요한 상업용지의 면적을 산정한다.

(3) 공업용지

① 시·군 및 상위계획의 산업정책에 입각하여 필요한 공업용지의 수요를 판단한다.

② 도시지역내에서는 새로운 신규토지를 확보하기 보다는 기존에 확보된 공업용지중 저개발 또는 미개발된 곳을 최대한 활용하고 효율적·압축적인 토지이용이 될 수 있도록 한다.

③ 비도시지역에서의 공업용지는 비도시지역 지구단위계획으로 확보할 수 있는 일정규모 이상의 토지로 농공단지 등에 필요한 토지를 판단하여 산정한다.

(4) 고려사항

① 토지자원을 효율적이고 절약적으로 이용할 수 있도록 가용토지 공급량을 고려하여 계획한다.

② 각 용지별 토지수요량은 인구 및 사업계획 등을 고려하여 합리적인 수급계획이 수립될 수 있도록 한다.

③ 인구배분계획, 교통계획, 산업개발계획, 주거환경계획, 사회개발계획, 공원녹지계획, 환경보전계획 등 각 부문별계획의 상호관계를 고려한다.

④ 용도별 토지수요는 도시지역과 비도시지역으로 구분하여 계획하고 생활권별 및 단계별로 제시한다.

3. 용도구분 및 관리

(1) 목표연도 토지수요를 추정하여 산정된 면적을 기준으로 시가화예정용지, 시가화용지, 보전용지로 토지이용을 계획하며, 시가화예정용지 및 보전용지 설정 시에는 토지적성평가 결과를 활용한다.

(2) 시가화용지

① 시가화용지는 현재 시가화가 형성된 기개발지로서 기존 토지이용을 변경할 필요가 있을 때 정비하는 토지로서 주거용지·상업용지·공업용지·관리용지로 구분하여 계획하고, 면적은 계획수립 기준연도의 주거용지·상업용지·공업용지·관리용지로 하여 위치별로 표시한다.

② 대상지역

㉮ 도시지역내 주거지역, 상업지역, 공업지역

㉯ 택지개발예정지구, 국가·일반·도시첨단산업단지 및 농공단지, 전원개발사업구역

㉰ 도시공원 중 어린이공원, 근린공원

㉱ 계획관리지역 중 비도시지역 지구단위계획이 구역으로 지정된 지역(관리용지로 계획)

③ 시가화용지에 대하여는 기반시설의 용량과 주변지역의 여건을 고려하여 도시경관을 유지하고 친환경적인 도시환경을 조성할 수 있도록 정비 및 관리방향을 제시한다.

④ 개발 밀도가 높은 용도지역으로 변경(up-zoning)할 경우에는 지구단위계획수립을 수반하여 용도를 변경한다.

(3) 시가화예정용지

① 성숙·안전형의 경우 사업계획이 지연·취소 등으로 인하여 목표연도내에 사업목적이 달성이 불가능하다고 판단되는 경우 재검토하여 과도한 개발계획이 되지 않도록 한다.

② 시가화예정용지는 당해 도시의 발전에 대비하여 개발축과 개발가능지를 중심으로 시가화에 필요한 개발공간을 확보하기 위한 용지이며, 장래 계획적으로 정비 또는 개발할 수 있도록 각종 도시적 서비스의 질적·양적 기준을 제시한다.

③ 시가화예정용지는 목표연도의 인구규모 등 도시지표를 달성하는 데 필요한 토지수요량에 따라 목표연도 및 단계별 총량과 주용도로 계획하고, 그 위치는 표시하지 않으며, 향후 시가화용지 중 관리용지로 전환될 시가화예정용지는 주거용지·상업용지·공업용지로 전환할 수 없다.

④ 시가화예정용지는 주변지역의 개발상황, 도시기반시설의 현황, 수용인구 및 수요, 적정밀도 등을 고려하여 지역별 또는 생활권별로 배분한다.

⑤ 시가화예정용지의 세부용도 및 구체적인 위치는 다음 각호의 기준에 따라 도시·군관리계획의 결정(변경)을 통해 정하도록 하여야 한다.

㉮ 상위계획의 개발계획과 조화를 이루고 개발의 타당성이 인정되는 경우 지정

㉯ 인구변동과 개발수요가 해당 단계에 도달한 때 지정

㉰ 도시지역의 자연녹지지역과 관리지역의 계획관리지역 및 개발진흥지구 중 개발계획이 미수립된 지역에 우선 지정토록하되, 그 외의 지역에 대해서도 도시의 장래 성장방향 및 도시와 주변지역의 전반적인 토지이용상황에 비추어 볼 때 시가화가 필요한 지역에 지정

⑥ 시가화예정용지를 개발 용도지역으로 부여하기 위해서는 지구단위계획을 수반토록 하여 도시의 무질서한 개발을 방지하고 토지의 계획적 이용?개발이 될 수 있도록 하여야 한다.

(4) 보전용지

① 보전용지는 토지의 효율적 이용과 지역의 환경보전·안보 및 시가지의 무질서한 확산을 방지하여 양호한 도시환경을 조성하도록 개발억제지 및 개발불가능지와 개발가능지 중 보전하거나 개발을 유보하여야 할 지역으로 한다.

② 대상지역

㉮ 도시지역의 개발제한구역·보전녹지지역·생산녹지지역 및 자연녹지지역중 시가화예정용지를 제외한 지역

㉯ 농림지역·자연환경보전지역·보전관리지역·생산관리지역 및 계획관리지역 중 시가화예정용지를 제외한 지역

ⓓ 도시공원(어린이공원과 근린공원을 제외한다)

ⓔ 문화재보호구역, 상수원의 수질보전 및 수원함양상 필요한 지역, 호소와 하천구역 및 수변지역

③ 상습수해지역 등 재해가 빈발하는 지역과 하천 하류지역의 수해를 유발할 가능성이 있는 상류지역은 원칙적으로 보전용지로 지정하되, 시가화예정용지로 설정하고자 하는 경우에는 당해 지역에 유수되는 우수의 흡수율을 높이기 위하여 녹지비율을 강화하는 등 방재 대책을 미리 수립한다.

④ 쾌적한 환경을 조성하고 도시의 건전하고 지속가능한 발전을 위하여 적정량의 보전용지가 확보될 수 있도록 계획한다.

⑤ 도시 내·외의 녹지체계 연결이 필요한 지역이나 도시확산과 연담화 방지를 위하여 필요한 지역 등은 원칙적으로 보전용지로 계획한다.

4. 관리지역의 세분 기본방향

(1) 관리지역은 국토이용관리법상 준농림지역과 준도시지역을 포함하며, 이를 세분하기 위한 기본방향을 설정한다.

(2) 도시·군관리계획과 동시에 수립하는 경우에는 토지적성평가 결과를 활용할 수 있다.

(3) 관리지역을 세분하기 위하여 지역의 정책방향에 따라 추가적으로 고려하여야 할 사항을 제시한다. 이 경우 지역의 장기발전계획과 공간구조 계획을 실현하기 위하여 정책적으로 반드시 필요한 경우 등 특별한 사유가 있는 경우를 제외하고 토지적성평가결과에 의한 토지등급에 따라야 한다.

5. 개발제한구역의 조정

(1) 개발제한구역 중 보전가치가 높은 지역은 보전용지로 계획한다.

(2) 개발제한구역 중 보전가치가 낮은 지역은 토지수요를 감안하여 일시에 무질서하게 개발되지 않도록 단계적 개발을 계획한다.

(3) 해제지역은 원칙적으로 저층·저밀도로 계획하고 기존 시가지와의 기능분담·교통·녹지·경관 등이 연계되도록 개발계획을 수립한다.

(4) 해제지역은 주변의 토지이용현황과 조화되도록 친환경적으로 계획한다.

(5) 개발제한구역이 부분 해제되는 도시권에서는 도시·군기본계획의 내용 중 개발제한구역의 조정에 관한 사항은 광역도시계획수립지침이 정하는 바에 따라 계획을 수립하도록 하며, 조정내용에 대하여는 사전에 국토교통부장관과 협의 및 그 협의 결과를 반영하여야 한다.

6. 비도시지역 성장관리방안

비도시지역의 난개발 방지 및 합리적인 성장관리를 위하여 비도시지역에 대한 성장관리방안을 제시한다

❖ <참고사례> 2030 서울시 도시기본계획   출처: 서울특별시

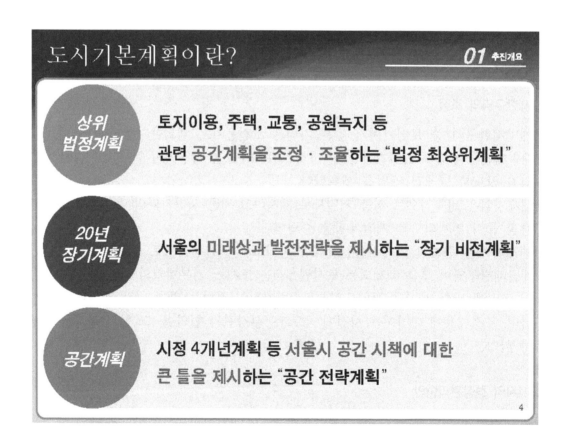

법령에 따라 5년마다 재정비 *01* 추진개요

1990년 최초 계획 수립 후 총 3회 수립

서울의 성장단계별 미래가치 제시 및 골격형성 선도

목표연도	2000	2011	2020
수립연도	1990년	1997년	2005년
계획기조	쾌적, 건강, 문화, 여유	시민본위, 인간중심	치유와 회복
계획배경 및 주요이슈	• 최초의 법정계획 • 강남북 균형발전 • 다핵도시로 개편	• 지방자치 시행 • 상암, 용산 등 개발구상 • 지역중심 설정	• IMF이후 여건변화 • GB 조정 반영 • 청계천 복원, 행정기능이전 등

5

2030 기본계획의 개편방향 *01* 추진개요

승인권한 이양에 따라 실질적인 내용으로 압축·개편

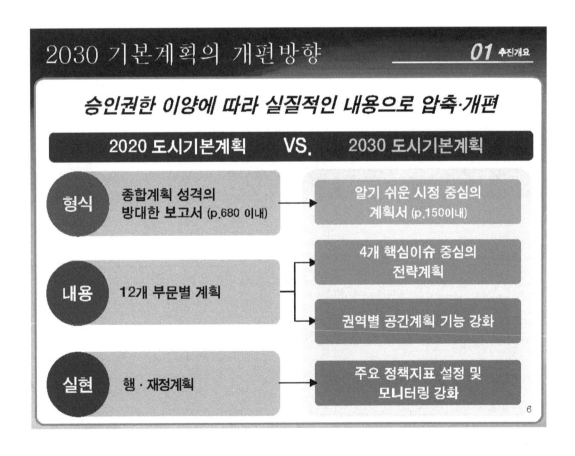

2020 도시기본계획	VS.	2030 도시기본계획
형식	종합계획 성격의 방대한 보고서 (p.680 이내)	알기 쉬운 시정 중심의 계획서 (p.150이내)
내용	12개 부문별 계획	4개 핵심이슈 중심의 전략계획 권역별 공간계획 기능 강화
실현	행·재정계획	주요 정책지표 설정 및 모니터링 강화

6

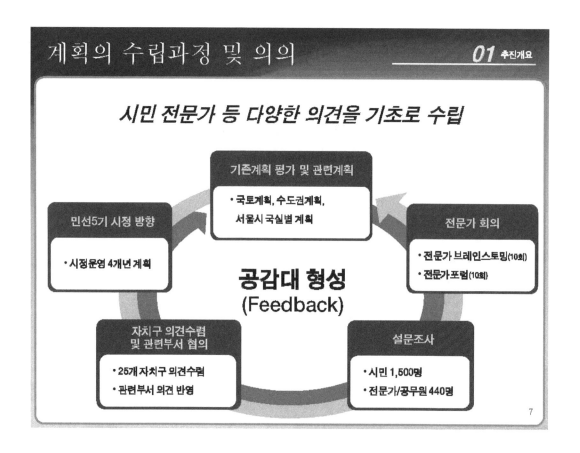

계획의 수립과정 및 의의 *01 추진개요*

시민 전문가 등 다양한 의견을 기초로 수립

기존계획 평가 및 관련계획
• 국토계획, 수도권계획, 서울시 국실별 계획

민선5기 시정 방향
• 시정운영 4개년 계획

공감대 형성
(Feedback)

전문가 회의
• 전문가 브레인스토밍(10회)
• 전문가포럼(10회)

자치구 의견수렴 및 관련부서 협의
• 25개 자치구 의견수렴
• 관련부서 의견 반영

설문조사
• 시민 1,500명
• 전문가/공무원 440명

7

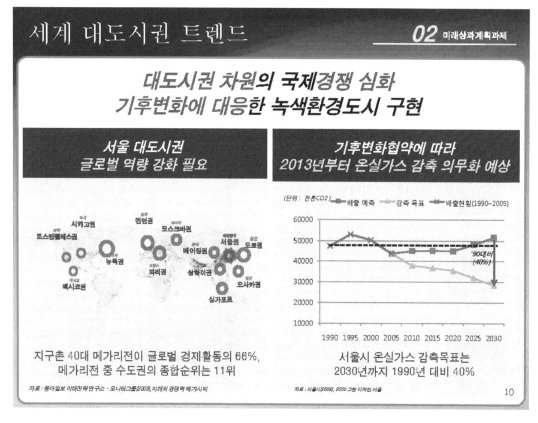

세계 대도시권 트렌드 *02 미래상과계획과제*

대도시권 차원의 국제경쟁 심화
기후변화에 대응한 녹색환경도시 구현

서울 대도시권 글로벌 역량 강화 필요

지구촌 40대 메가리전이 글로벌 경제활동의 66%, 메가리전 중 수도권의 종합순위는 11위

자료: 동아일보 미래전략연구소 · 모니터그룹(2009), 미래의 경쟁력 메가시티

기후변화협약에 따라 2013년부터 온실가스 감축 의무화 예상

(단위 : 천톤CO2) ■ 배출 예측 ● 감축 목표 ✕ 배출현황(1990~2005)

'90대비
(40%)

서울시 온실가스 감축목표는 2030년까지 1990년 대비 40%

자료: 서울시(2009), 2030 그린 디자인 서울

10

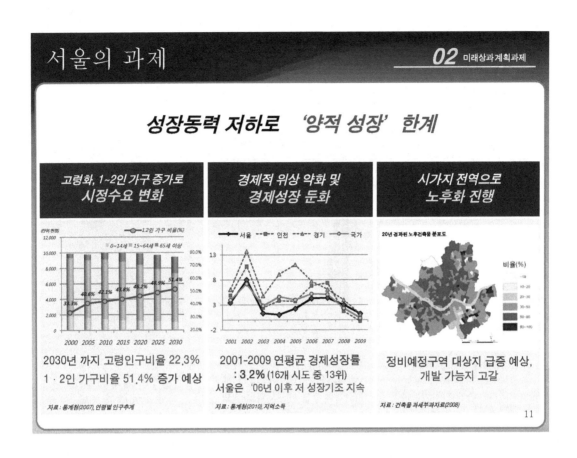

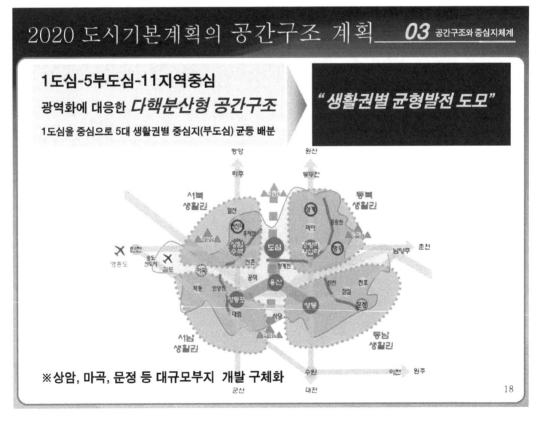

공간구조 개편 필요성

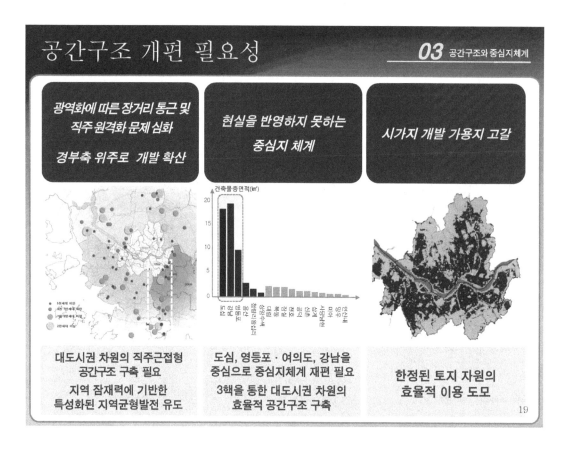

광역화에 따른 장거리 통근 및 직주 원격화 문제 심화 경부축 위주로 개발 확산	현실을 반영하지 못하는 중심지 체계	시가지 개발 가용지 고갈

대도시권 차원의 직주근접형 공간구조 구축 필요
지역 잠재력에 기반한 특성화된 지역균형발전 유도

도심, 영등포·여의도, 강남을 중심으로 중심지체계 재편 필요
3핵을 통한 대도시권 차원의 효율적 공간구조 구축

한정된 토지 자원의 효율적 이용 도모

2030 공간구조 개편구상

"서울 대도시권 차원의 다핵연계형 공간구조"

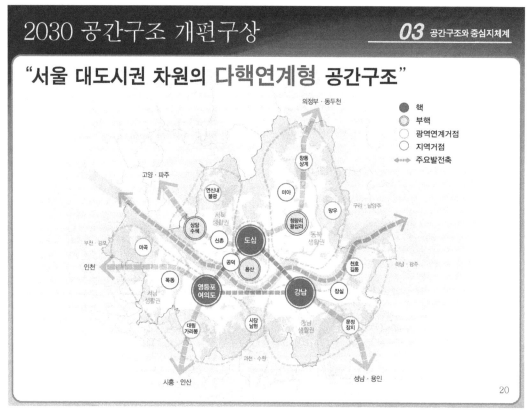

중심지 체계 비교

2020

1도심
도심

5부도심
영등포 / 영동 / 용산 / 청량리·왕십리 / 상암·수색

11지역중심
망우 / 상계 / 미아 / 연신내 / 신촌 / 공덕 / 목동 / 대림 / 사당·남현 / 잠실 / 천호·길동

※ 전략육성지 : 마곡 / 문정
전략육성중심지 : 상계 / 연신내 / 망우

53지구중심

2030

3핵
도심 / 영등포·여의도 / 강남

3부핵
용산 / 청량리·왕십리 / 상암·수색

13거점	
8 광역연계거점	5 지역거점
망우 / 창동·상계/ 연신내·불광 / 마곡 / 대림·가리봉/ 사당·남현 / 문정·장지 / 천호·길동	미아 / 신촌 / 공덕 / 목동 / 잠실 /

50지구중심

21

◈ 서울시 도시기본계획 2022~2024

- 서울시 최상위 공간계획…미래상 '살기 좋은 나의 서울, 세계 속에 모두의 서울'

- 사회여건 반영, 도시계획 유연성 강화, 시민생활공간 단위에도 주목…6대 공간계획 제시

- 주거용도 위주 일상공간 전면 개편해 도보 30분 내 자립생활권으로 '보행일상권' 개념 도입

- 수변 중심 도시공간 재편하고, 3도심(서울도심·여의도·강남) 기능 고도화해 도시경쟁력 강화

- 경직된 도시계획 대전환해 용도지역제→비욘드 조닝 전면개편, 35층 높이규제 삭제

- 지상철도 단계적 지하화, 자율주행, 도심항공교통 등 미래교통 인프라 도시계획적 확충

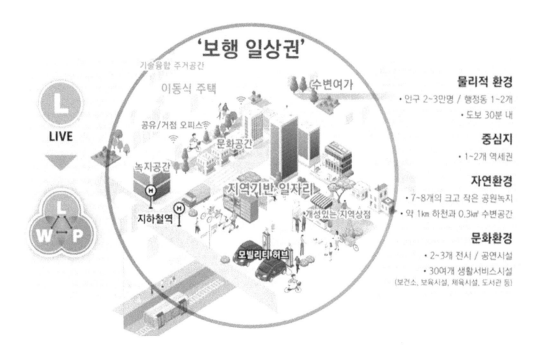

① 보행 일상권 : 주거용도 위주 일상공간 전면 개편해 도보 30분 '자립생활권'으로 '보행 일상권'은 디지털 대전환과 코로나19 팬데믹으로 업무공간의 시공간적 제약이 사라지고 주거가 일상생활의 중심공간으로 부상하면서 달라진 라이프스타일을 반영한 새로운 개념의 도시공간이다.

② 수변 중심 공간 재편 : 서울 전역 61개 하천 잠재력 활용해 시민생활 중심으로 시민의 삶의 질을 높일 대표공간으로 '수변'에 주목한다. 서울 전역에 흐르는 61개 하천 등 물길과 수변의 잠재력을 이끌어내 지역과 시민생활의 중심으로 만드는 도시공간 재편을 본격화한다.

각 수변의 매력을 드러낼 수 있는 명소를 조성하고, 이렇게 조성한 수변명소로 사람들이 모여들 수 있도록 좋도록 보행, 대중교통 등 접근성을 높인다. 나아가, 수변명소와 수변명소를 연결하는 네트워크를 구축하고, 수변과 수상 활용성도 높여나간다.

서울시에는 한강과 안양천·중랑천 등 국가하천, 탄천·도림천 등 지방하천 등 총 61개 하천이 25개 자치구 전역에 고르게 분포되어 있다. 그러나 일상생활 공간과 단절돼 있어 접근이 어렵고, 공간 활용 역시 녹지·체육공간 등 단순하고 획일적인 수준에 머물러 있다.

서울시는 하천의 크기와 위계에 따라 ▲ 소하천·지류 ▲ 4대 지천(안양천, 중랑천, 홍제천, 탄천)
▲ 한강의 수변 활성화 전략을 마련했다.

◦ 소하천·지류 : 수변테라스 카페, 쉼터, 공연활동 등을 통해 시민의 일상을 풍요롭게 하는 수변친화 생활공간을 조성한다.

◦ 4대 지천 : 특화거점을 찾아 명소로 조성하고 배후주거지와의 접근성을 높여 수변을 활성화한다.

◦ 한강 : 수변과 도시공간 간 경계를 허물어 한강과 일체화된 도시공간을 조성하고, 업무·상업·관광의 중심으로 자리매김시킨다. 특히, 여의도·압구정 등 한강변 대규모 정비사업과 연계해서 계획 단계부터 반영될 수 있도록 할 계획이다.

③ 중심지 기능 강화 : 3도심 기능 고도화해 도시경쟁력↑…서울도심 '4+1축'으로 활력 확산
기존 중심지 체계(3도심 7광역중심 12지역중심)는 유지하되, 3도심(▲서울도심 ▲ 여의도 ▲ 강남)을 중심으로 그 기능을 고도화해 서울의 글로벌 도시경쟁력을 강화한다.

서울도심 : 수도 서울의 상징적인 공간임에도 지난 10년 간 유연성 없는 보존 중심 정책에 따른 정비사업 제한으로 활력을 잃고 성장이 정체된 '서울도심'은 기존 정책의 한계를 넘어선 새로운 정책방향을 재정립한다.

남북 방향의 4개 축(광화문~시청 '국가중심축', 인사동~명동 '역사문화관광축', 세운지구 '남북녹지축', DDP '복합문화축')과, 동서 방향의 '글로벌 상업 축'의 '4+1축'을 조성해 서울도심에 활력을 확산하고, 첨단과 전통이 공존하는 미래 도심으로 재탄생시킨다.

이를 실현하기 위한 도시계획적 전략으로 도시규제를 합리적으로 완화한다. 기존의 획일적인 높이규제를 유연화하고, 다양한 인센티브를 통해 용적률을 상향한다. 소규모 필지 위주 개발에서 지역 여건에 맞는 체계적이고 규모있는 개발로 전환한다.

여의도 : 글로벌 금융중심으로 육성 중인 '여의도'는 용산정비창 개발을 통한 국제업무 기능과 연계해 한강을 중심으로 한 글로벌 혁신코어로 조성한다. 용산정비창 개발로 확보되는 가용공간 등을 활용해 여의도의 부족한 가용공간 문제를 해소한다는 계획이다. 또한, 노들섬을 '글로벌 예술섬'으로 조성하고, 신교통수단 도입 등을 통해 수상 활용성과 연결성도 강화한다. 샛강, 올림픽대로의 입체적 활용과 노량진 일대의 가용지 활용도 추진한다.

강남 : 테헤란로를 따라 업무기능이 집적·포화된 '강남'은 경부간선도로 입체화, 국제

교류복합지구 조성 등과 연계한 가용지 창출을 통해 중심기능을 잠실, 서초 등 동-서 방향으로 확산시킬 계획이다.

19개 중심지(7광역중심 12지역중심)를 산업과 연계, 집중 육성하여 「서울비전 2030」에서 제시한 4대 신성장 혁신축을 활성화시킬 수 있는 주요 거점으로 만든다.

④ 경직된 도시계획 대전환 : 용도지역제 → 비욘드 조닝으로 전면개편, 35층 높이규제 삭제

급속하게 변화하는 다양한 도시의 모습을 담아내기 위한 도시계획의 대전환을 추진한다. ▲용도지역제 ▲ 스카이라인 관리기준의 대대적인 개편이 핵심이다.

산업화 시대에 처음 만들어져 지금까지 경직적으로 운용되고 있는 '용도지역제'를 전면 개편하는 '비욘드 조닝(Beyond Zoning)'을 준비한다. 주거·업무·상업 등 기능의 구분이 사라지는 미래 융복합 시대에 맞는 서울형 新 용도지역체계다. 용도 도입의 자율성을 높여 주거·업무·녹지 등 복합적인 기능을 배치함으로써 빠르게 변화하는 미래도시를 유연하게 담아낼 수 있는 체계를 구축한다는 목표다.

서울 전역에 일률적·정량적으로 적용됐던 '35층 높이기준'을 삭제하고, 유연하고 정성적인 '스카이라인 가이드라인'으로 전환한다. 구체적인 층수는 개별 정비계획에 대한 위원회 심의에서 지역 여건을 고려하여 결정함으로써 다양한 스카이라인을 창출한다.

35층 높이 기준이 없어진다고 해도 건물의 용적률이 상향되는 것은 아니기 때문에, 동일한 밀도(연면적·용적률) 하에서 높고 낮은 건물들이 조화롭게 배치될 수 있다.

이렇게 되면 한강변에서 강 건너를 바라볼 때 지금같이 칼로 자른 듯한 천편일률적인 스카이라인이 아닌, 다채로운 스카이라인이 창출된다. 또한, 슬림한 건물이 넓은 간격으로 배치되기 때문에 한강 등 경관 조망을 위한 통경축이 확보되고 개방감도 높아진다.

⑤ 지상철도 지하화 : 단계적 지하화로 도심의 새로운 활력공간으로 전환, 가용지 부족 문제 해소
도시공간 단절, 소음·진동 등으로 지역활성화를 막고 생활환경을 악화시키고 있는 지상철도를 단계적으로 지하화한다. 지역의 연결성을 도모하고, 다양한 도시기능을 제공할 새로운 활력공간을 확보한다는 취지다. 서울의 중심부에 새로운 공간을 창출해 가용지 부족문제 해소에 일조할 것으로 기대된다.

서울은 철도를 중심으로 성장하면서 지상철도 대부분이 서울 중심지를 관통하고 있다. 현재 서울에는 101.2km, 4.6㎢에 달하는 지상철도 선로부지와 차량기지가 입지하고 있다.

시는 지상철도 부지가 가지고 있는 높은 토지가치를 적극 활용, 공공기여 등을 활용해 공공재원 부담을 최소화한다는 계획이다. 또한, 지하화보다 철도 상부에 데크를 설치하는 것이 더 효율적인 구간은 데크를 통한 입체복합개발을 추진해 새로운 공간을 창출한다. 시는 장기적·단계적 추진을 위한 정부와의 논의구조를 마련해 실현성을 높일 계획이다.

⑥ 미래교통 인프라 확충 : 자율주행 등 미래교통 인프라 확충, 모빌리티 허브 서울 전역에 구축

도시의 미래에서 빠질 수 없는 요소인 '미래교통' 정착을 위해 ▲ 자율주행 ▲ 서울형 도심항공교통(UAM) ▲ 모빌리티 허브 ▲ 3차원 新물류네트워크 등 미래교통 인프라 확충을 도시계획적으로 지원한다.

자율주행은 도로 및 주차장 수요를 크게 감소시켜 신규 도시공간을 창출할 것으로 기대된다. 또한, UAM은 공항과 수도권의 광역 연결성을 높여 도시공간에 큰 변화를 가져올 것으로 전망된다.

● UAM(Urban air mobility, 도심항공교통)

자율주행은 본격적인 자율차 운영체계를 마련하는데 역점을 두어 추진하고, 서울형 도심항공교통(UAM)은 2025년 기체 상용화에 맞춰 도심형 항공교통 기반을 마련한다. 특히, 도시계획적 지원을 통해서 대규모 개발시 용적률 인센티브를 주는 등 확충 방안도 추진한다.

자율주행 : 2021년 11월 상암에서 시범운영을 시작한 데 이어서, 마곡, 강남, 여의도 등으로 시범 운영지구를 확대해 거점별 특성에 맞는 다양한 이동 서비스를 상용화한다. 자율주행버스를 대중교통수단으로 정착시켜 시민들의 이동편의도 높인다. 이를 뒷받침하기 위해 현재 상암·강남 등 211km 구간에 설치된 자율주행 인프라를 2026년까지 2차로 이상 모든 도로(총 5,046km)로 확대한다.

서울형 도심항공교통(UAM) 기반 마련 : 2025년 기체 상용화에 맞춰 노선을 확보하기 위해 김포공항~용산국제업무지구 등의 시범노선을 운영한다. 용산·삼성·잠실 등 대규모 개발지구에 UAM 터미널 설치도 추진한다. 또한, 민간에서 대규모 개발 시에 UAM 인프라를 확보할 경우 용적률 인센티브를 제공하는 방식으로 기부채납을 유도하고, 활용도가 낮은 도시계획시설 부지를 적극 발굴하는 등 도시계획적 지원방안도 가동한다.

UAM 등 미래교통수단과, GTX, PM(개인이동수단) 등 다양한 교통수단을 연계하는 복합환승센터 개념의 '모빌리티 허브'를 서울 전역에 조성한다. 공간 위계에 따라 유형별(광역형·지역형·근린형)로 설치해서 교통수단 간 접근과 환승을 지원하고 공공서비스·물류·업무·상업 등 다양한 도시기능을 복합적으로 제공해 입체교통도시를 완성한다는 목표다.

제1절 광역교통비전 2030 개요

'광역교통 2030'은 앞으로 10년간 대도시권 광역교통의 정책 방향과 광역교통의 미래모습을 제시하는 기본구상으로, "광역거점간 통행시간 30분대로 단축", "통행비용 최대 30% 절감", "환승시간 30% 감소"의 3대 목표를 제시하고, 이를 달성하기 위해, ❶세계적 수준의 급행 광역교통망 구축, ❷버스·환승 편의증진 및 공공성 강화, ❸광역교통 운영관리 제도 혁신, ❹혼잡·공해 걱정 없는 미래교통 구현의 4대 중점 과제와 대도시권 권역별 광역교통 구상을 담고 있다.

제2절 주요내용

1. 세계적 수준의 급행 광역교통망 구축

(1) 주요 거점을 30분대에 연결하는 광역철도망을 구축할 계획이다.

① 수도권 주요거점을 광역급행철도로 빠르게 연결하여, 파리, 런던 등 세계적 도시 수준의 광역교통망을 완성할 계획이다. 수도권급행철도 A노선('23), 신안산선('24)은 계획대로 차질없이 준공하고, 수도권급행철도 B·C노선은 조기 착공을 적극 추진할 계획이다. 이를 통해, 수도권 인구의 77%가 급행철도의 수혜지역에 해당하게 될 것으로 예상된다. 추가적으로, 급행철도 수혜지역 확대를 위하여 서부권 등에 신규노선도 검토할 계획이다. 이와 함께, 4호선(과천선) 등 기존 광역철도 노선을 개량하여 급행운행을 실시하고, 인덕원~동탄 등 신설되는 노선도 급행으로 건설하여 급행 운행비율을 현재의 2배 이상(16% → 35%, '30)으로 확대해 나갈 예정이다.

② 어디서나 접근 가능한 대도시권 철도 네트워크를 구축해 나간다. 유기적인 철도 네트워크 구축을 위하여 수인선('20, 동서축), 대곡~소사('21, 남북축) 등 동서·남북축을 보강하고, 사상~하단선('23, 부산·울산권), 광주 2호선('25, 광주권) 등 도시내 이동성 강화를 위한 도시철도를 지속적으로 확충할 계획이다. 아울러, 일광~태화강('21, 부산·울산권) 등 기존 철도노선을 활용한 광역철도 운행으로 수송능력을 증대할 예정이다.

③ 트램, 트램-트레인 등 신교통수단을 적극 도입해 나갈 예정이다. 성남 트램 등 GTX 거점역의 연계 교통수단 및 대전 2호선 트램, 위례 신도시 트램 등 지방 대도시와 신도시의 신규 대중교통수단으로 트램을 활용할 계획이다. 또한, 도시 내부에서는 트램으로, 외곽지역 이동시에는 일반철도로 빠르게 이동하여 접근성과 속도 경쟁력을 동시에 갖춘 '트램-트레인' 도입도 검토할 계획이다.

(2) 네트워크 강화를 통한 도로의 간선기능을 회복할 예정이다.

① 수도권 외곽 순환고속도로망을 조기에 완성하여 도심 교통량의 분산을 추진한다. 제1
순환고속도로의 교통흐름 개선을 위하여 상습정체구간 2곳(서창~김포, 판교~퇴계원)
의 복층화를 검토하고, 제2순환고속도로는 미착공 구간의 조속 착수를 통해 '26년 전
구간 개통을 추진할 계획이다.

② 주요 간선의 상습정체구간 해소를 위해 대심도 지하도로 신설을 김도한다. 수도권 동
서횡단축 등 주요 간선도로(연구용역 중), 부산·울산권 사상~해운대(민자적격성 조사
중) 등에 지하부는 자동차, 지상부는 BRT·중앙버스차로 등 대중교통차로로 활용하는
대심도 지하도로 신설을 검토할 예정이다.

2. 버스·환승 편의증진 및 공공성 강화

(1) 광역버스의 대폭 확대와 함께 서비스도 향상한다.

① M버스 운행지역을 지방 대도시권까지 확대하는 등 운행노선을 대폭 확충하고, 정류
장 대기 없이 M버스를 이용할 수 있도록 전 노선으로 예약제를 확대('22)할 계획이다.

② 남양주 왕숙, 인천 계양, 부천 대장 등 3기 신도시에 전용차로, 우선신호체계 적용 등
지하철 시스템을 버스에 도입한 S-BRT를 구축할 계획이다. 아울러, 청라~강서 2단
계 등 광역BRT 구축 사업을 지속 확대하는 한편, 장기적으로 BRT를 S-BRT 수준으
로 업그레이드해 나갈 예정이다.

③ 속도 경쟁력과 대용량 수송능력을 갖춘 고속 BTX(Bus Transit eXpress) 서비스를 도
입하여 기존 광역버스 보다 이동시간을 30% 이상 단축할 계획이다. 고속 전용차로와
함께 정체가 심한 종점부 구간에는 지하에 전용차로 및 환승센터를 설치하여 이동속
도를 30% 이상 향상시키는 방안을 연구용역을 거쳐 마련할 예정이다.

(2) 빠르고 편리한 연계·환승 시스템을 구축한다.

도심형(삼성역 등), 회차형(청계산입구역 등), 철도연계형(킨텍스역 등)으로 환승센터를
체계적으로 구축하고, 광역버스 노선을 환승센터에 연계되도록 개편하는 등 대중교통 운
행체계를 환승센터 중심으로 재정비하여 환승시간을 최대 30% 단축할 예정이다.

(3) 교통비 부담을 경감하고 공공성을 강화해 나간다.

① 교통비를 최대 30% 절감할 수 있는 광역알뜰교통카드를 '20년부터 본격 시행할 예정
이다.
이와 함께, 다양한 교통수단, 기간, 시간대별 요금제 도입 및 공유 모빌리티와의 연계
를 검토하여 대중교통 이용 활성화를 유도해 나갈 계획이다.

② 아울러, 신도시 등 교통소외지역에 안정적 서비스 제공과 광역버스 서비스 개선을 위
한 광역버스 준공영제를 도입('20 시범사업)하여 정류장 대기시간과 차내 혼잡을 줄
이는 등 이용편의를 대폭 향상할 계획이다.

3. 광역교통 운영관리 제도 혁신

(1) 선제적 광역교통대책으로 주민 불편을 최소화할 계획이다.

① 쪼개기·연접개발 방식으로 광역교통개선대책 수립을 회피하는 문제를 해결하기 위해 개선대책의 수립기준을 2배로 강화할 예정이다. (현행) 100만㎡ 또는 인구 2만 이상, (개선) 50만㎡ 또는 1만 이상. 아울러, 지구지정 단계부터 광역교통개선대책 수립에 착수하여 입주시기와 광역교통시설 개통시기의 시차를 최소화할 계획이다.

② 광역교통개선사업 지연 등으로 신도시 초기 입주단계에서 나타나는 교통불편을 해소하기 위해 광역교통특별대책지구 제도를 도입, 광역버스 운행, 환승정류장 설치 등 즉시 시행 가능한 특별대책을 수립·시행할 계획이다. 사업시행자의 광역교통개선대책 비용을 활용, 철도 등 광역교통시설이 개통될 때까지의 공백기 동안 한시적 보완대책으로 입주 초기 출퇴근 편의가 크게 개선될 것으로 기대된다.

(2) 광역교통시설의 투자체계를 개편하고, 광역교통정책의 이행력을 강화해 나갈 예정이다.

광역교통 시설 및 운영에 대한 투자를 확대하여 현재 5% 수준인 광역교통 투자비율을 상향하는 한편, 대도시권역별 위원회, 광역교통갈등관리위원회 등 광역교통 서비스 공급자와 수요자가 함께 참여하여 이해관계를 조정하고 문제를 해결하는 협력적 거버넌스 체계를 구축해 나갈 계획이다.

4. 혼잡·공해 걱정 없는 미래교통 구현

(1) 마음껏 숨쉴 수 있는 대중교통 중심 도시를 실현한다.

'20년부터 광역버스 노선에 2층 전기버스를 운행하는 등 대중교통 수단을 CNG, 수소 등 친환경차량으로 전환하고, 역사(驛舍) 등에 공기정화시설을 확충하여 '미세먼지 안심지대'로 조성해 나갈 예정이다.

(2) 최종 목적지까지 끊김 없는 대중교통 서비스를 제공한다.

전통적 대중교통 수단(광역버스, GTX 등)과 공유형 이동수단(전동킥보드, 공유자전거 등)을 결합하여 출발지부터 도착지까지 자가용 수준의 빠르고 편리한 서비스를 제공한다. 이를 위해, 도시 내 모든 교통수단을 분석하여 개인별 최적 통행플랜을 제시하고 일괄 예약과 결제까지 가능한 '통합 모빌리티 서비스'를 제공할 예정이다.

◈ <참고> 수도권 제2순환 고속도로망

□ (개요) 수도권 교통혼잡 해소, 서울진입노선 선택권 다양화를 위해 총연장 252.6km 4차로 고속도로 순환망 구축. 총 67.0km 운영중, 78.5km 민자추진, 107.1km 재정추진

구분	사업구간	현황	연장(km)	사업유형	총사업비 (조원)
고속 도로	합계		252.6		12.99
	(민자)동탄-봉담	운영중	17.8	4차로 신설	0.67
	(민자)봉담-송산	공사중	18.3	4차로 신설	1.33
	(민자)송산-안산	운영중	9.8	4차로 신설	0.30
	(재정)안산-인천	타당성평가 중	20.0	4차로 신설	1.49
	(민자)인천-김포	운영중	28.9	4차로 신설	1.74
	(재정)김포-파주	공사중	25.4	4차로 신설	1.55
	(재정)파주-양주(포천)	공사중	24.8	4차로 신설	1.28
	(민자)포천-화도	공사중	28.9	4차로 신설	1.27
	(재정)화도-양평	공사중	17.6	4차로 신설	0.74
	(재정)양평-양평(중부내륙)	운영중	10.5	4차로 신설	0.22
	(재정)양평-이천	'19.9착공	19.3	4차로 신설	1.0
	(민자)이천-오산	공사중	31.3	4차로 신설	1.4

❖ <참고> 제2순환 도로망 노선도

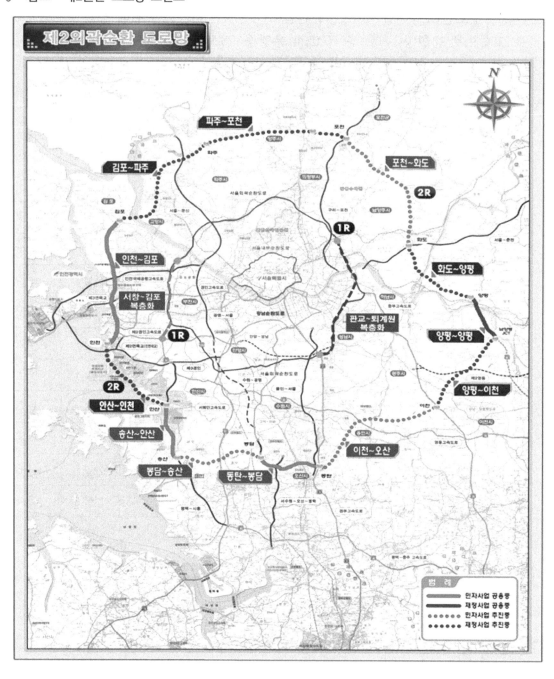

◈ <참고> 수도권 주요 환승센터 구축 구상

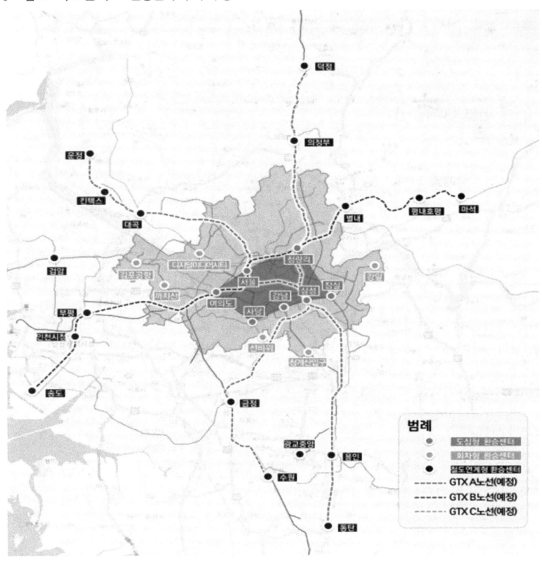

기타 개발계획

제1절 | 산업단지재생사업

1. 개요

산업기능의 활성화를 위하여 산업단지 또는 공업지역 및 산업단지 또는 공업지역의 주변지역에 대하여 시·도지사 또는 시장·군수·구청장이 「산업입지 및 개발에 관한 법률」에 의하여 지정·고시하는 지구를 말한다.

산업단지 재생사업지구는 노후화된 산업단지, 공업지역 및 그 주변지역에 대하여 산업단지 재생사업의 추진을 통해 산업입지 기능을 발전시키고 기반시설과 지원시설 및 편의시설을 확충·개량할 수 있도록 산업단지 재생사업의 체계적·실질적 추진을 위하여 지정되는 지구로, 조성 된지 20년 이상 지난 산업단지 또는 공업지역을 우선하여 지정하여야 한다.

효과적인 재생사업을 위하여 필요할 때에는 산업단지 또는 공업지역의 주변 지역을 포함하거나 지리적으로 연접하지 아니한 둘 이상의 지역을 하나의 재생사업지구로 지정할 수 있다.

다만, 재생사업지구에 포함되는 산업단지 또는 공업지역의 주변 지역 면적은 해당 산업단지 또는 공업지역 면적의 50%를 초과할 수 없다.

2. 규제개선

노후 산단을 혁신성장 거점으로 입주기업 간 상생·협업이 가능하도록 규제를 개선하고, 「산단 대개조 계획」 후속조치, 산업입지법 시행령 개정안 국무회의 의결(2019.12.3.)

산단 내 공공기관(LH등) 소유의 토지를 대상으로 사업을 우선 추진 부산사상산업단지, 서대구 산업단지, 성남산업단지, 진주상평산업단지 등 국토교통부 차원의 신속한 인허가 지원

제2절 | 도시재생사업

1. 개요

인구의 감소, 산업구조의 변화, 도시의 무분별한 확장, 주거환경의 노후화 등으로 쇠퇴하는 도시를 지역역량의 강화, 새로운 기능의 도입·창출 및 지역자원의 활용을 통하여 경제적·사회적·

물리적·환경적으로 활성화시키는 것을 말한다.

2. 도시재생 추진절차

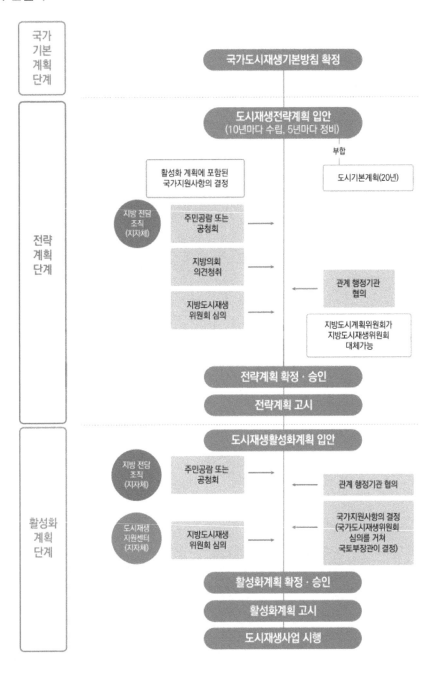

◈ <도시재생종합정보체계>http://www.city.go.kr

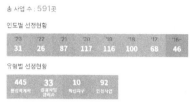

MEMO

이 책의 메모

저자 고서연

저자 약력

퍼스널스피치 대표 · 엠배서더PM 대표
- ▶ 스피치코칭 / 미인대회스피치 / 퍼스널컬러진단 등(2012~현재)
- ▶ 2020 세종대왕 소헌황후 선발대회 송아리 '眞'수상

경북대학교 대학원 박사수료
- ▶ 일반대학원 미디어커뮤니케이션학과 전공(2016~2019)

라이브커머스 쇼호스트
- ▶ 네이버 라이브 쇼핑(2020~현재)

대학 강의 / 교수
- ▶ 호텔관광학과 / 항공서비스학과 / 모델과 / 항공승무원과 / 분장예술과 외 다수
- ▶ 평생교육강좌 및 CEO스피치 교육 진행

아나운서 / 사회 MC
- ▶ 뉴스진행 / 방송리포터 / 스포츠캐스터 / 청소년기자단(2012~2015)
- ▶ 온라인 교육 및 유튜브 콘텐츠 진행

미인대회 심사위원 위촉 · 스피치 교육
- ▶ 한국미인협회 이사 (키즈, 미스, 미시즈, 시니어 대회 등)
- ▶ 2020 미스 대구 심사위원
- ▶ 2021~2024 미스 경북 스피치 교육
- ▶ 2020~2022 미스 인터콘티넨탈 지역대회 주최 · 주관사

Part

04

스피치 & CS
(품격있는 리더들의
'나'를 어필하는 스피치메이킹)

1 왜 목소리를 바꾸려고 하나요?

- 목소리 이미지가 곧 당신이다.
- 목소리는 인격, 교양, 성격, 신체, 호감도를 나타
  낸다.

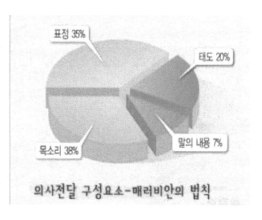

의사전달 구성요소-메러비안의 법칙

⊗ 메라비언의 법칙(The Law of Mehrabian)
- 대화에서 시각과 청각의 이미지가 중요하다는
  이론. 타인에게 전달되는 느낌 중 시각적인 요인
  은 반 이상을 차지하지만 최종적 판단에는 시각
  보다 청각적인 이미지에 더 의존적이다.

2 당신의 목소리는 어떤가요?

*목소리 체크 리스트 (해당 되는 칸에 체크✔ 하세요.)

1. 목소리에 자신이 없고 불만족스럽다.　　　　　　　　　　　　□
2. 목소리가 힘이 없고 작아서 기어들어간다.　　　　　　　　　□
3. 목이 쉽게 지치고 아프다.　　　　　　　　　　　　　　　　　□
4. 지금의 목소리 톤이 너무 높거나 낮다.　　　　　　　　　　　□
5. 허스키한 쉿소리가 나며 말끝이 갈라진다.　　　　　　　　　□
6. 목소리가 맑지 않고 탁해서 듣기 거북하다.　　　　　　　　　□
7. 소리가 딱딱하고 부드럽지 않다.　　　　　　　　　　　　　　□
8. 콧소리(코맹맹이 소리)가 귀에 거슬린다.　　　　　　　　　　□
9. 긴장하면 목소리가 떨리거나 말을 더듬게 된다.　　　　　　　□
10 ·목소리가 무겁고 웅얼거리는 듯 답답한 느낌이다.　　　　　□
11· 발음이 부정확해서 대화 도중 사람들이 "네? 뭐라고요?"를 연발한다.　□
12· 목소리가 생동감이 없고 밋밋하다.　　　　　　　　　　　　□
13 ·말의 속도가 너무 빠르거나 너무 느리다.　　　　　　　　　□
14· 지방색이 드러나는 사투리를 심하게 사용한다.　　　　　　　□
15· 말투가 어린아이 같거나 혹은 툭툭 던지는 불친절한 느낌이다.　□

♣ 목소리는 호흡, 발성, 발음 등 꾸준한 연습으로 바꿀 수 있다. ♣

3 좋은 목소리란?

- 중저음의 목소리는 안정감을 주고 올바른 억양의 소리는 지적인 느낌, 공명이 잘 되어 울림이 풍부하게 섞인 목소리는 신뢰감을 준다.
- 꾸미지 않은 자신만의 목소리 톤, 건강하고 자연스러운 본래의 목소리

4 음성 연출의 기본 원칙

① 현장에 있는 듯한 느낌으로 말한다.
② 장단, 억양을 적절히 구사한다.
③ 적절한 비유와 한 편의 드라마 보듯이 이야기 한다.
④ 실감나는 분위기를 연출한다.
⑤ 천천히 말하고 크게 그리고 또박 또박 말한다.

5 음성의 분류

음성의 특성을 크게 나누면 음량, 음폭, 음질, 음색으로 구분할 수 있다.

① 음량 : 목소리가 얼마나 큰가, 작은가를 말한다.
　　　　풍부한 음량은 말의 재료 이다.

② 음폭 : 목소리가 굵은가, 가는가를 말한다.
　　　　일반적으로 굵직한 음성은 남성의 특징, 가는 음성은 여성의 특징이다.

③ 음질 : 목소리가 맑은가, 탁한가를 말하는 것으로
　　　　보통 여자의 음질은 맑고 남자의 음질은 여자보다 탁하다.

④ 음색 : 다른 사람과 구별되는 목소리이다. 여러 가지 색이 합쳐져 어떤 사물의 색깔을 결정하듯 음성표현의 여러 가지 요소(발생, 진동, 공명, 발음)가 작용하여 음색이 결정 된다.

6 발성 기관

발생기, 진동기, 공명기, 발음기 네 기관이 유기적인 관계를 유지하며 움직인다.
좋은 목소리를 만드는 데 있어 건강한 폐와 성대는 기본, 구강과 비강의 공명을 잘 이용하고 조음 기관을 충분히 활용해야 한다.

① 발생기 : '폐'. 목소리를 만드는 재료를 보관하는 공기주머니.

복식 호흡을 관여함

폐로부터 공급되는 공기의 양이 충분하고 일정하게 유지 되어야 매끄러운 목소리가 나올 수 있다.

② 진동기 : 폐를 통해 들이마신 공기가 성대를 지나면서 성대의 진동을 통해 소리가 만들어진다. 목소리를 만드는데 핵심이 되는 기관

* 남성은 1초에 100~150번 진동. 여성은 1초에 200~250번 진동

③ 공명기 : 울림이 있는 풍성한 소리. 성대에서 나온 원음일 때는 별로 크지 않고 거친 소리가 공명기를 거치면서 크고 부드러워지며 울림 있는 독특한 음색을 갖게 된다. 코와 입의 울림에 따라 발성법이 달라진다.

④ 발성기 : 공명기를 통해 부드럽고 커진 목소리가 정확한 발음으로 만들어진다. 입술, 혀, 치아, 아래턱을 크고 정확하게 움직이고 얼굴 근육도 충분히 움직여야 명확한 발음과 생동감 있는 목소리를 만들 수 있다.

7 발성의 기본 - 복식 호흡

숨을 들어 마시면 횡격막이 아래로 내려가 공기가 들어와 배가 나오고 내 쉴 때 다시 횡격막이 올라가면서 공기가 빠져나간다. 배에 힘이 들어가고 횡격막을 조절할 수 있어 더욱 풍성하고 안정적인 목소리를 낼 수 있다.

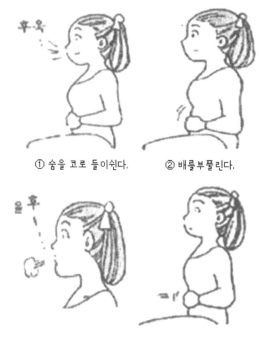

① 숨을 코로 들이쉰다.　② 배를부풀린다.

③ 입으로 숨을 내쉰다.　④ 배가 들어가게 한다.

1. 초보자를 위한 복식 호흡 비결

① 바닥에 편안히 눕고 두 눈을 감는다. 초보자들이 연습하기에 가장 좋은 자세다. 바닥에 몸을 맡기듯이 근육을 이완시킨다.

② 한 손은 배 위에, 다른 손은 가슴에 올려놓는다.(손으로 호흡을 확인) 손대신 두꺼운 책을 올려놓아도 좋다. 배의 근육을 단련시키면 복식 호흡이 더욱 쉬워지기 때문이다.

③ 코를 통해 천천히, 가능한 한 깊게 숨을 마시면서 배를 최대한 내민다.
배가 부풀어 오르는 것을 감지할 수 있을 만큼 숨을 들이마셔야 한다. 이때 어깨와 가슴이 움직이지 않도록 주의한다.

④ 숨을 잠시 멈춘다. 숨을 최대한 들이 마신 상태에서 1초 정도 숨을 멈추면 호흡법을 연습하는데 도움이 된다.

⑤ 숨을 뱉어 배를 완전히 수축시킨다. 코나 입을 통해 천천히 배가 쏙 들어 갈 정도로 숨을 내쉰다. 입을 벌려 '후'~하고 소리를 내듯 숨을 뱉어도 된다. 들숨과 날숨의 비율은 1:2 정도가 되어야 하지만 초보자의 경우에는 최대한 길게 내뱉는다는 생각으로 호흡한다.

⑥ 차츰 횟수를 늘려 간다. 처음에는 1분 10회 정도. 차츰 익숙해지면 1분에 6~8회 정도씩 호흡한다. 하루에 3번, 한 번에 3분씩만 해도 2주쯤 후에는 몸이 가뿐해지는 것을 느낄 수 있다.

☑ 주의 사항
◦숨을 들이 마실 때 절대 어깨가 올라가면 안 된다.
◦가슴은 가만히 있고 배가 부풀어 올라야 하고 내뱉을 때도 한 번에 다 내 뱉지 말고 골고루 내뱉어 주면 된다. 매일매일 하면 성량도 커지고 뱃심도 생긴다.
◦복근 강화 훈련도 함께 해주면 도움이 된다.

2. 복식 호흡 연습 자세

① 바르게 서서 숨 내쉬기
② 허리 숙이며 숨 내쉬기
③ 누워서 숨 내쉬기
④ 수박씨 뱉기
⑤ 의자에 앉은 자세

☑ 연습해 보세요.
- 나는 좋은 목소리를 갖고 있다.
- 나는 여유로운 마음과 부드러운 미소를 갖고 있다.
- 나는 친절한 말과 아름다운 행동으로 사람들에게 호감을 주고 있다.

모음 자음	ㅏ	ㅑ	ㅓ	ㅕ	ㅗ	ㅛ	ㅜ	ㅠ	ㅡ	ㅣ
ㄱ	가	갸	거	겨	고	교	구	규	그	기
ㄴ	나	냐	너	녀	노	뇨	누	뉴	느	니
ㄷ	다	댜	더	뎌	도	됴	두	듀	드	디
ㄹ	라	랴	러	려	로	료	루	류	르	리
ㅁ	마	먀	머	며	모	묘	무	뮤	므	미
ㅂ	바	뱌	버	벼	보	뵤	부	뷰	브	비
ㅅ	사	샤	서	셔	소	쇼	수	슈	스	시
ㅇ	아	야	어	여	오	요	우	유	으	이
ㅈ	자	쟈	저	져	조	죠	주	쥬	즈	지
ㅊ	차	챠	처	쳐	초	쵸	추	츄	츠	치
ㅋ	카	캬	커	켜	코	쿄	쿠	큐	크	키
ㅌ	타	탸	터	텨	토	툐	투	튜	트	티
ㅍ	파	퍄	퍼	펴	포	표	푸	퓨	프	피
ㅎ	하	햐	허	혀	호	효	후	휴	흐	히

☑ 연습해 보세요.

● 뉴스

정부가 비상물가 대응체제에 돌입했습니다. 윤증현 기획 재정부 장관은 오늘 정부 과천청사에서 10개 부처가 참여한 가운데 물가안정 관계부처 장관회의를 열고 최근 국제유가 상승과 구제역 확산 등의 여파로 소비자 물가 상승세가 이어지고 있다며 이같이 밝혔습니다. 정부는 농축수산물 가격을 안정시키기 위해 계약재배물량 방출과 수입 등을 통한 채소류 공급확대를 추진하고 돼지고기와 분유의 무관세 물량을 최대한 앞당겨서 도입하기로 했습니다.

● 에세이

순간순간 어떤 생각 속에 나를 던져두느냐, 어떤 생각 속에 머무르느냐가 우리의 삶을 결정하게 됩니다. '나는 안 돼'라는 생각을 한 번 품으면 그것은 우리의 마음 깊숙이 '녹음'되어 있다가 결정적인 순간마다 불쑥불쑥 튀어나와 온 마음이 되는 것을 방해한답니다. 그러므로 세상에서 가장 고감도의 센서를 가진 자신의 마음 밭에 절망적인 얘기를 해서는 안 됩니다. 스스로를 긍정하고 아껴주면 마음 밭은 절로 풍요로워져 애써 가꾸지 않아도 여유와 자신감이 흘러나오게 됩니다. 이 세상을 천국으로 만드는 것도, 지옥으로 만드는 것도 우리의 생각입니다. 결국 자기 자신의 생각이 자신과 세상의 모든 것을 창조하는 것이지요.

● 현장 리포팅

수확과 결실의 계절 가을! 먹을거리가 이처럼 풍성한 계절이 또 있을까요? 오늘 제가 온 이곳 전남 무안은 먹을거리의 천국으로 유명합니다. 이른바 무안 오미~라고 들어보셨나요? 산과 강, 바다의 맛을 한꺼번에 체험할 수 있다고 하니까 정말 기대되는데요, 지금부터 그 첫 번째 맛을 소개합니다!.

제2절 **건강한 목소리 - 발성법 훈련**

1. 허리 숙이고 발성하기 :

2. 복근을 이용한 호흡 멈추기:

3. 스타카토 발성

4. 발성법 심화

　　- 아! 에! 이! 오! 우!
　　- 하! 헤! 히! 호! 후!

5. 단계별 발성

　① 3단계 발성
　　- 하나 하면 하나요　(20)
　　- 둘　 하면 둘이요　(50)
　　- 셋　 하면 셋이요　(80)
　② 5단계 발성
　　- 잔잔한 바다(20) - 일렁이는 바다(40) - 출렁이는 바다(60) - 파도치는 바다(80)
　　- 갈라지는 바다(100) - 파도치는 바다 (80) - 출렁이는 바다 (60) - 일렁이는 바다(40)
　　- 잔잔한 바다(20)

1. 좋은 목소리의 비밀?

- 안면 마스크를 이용한 공명
- 코와 입 주변에서 울림을 만들겠다는 의지를 갖고 공기를 모아 소리를 낸다.

2. 목소리 톤에 대한 오류

- 주변의 근육 긴장, 또는 목을 누르거나 힘이 들어가 자신의 본래 톤이 아닌 너무 높거나 낮은 톤으로 소리를 낸다.

3. 진짜 내 목소리의 톤 찾기

- '음~~~' 연습을 통한 톤 찾기
- 목에 긴장감 없이 편안한 상태로 공기가 안면 마스크에서 진동하면서 울림 있는 소리가 난다.

※ '음~, 흠~, 아~'를 연결시켜 소리 낸다.

4. 공명을 느끼기-

5. 동물 소리를 이용한 공명 연습

6. 공명법 연습

- 입에서 나오는 공기가 앞니 뒤쪽을 치고 나가는 느낌을 상상하면서
- 코와 입 주변 공명을 느껴가며 연습

◦ 노랗게 핀 들꽃들을 보며 나는 랄랄랄라 노래를 불렀다.
◦ 마루 위 바구니에는 미나리와 냉이가 담겨져 있고, 마당에 나란히 늘어선 나무들 마다 둥글고 노란 모과가 주렁주렁 달려 있다.

● 목이 쉽게 갈라지고 아픈 목소리 해결

목소리가 갈라지는 것은 목의 아치를 너무 조르고 있는 것이 가장 큰 원인이다. 목에 필요 이상으로 힘을 줘 쥐어 짜내듯이 목소리를 내거나, 뺨 턱 목덜미 복부 등의 몸 근육을 잘못 쓰는 경우가 많다.

Solution _ 이러한 사람들은 목 아치를 조금씩 넓히는 연습부터 시작한다. 목소리가 지나가는 길이 좁으므로 훈련을 해서 아치를 넓혀야 한다. 거울을 보며 입을 크게 벌리고 목젖을 위로 끌어 올리면서 아치를 넓히며 목소리를 낸다. 목젖을 위로 올린 상태에서 호흡을 멈춘 후에 다시 호흡을 내쉬며 소리 낸다.

이를 반복하면 목 주변 근육에 힘이 붙고 목소리도 좋아진다. 소리를 낼 때 뺨이나 목덜미에 손을 대 힘이 들어가 있다면 힘을 빼고 편안한 상태로 소리를 낸다. 힘이 들어갔다면 소리를 멈춰 힘을 뺀 후 다시 한 번 소리를 내 본다. 시간이 오래 걸릴 수 있으나 인내를 가지고 노력하면 상당히 바뀐다고 한다.

티슈를 사용하는 것도 하나의 방법. 티슈를 여러 장 동그랗게 말아서 직경 7~8cm의 공을 만든다. 반 쯤 입 안으로 넣어 찌그러들지 않을 정도로만 이로 살짝 물고 '아이우에오' 발음을 해본다. 불필요한 힘이 들어가면 티슈공이 찌그러진다. 발음을 정확하게 하는 것은 필요 없다. 공 형태가 그대로면 힘이 어느 정도 빠졌음을 뜻한다. 티슈 공을 빼고 나서도 목소리를 유지하도록 노력한다.

● 목을 아껴 주세요 ^^

① 아침에 일어났을 때, 혹은 침묵하고 있다가 갑자기 큰 소리를 내는 것은 성대에 무리를 준다. 강의 전에 '음~~'을 반복하고 '음~'을 이용해 허밍, 동요 부르기를 한다.

② 복식호흡은 기본이고, 힘을 빼고 소리를 편히 내는 연습, 그리고 목이 아닌 배 근육을 이용해 호흡 조절을 할 수 있도록 발성 연습을 꾸준히 한다.
(목 아치를 세우자)

③ 얼굴이나 혀를 충분히 풀어 준다. 몸도 같이 스트레칭 해주면서 몸의 긴장을 풀어 배가 아닌 다른 부분에 힘이 들어가는 것을 삼간다.

④ 낭독훈련을 반복하여 공명 활용법을 익히자. 적은 노력으로 크고 풍부한 목소리를 만들고 다소 거친 목소리도 어느 정도 거슬리게 들리지 않는다.

⑤ 하루 8잔 이상의 따뜻한 물을 수시로 마셔서 성대를 촉촉하게 보호하자. 술, 담배, 커피, 녹차 등은 삼가고 헛기침과 화를 내며 큰 소리를 지르는 것에 주의한다.

● 모음 풀기 동작

가에서 하까지 음절에 여러 가지 받침을 붙여 발음해보자. 발음이 꼬이거나 흐려지는 문제
를 해결하면서 입 주변 근육 운동도 할 수 있어 스피치가 보다 명확해진다.

각객긱곡국/ 간겐긴곤군/갈겔길골굴/감겜김곰굼/갑겝깁곱굽
낙넥닉녹눅/난넨닌논눈/날넬닐놀눌/ 남넴님놈눔/낭넹닝농눙/ 납넵닙놉눕

● 구형 동작

자음 하나에 다양한 모음을 더해 반복 발음하는 것은 입술 운동에 효과적이다. 발음이 유연
해지고 정확한 입 모양을 만들 수 있으므로 숙련이 될 때까지 연습

기구기 니누니 디두디 리루리 미무미
비부비 시수시 이우이 지주지 치추치
키쿠키 티투티 피푸피 히후히
가갸가 나냐나 다댜다 라랴라 마먀마
바뱌바 사샤사 아야아
개가개 내나내 대다대 래라래 매마매
배바배 새사새 애아애 재자재 채차재
캐카캐 태타태 해하해

● 'ㅓ' 와 'ㅡ'

걸, 글, 넉, 늑, 던, 든
거름, 버릇, 처음, 흔적, 드럼
크기, 그을음, 기쁘다
정거장, 범:인, 천연, 증거

눈시울을 뜨겁게 적시는 트럼펫 소리
으스대며 큰소리로 떠드는 거인
크낙새 슬피 우는 소리

아리랑은 아름다운 우리나라의 음악입니다.
아버지와 어머니는 어제 안국동으로 이사했습니다.
액자 속 그:림에는 악어와 암탉, 야:자수가 있습니다.
앞뜰 은행나무에는 은행이 주렁주렁 열렸습니다.
오:누이가 오붓하게 오르막을 오릅니다.
인디언들이 아침에 언덕 위로 이동합니다.
햄버거 안에는 양상추와 햄이 가득 들어 있습니다.

은정이는 학교 운동장 왼쪽에 앉아 있습니다.
화가는 맑은 하늘과 노:란 해바라기를 그렸습니다.

● 'ㅅ' 과 'ㅆ'
 밥상, 젖소 , 열쇠, 합숙, 입시, 사슬,
소나기, 쇠사슬, 사랑, 시소,

싸움, 싹, 쌀, 써레, 쏘가리
싸다, 싸서, 싸니, 싸라/썩다, 썩어서, 썩으니/쏘다, 쏘아서, 쏘니, 쏘아라/쓰다, 써서, 쓰니,써라
패싸움, 오이씨, 팔씨름
비싸다, 감싸다, 애쓰다

사싸 사싸 사싸 / 싸사 싸사 싸사 / 싸사싸 사싸사 사싸사
시씨 시씨 시씨 / 씨시 씨시 씨시 / 씨시씨 시씨시 시씨시
스쓰 스쓰 스쓰 / 쓰스 쓰스 쓰스 / 쓰스쓰 스쓰스 스쓰스

1) 시름시름 앓는 씨름꾼
2) 쌀로 지은 쌀밥
3) 살이 많이 찌는 쌀밥
4) 값이 비싼 금싸라기 땅
5) 스위스의 스산한 겨울 풍경

● 어려운 발음 연습
성대를 가능한 많이 열고 들숨 날숨을 이용하여 큰 소리로 읽되, 문장 하나를 한 호흡으로
끝까지 읽는다.

(ㄱ)
　가고 가고 기어 가고 걸어 가고 뛰어 가고 날아 간다.
　깐 굴 , 못 깐 굴, 안 깐 굴
　강낭콩 옆 빈 콩깍지는 완두콩 깐 빈 콩깍지이고
　완두콩 옆 빈 콩깍지는 강낭콩 깐 빈 콩깍지이다.

(ㄴ)
　나리나리 개나리 입에 따다 물고요
　병아리때 종종종 봄나들이 갑니다.
　내가 그린 구름 그림은 새털구름 그린 구름이고
　네가 그린 구름 그림은 뭉게구름 그린 구름이다.

(ㄷ)

두꺼비 둘 도깨비 둘, 군한 두더지 독한 독사.

뜸북 뜸북 뜸부기 따끔 따끔 따끔이 뜨끔 뜨끔 뜨끔이

(ㄹ)

따르릉 따르릉 따르르르릉 찌르릉 찌르릉 찌르르르릉

랄랄라 랄랄라 랄랄랄랄라 라랄랄 라랄랄 라라라라랄

(ㅁ)

저기 저 말뚝은 말 맬 말뚝이냐? 말 못 맬 말뚝이냐?

앞집의 막내는 말 잘하는 막내고 뒷집의 막내는 말 못하는 막내다.

(ㅂ)

이분은 백 법학 박사이시고, 저분은 박 법학 박사이시다.

대공원의 봄 벚꽃놀이는 낮 봄 벚꽃 놀이보다 밤 봄 벚꽃놀이니라.

(ㅅ)

중앙청 창살 쌍창살, 시청 창살 외창살.

쑥떡 먹고 쑥덕쑥덕 쌀밥 먹고 쌀밥쌀밥

싸락눈은 싸락싸락 삽살개는 삽살삽살

(ㅇ)

얄리 얄리 얄라리 얄라

알록알록 얼룩얼룩 아른아른 어른어른 아롱다롱 알쏭달쏭

한양 양장점 옆에, 한영 양장점

한영 양장점 옆에, 한양 양장점

(ㅈ)

제비 제비 물찬 제비, 먹는 제비 수제비 재수 없는 족제비

(ㅊ)

찻집의 찻잔은 차먹는 찻잔인가 차 못 먹는 찻잔인가.

청승맞은 처량한 처녀보고 찹찹한 청년 차청년

(ㅋ)

저기 저 콩까지는 깐 콩까지냐? 안 깐 콩깍지냐?

코 큰 코끼리 키 큰 키다리 감기 걸려 콜록콜록

(ㅌ)

통통배는 통통통통, 총소리는 탕탕탕탕, 통탕통탕 재미있다.

(ㅍ)

팔랑 팔랑 춘향의 치마, 펄렁 펄렁 몽룡의 도포

팔자가 팔자 되어 파 파는 파장사를 했더니 파 팔다 파산하는 파 못팔 팔자의 파파는 파장사

(ㅎ)

서울 특별시 특허 허가과 허가 과장 허과장

아빠웃음 하하하하, 엄마 웃음 호호호호, 동생 웃음 헤헤헤헤

나 혼자 하하 호호 헤헤 히히

제5절 효과적인 프레젠테이션을 위한 목소리 연출

※목소리의 변화

- 대화 하듯이 자연스러움을 유지하면서 목소리의 변화를 통해 생동감과 리듬감을 주는 것이 중요하다.

1. 높임 강조

- 나는 반드시 성공할 것입니다.
- 항상 전문가로서 자신감과 여유를 가져야 합니다.
- 상상할 수 있는 것은 무엇이든 이룰 수 있습니다.
- 우리 회사가 지금까지 경쟁력을 유지할 수 있었던 비결은 혁신 마인드입니다
- 저희 업계에서 앞으로 관심을 둬야 할 시장은 바로 중국 시장입니다.
- 가장 중요한 것은 가격보다 성능입니다.

2. 낮춤 강조

- 오랫동안 나는 절망 속에서 살아야 했습니다.
- 계속되는 실패로 나는 좌절감에 빠졌습니다.
- 너무나 사랑했지만, 그는 결국 내 곁을 떠났습니다.
- 글로벌 금융 위기 속에서도 매출이 급 하락했지만 살아남았다는 게 기적입니다.
- 철통 같은 보안 속에서 비밀리에 연구해 온 제품이 바로 이 제품입니다.
- 아직도 이 프로젝트는 보안 사항입니다.

강조하고자 하는 중요한 음절이나 단어, 구를 다른 것들보다 더 힘주어 말하는것.
  - 인영이가 어제 기철이를 우리 회사 앞에서 만나더라.
  - 인영이가 어제 기철이를 우리 회사 앞에서 만나더라.
  - 인영이가 어제 기철이를 우리 회사 앞에서 만나더라.
  - 인영이가 어제 기철이를 우리 회사 앞에서 만나더라.
  ☑ 강조하지 않으면 단조로워서 지루함을 줄 수 있을 뿐 아니라 의미가 정확하게 전달되지 않을 수도 있다.

3. 속도 강조

적절한 속도, 상대방이 알아들을 만큼의 속도를 유지하되 속도에 변화를 줄 필요가 있다. 중요한 내용은 천천히, 또박또박, 보다 덜 중요한 내용은 빠르게, 완급 조절을 해야만 스피치에 생동감이 느껴진다.

(녹음기에 평소 자신의 말 습관을 녹음해서 들어 볼 것)
- 우리나라 등록 자동차 수가 <u>1800만 대</u>를 넘어섰습니다.
- 찬성 의견은 <u>정확하게</u>, 반대 의견은 모호하게 표현하십시오.
- <u>폭발물로 의심되는 상자</u>가 있다는 신고가 들어와 경찰이 출동해서 열어본 결과, <u>현금 10억 원</u>이 발견 되었습니다.
- 이 제품의 이름은 <u>파라오 글로리아</u>입니다.
- 오늘 참석하신 분 중에서 <u>딱 여섯 분</u>에게만 혜택을 드리게 됩니다.
- 올해 매출은 전년과 비교했을 때 무려 <u>65%나</u> 증가했습니다.

4. 포즈(pause) 강조

효과적인 의미 전달을 위해 잠깐 멈추는 시간적 틈새, 띄어 말하기, 끊어 말하기, 사이, 쉼

(1) 끊어 읽기

- 낭독에 있어 문장이 길어서 한 호흡으로 다 읽을 수 없거나, 강조, 의미, 발음의 문제로 인해 중간에 잠시 포즈를 두는 것.
  의미 전달의 효율성, 발음의 정확성, 흐름의 자연스러움, 운율

(2) 어떤 의도에서든 전달하고자 하는 본래의 의미를 해쳐서는 안 된다.

- 고속버스가 중앙선을 넘어 / 마주 오던 승용차를 들이받았습니다.
  (가해자는 고속버스)
- 고속버스가 / 중앙선을 넘어 마주 오던 승용차를 들이받았습니다.
  (가해자는 승용차)

(3) 짧은 포즈 – 뒤에 따라 오는 단어 강조

- 자기 자신을/ <u>사랑</u>할 줄 알아야 합니다.
- 지금껏 달려온 당신의 / <u>꿈과 열정</u>을 보여주세요.
- 많은 기대를 모았던 이번 경쟁에서 1위에 선정된 기업은 / <u>한강 기업</u>이었습니다.
- 문제점을 한꺼번에 해결할 수 있는 획기적인 제품이 바로 / <u>이번 신제품</u>입니다.

(4) 긴 포즈– 뒤에 오는 구절 전체 강조

- 여러분, 변화하고 싶으십니까? /// 그렇다면, 행동하십시오.
- 상대를 잘 웃기기 위해서는 /// 나부터 잘 웃는 사람이 되어야 합니다.
- 제가 가장 기대하는 것은 /// 여러분의 동참입니다.

5. 길이 강조

모음의 장단에 따라 뜻이 달라지는 말도 있지만 모음의 길이 변화를 줌으로써 자신의 감정 상태를 표현, 조금 더 세련된 화법 연출
"멀리, 많은, 높은, 저기, 커다란, 엄청난, 정말"

- 갑자기 <u>엄~청난</u> 태풍이 몰려왔습니다.
- 당신이 <u>정~말로</u> 원하는 것은 무엇입니까?
- 우리 회사는 <u>높~은</u> 성장률을 이뤄냈습니다.
- 너에게는 <u>커~다란</u> 가능성이 있어.
- 보다 <u>많~은</u> 사람들이 행복하길 바랍니다.

6. 리듬 스피치 - 노래하듯 리듬감 있게 말하기

날씨 정보입니다.
벌써 2주째 비 내리는 월요일 아침입니다.
이 비는 도대체 언제쯤 그칠까 궁금해 하시는 분들이 많을 텐데요
출근길에도 퇴근길에도 우산 잘 챙기시길 바랍니다.

안녕하세요 반갑습니다.

지금부터 발표를 시작하겠습니다.
첨단의료복합단지의 사업 분석 발표입니다.

7. 첫음절 엑센트

기형아 /유발/우려가/ 있는/ 약물을/ 복용한/ 사람이/ 헌혈을/ 하고/
이들이/ 헌혈한/ 혈액이/ 가임/ 여성을/ 포함한/ 수/ 백명에게/
수혈/되는/사고가/ 또 /다시/발생/했다는 /주장이/제기/됐습니다.

보통 휘발유의 주유소 평균 판매가격이 100일 연속 올랐습니다.
한국석유공사는 보통 휘발유의 전국 평균 가격이 지난해 10월 10일 이후
이달 17일까지 100일 동안 하루도 빠짐없이 올랐다고 밝혔습니다.

8. 부드럽게 노래하듯 리듬감 있게 낭독하기

안녕하세요 ○○○입니다.
오늘 제가 여러분께 재미있는 정보 하나 알려드릴께요
사람의 눈 시력이 2.0이 왜 한계인 줄 아세요?
사람의 눈 시력이 2.0이 넘으면 공기 중에 떠다니는 미생물도
눈에 보여서 생활하는 데 많은 어려움을 겪을 수 있다고 하네요.

하지만 내가 어떤 물건을 고를 때 꼼꼼히 따져보는 눈 시력은
당연히 2.0이 넘어야겠죠?
자, 시력 2.0을 만족시켜 줄 수 있는 에어컨을 소개해드리겠습니다.
시원한 에어컨으로 더위를 한방에 날려버리자고요..
지금부터 시작하겠습니다.

9. 힘 있고 강한 목소리.. 스타카토 리듬감

자/ 지금부터/ 프레젠/테이션을/ 시작/하도록/하겠습니다.

제6절 실전훈련

1. 프레젠테이션

● --- 실전 프레젠테이션에서의 음성 표현 요령
 1. 목소리에 열정과 자신감을 담아야 합니다.
 2. 프레젠테이션의 시작은 말을 천천히 합니다.
 3. 전환의 연결어는 좀 더 크게 말하도록 합니다.
 4. 시작 자료에 문구가 적혀 있다고 발음을 대충해서는 안됩니다.

안녕하세요. 오늘 프레젠테이션을 맡은 ○○○입니다.
지금부터 첨단의료복합단지 개발에 관한 발표를 시작하겠습니다.
현재 우리는 건강에 관심이 많은 시대에 살고 있습니다.
하지만 건강에 대해 연구할 수 있는 의학전문복합단지가
부족한 현실입니다.
그래서 우리나라도 미국의 보스턴 바이오 클러스터, 휴스턴 메디컬 클러스터와 같은 대규모
의 첨단의료복합단지의 개발이 시급합니다.
이번에 건설되는 경기 첨단의료복합단지는 향후 우리나라 의료산업에
큰 발전을 가져다 줄 것이라 믿습니다.

● --- 목소리 연출 연습용

(날씨 정보)

내일은 오늘보다 약간 더 쌀쌀할 것으로 보입니다.
북쪽에서 찬 공기가 밀려오기 때문인데요. 기온을 보시면 서울 기준으로 오늘 아침기온이
1도에서 내일은 영하 3도.
낮 기온은 7도에서 5도로 조금씩 낮아지는 모습을 확인할 수 있습니다.
바람도 강해서 체감온도는 더 낮겠으니 보온에 신경을 쓰셔야겠습니다.
대지가 건조해지면서 오늘 건조주의보가 동해안과 여수, 광양에 이어서 경상남북도 모든

지역으로 확대됐습니다.

실효습도 30% 안팎까지 떨어지면서 불씨만 있어도 큰 화재로 이어질 수 있으니까 각별히 조심을 하셔야겠습니다. 저녁 무렵에 강원에 눈을 뿌렸던 눈 구름대는 차츰 동쪽으로 이동을 하고 있습니다.

북서쪽에서는 찬 공기가 계속 밀려오고 있는데요.

내일도 이 고기압의 영향을 받겠습니다.

내일 서울과 중서부지방 아침기온 영하 5도 안팎에서 출발해 낮기온 영상 5도선이 예상됩니다. 찬바람 때문에 체감온도는 더욱 낮겠습니다.

남부지방 아침기온도 영상권으로 출발하겠습니다.

낮에는 8도 안팎까지 기온이 오르겠습니다.

영동지방 메마른 바람이 불겠습니다.

물결은 동해 먼 바다에서 조금 높게 일겠습니다.

이번 추위는 금요일쯤 풀리겠고요.

주말에는 10도를 웃돌겠습니다.

날씨였습니다.

[교통정보]

경부 고속도로 하행선이 잠원, 반포, 서초 지나기가 어렵습니다. 판교 부근 사고 소식 알려주셨는데 지금 CCTV 화면으로 보이는 달래네 고개에서 판교방향으로 가는 차량들이 이 사고로 밀려있습니다. 상행선 서초IC 부근에서 반포IC 지나기도 지체되고 있고 경인고속도로는 상행선 신월IC 부근에서부터 2KM 정도 구간, 그리고 하행선은 서인천 병목 지점에서 밀리고 있습니다.

영동고속도로 하행선 신갈 병목지점이 앞 시간 보다는 나아졌지만, 아직 속도 낮추고 있고 그밖에 판교 구리나 신갈 안산간 고속도로는 정상적으로 소통되고 있습니다. 고속도로 소식이었습니다.

Part
04

1. 자기소개하기

- 지금은 자기 PR시대!!
  어떻게 하면 자신이 남의 기억에 자리 잡을 수 있을 것인가!

① 나를 마스코트로 만들자!
  ex) 양파 같은 여자, 소주 같은 남자

- 자신의 마스코트를 만들고 그 이유를 생각해본다.

② 상대가 내 말을 들어주길 바란다면
  상대가 내 말이 듣고 싶게 만들어라.

- 자기소개를 해봅시다. 누가 가장 기억에 남으셨습니까?

2. 대화의 원칙

효과적으로 대화하는 법

① 상황을 잘 파악해야 한다.
  - 상황을 잘 파악하고 자신의 생각대로 되지 않을 것 같으면 바로 포기하는 것도 훌륭한 대화 기술이다.

② 공감대를 만드는 것이 중요하다.
  - 자신의 주장만 하지 말고 상대방의 말에 귀 기울이고 상대방에게 관심을 가지면서 공통 주제를 찾는 것이 중요하다. 진심으로 상대를 생각하고 존중한다면 공감대를 형성할 수 있을 것이다.

③ 감정에 치우치지 말라.

④ 상대방을 존중하라.

3. 몸짓언어 (자세·몸 움직임, 제스처, 표정, 눈 맞추기)·공간언어

얼굴 표정, 눈빛, 손동작 등 자세나 몸짓 등으로 자신의 의사를 표현하는 것도 중요하다. 말을 잘하는 사람들은 목소리뿐만 아니라 적절한 몸짓언어로 사람들의 마음을 사로잡는다.

① 자세·몸 움직임
- 좋은 자세 – 자신감 있는 태도로 바로 서 있는 자세. 발은 11자 모양으로 하되 한쪽 발을 약간 내미는 것이 더 안정감이 있다. 이런 자세는 발성도 잘되고, 힘의 균형이 잘 맞아서 편하다. 군인들처럼 딱딱한 자세가 아닌 말을 하면서 자연스럽게 몸을 움직이는 것이 좋다. 바른 자세로 자연스럽게 고개를 끄덕이거나 손을 움직이는 동작이 필요하다.
- 피해야 하는 자세 – 몸을 좌우로 또는 앞뒤로 자꾸 흔들어대는 것, 다리의 무게 중심을 이쪽저쪽으로 자꾸 옮기는 것, 단추나 옷을 만지작거리는 것, 귀를 잡거나 이마를 문지르거나 턱을 만지거나 머리를 쓰다듬는 것, 호주머니에 손을 넣었다 뺐다 하는 것, 손을 비벼 대는 것, 팔소매를 걷어 올리는 것 등은 피해야 한다.

② 제스처
- 설득을 잘하는 사람은 제스처도 활발하게 한다. 제스처를 쓰면 느낌이 더 생생해진다. 차렷 자세를 하지 말고 자연스럽게 손을 움직여보자. 한번 손을 움직이면 다음 동작으로 바로 이어지게 하거나 제자리로 돌아오면 된다. 어정쩡하게 들고 있으면 어색해지며, 직선보다는 곡선이 더 부드럽다. 직선으로 다른 사람을 가리키면 상대방이 불쾌하게 생각할 수도 있다. 손가락질 같은 제스처는 반드시 피하자. 손동작을 할 때 손에 연필이나 볼펜을 들고 있으면 안 된다. 제스처의 크기와 빈도는 상황에 따라 달라지는데 말과 동떨어져서는 안 된다. 팔 전체를 이용하고, 손과 팔을 여러 각도로 움직여 주면 된다. 기본자세는 손을 가지런히 잡고 배꼽 부분에 두는 것이 좋다. 단 이 자세가 너무 오래 지속되면 안 된다. 자연스럽게 표현하는 것이 무엇보다 중요하다.

③ 표정
- 말을 할 때 굳은 표정은 말하는 사람이 긴장하고 있다는 것을, 빨개진 얼굴은 불안해하고 있다는 것을, 찡그린 얼굴은 매우 초조해 하고 있다는 것을 보여주는 것이다. 가볍게 웃어 보이며 말을 하면 좋은 인상을 줄 뿐만 아니라 여유가 있어 보인다. 단, 무거운 주제에 대해 이야기하는데 웃는 것은 안 되듯이 상황에 맞는 표정을 짓는다.

④ 눈 맞추기
- 말을 할 때에는 사람을 똑바로 쳐다보며 말하는 것이 좋다. 너무 뚫어지게 쳐다보면 안 되고 자연스럽고 따뜻한 눈빛으로 쳐다보는 것이다. 우선 1대 1로 대화를 할 때에는 두 눈 중 한쪽 눈만 쳐다보는 것이 좋다. 두 눈을 다 쳐다보면 상대방이 부담스러워하기 때문이다. 단, 너무 오래 쳐다보면 상대방이 부담스러워하기 때문에 가끔씩 살짝 시선을 내려 주는 것도 필요하다. 상대방의 눈은 내 이야기에 흥미가 있는지, 딴생각을 하는지 등을 알 수 있게 해준다. 여러 사람들 앞에서 이야기할 때에는 더 중요하다.

4. 육하원칙 활용하기

순서 없이 나열된 다음 예문에서 육하원칙(5W1H)의 각 요소를 찾아보고 흐름에 맞게 다시 배열하여 정확한 브리핑을 해 보자.

- 20XX년 2월 16일 21시 30분쯤 서울 강남구에 위치한 OO회사 7층 건물에서 대　형 화재가 일어났다.
- 30대 후반의 직원의 무심코 던진 담뱃불로 인해 7천만 원의 재산 피해를 내고 4　명의 인명 피해를 가져온 화재 사건이 발생했다.
- 경찰은 최 대리를 불러 정확한 사고 경위와 원인을 조사 중이다.
- 최 대리는 회사의 승진 발표 직후에 회사의 조치에 대해 공개적으로 불만을 표출　하고 평소 스트레스가 있을 때마다 담배를 피우고 함부로 버리는 습관이 있는 것　으로 알려졌다.
- 이번 불은 승진에 불만을 품은 30대 후반의 직원이 무심코 던진 담배가 문서 등　에 옮겨 붙어 일어났다.
- 화재가 발생한 후 건물 내에서 야근을 하던 신입사원 2명은 미처 빠져나오지 못　하고 연기에 질식하여 쓰러졌으며, 순찰 중이던 경비원 1명과 청소부 1명은 불길　에 휩싸여 온몸에 전신 2도 화상을 입었다. 이들은 근처 병원에서 치료 중이다.

(해답)
- 무심코 던진 담뱃불로 인해 7천만 원의 재산 피해를 내고 4명의 인명피해를 가　져온 화재 사건이 발생했습니다. (What)
- 20XX년 2월 16일 오후 9:30분쯤 서울 강남구에 위치한 OO 회사 7층 건물에서　발생한 화재는 승진에 불만을 품은 30대 후반 직원이 흡연 후 던진 꺼지지 않은　담배가 문서 등에 옮겨 붙어 일어났습니다. (Why)
- 최 대리라는 이 직원은 회사 승진 발표 직후에 회사의 조치에 대해 공개적으로　불만을 표출하고 평소 스트레스가 있을 때마다 담배를 피우고 함부로 버리는 습　관이 있는 것으로 알려졌습니다. (who/when)
- 화재 발생 후 건물 내에서 야근을 하던 신입사원 2명은 미처 빠져나오지 못하고　연기에 질식하여 쓰러졌으며 순찰 중이던 경비원 1명과 청소부 1명은 불길에 휩　싸여 온몸에 전신 화상을 입고 인근 병원에서 치료중입니다. (How)
- 경찰은 당사자인 최 대리를 불러 정확한 사고 경위와 원인을 조사 중입니다.　(How)

5. 브리핑 시 갖가지 상황에 어떻게 표현하고 대응해야 할 것인가?

1) 청중 또는 의사 결정자가 브리핑을 잘 듣지 않는다.
2) 의사 결정자가 자신의 의견을 굽히지 않는다.
3) 청중 중에 신경 쓰이는 사람이 있다.
4) 의사 결정자가 브리핑 중간에 브리핑을 끊고 이야기를 한다.
5) 무리한 지시사항이 발생한다.
6) 브리핑 보고서 편집이 잘못되었다.
7) 브리핑을 하기 위한 파워포인트 슬라이드 화면이 열리지 않는다.
8) 브리핑 내용에 오탈자 등의 오류를 발견했다.
9) 갑자기 정전이 되었다.
10) 밖의 소음이 심해서 브리핑의 전달이 잘 되지 않는다.
11) 가벼운 실수를 했다.
12) 치명적인 실언을 했다.
13) 갑자기 핸드폰이 울린다.
14) 더 상급의 최고 책임자가 브리핑 도중 들어왔다.
15) 브리핑 도중 급한 전달 쪽지가 건네졌다.

(해답)

1) - 필요한 핵심 사항만을 이야기하여 짧게 끝낸다.
   - 브리핑의 변화를 준다.
   - 상대방의 관심사를 브리핑 내용에 덧붙인다.
2) - 우선 의사 결정자의 말에 수긍한다.
   - 도저히 불가능하거나 불합리 할 경우 자신의 의견을 피력한다.
3) - 의식하지 않고 그대로 진행한다.
4) - 이야기를 듣는다. 이야기가 길어질 경우 계속 브리핑을 진행할 것에 대한 양해를 구한다.
5) - 정중하게 수용하되 가능성 여부를 확실히 이야기 한다.
6) - 해당 부분을 브리핑하면서 편집이 잘못되었음을 이야기 한 후 양해를 구한다.
7) - 미리 파워포인트 버전 등을 확인해 본다.
   - 유인물 등의 대체 수단으로 브리핑을 계속한다.
8) - 치명적이지 않은 사항이면 아무 일 없는 듯이 브리핑을 지속한다.
   - 중요한 사안일 경우 재치 있게 이야기 하거나 양해를 구한다.
9) - 상황의 경중 여부를 파악한다.
   - 휴식 시간을 갖거나 다른 브리핑 수단을 활용한다. (미리 준비하여 대응)
10) - 브리핑에 영향을 주는 정도를 파악한다.
    - 영향이 클 경우 소음 회피를 위한 대책 마련 (장소 이동, 시기 재조정 등)
11) - 브리핑에 지장을 주지 않는 범위 내에서 실수에 대한 지나친 집착을 배제
    - 재치 있는 멘트로 상황 모면. "잠시 다른 길로 빠지는 외도가 있었습니다."

12) - 당황하지 않고 실수에 대해 정중히 사과
    - 이후 브리핑을 최선을 다해 진행
13) - 양해를 구하고 핸드폰을 재빨리 끈다.
    - 인식하지 않고 브리핑에 몰입
14) - 브리핑을 계속 진행하면서 가볍게 예의를 표함.
    - 최고 책임자의 이후 행동을 주시하면서 브리핑 상황 조정
15) - 재빨리 쪽지에 적힌 내용을 보고 대응
    - 긴급한 사항이면 공지를 하거나 필요한 행동에 대한 양해를 구한다.

6. 자신이 무언가를 설명할 때 상대방의 반응에 따라 어떻게 이야기를 전개해 나갈 것인가?

구 분	행 동	착안 사항
시 선	눈을 크게 뜬다.	
	눈을 가늘게 뜬다.	
	눈을 감고 있다.	
	시선을 이리저리 움직인다.	
표 정	웃음 짓는다.	
	입을 굳게 다물고 있다.	
	지쳐 보인다.	
	화나 보인다.	
제스처	팔짱을 끼고 듣는다.	
	코를 만진다.	
	뒷머리를 긁적거린다.	
	턱을 만진다. 손으로 턱을 괸다.	
	상체를 뒤로 젖힌다.	
	손을 계속해서 움직인다.	

(해답)

구 분	행 동	착안 사항
시 선	눈을 크게 뜬다.	◦놀라움, 관심의 표시 - 관심 부분을 더욱 강하게 표현
	눈을 가늘게 뜬다.	◦의심이나 일정 부분에 대한 집중 - 근거나 부연 설명에 중점
	눈을 감고 있다.	◦명상 또는 무관심 - 화제를 바꾸어 진행
	시선을 이리저리 움직인다.	◦산만함 - 집중 할 수 있는 변화 유도

표 정	웃음 짓는다.	◦흡족 또는 긍정적 표현 - 더욱 생기 있고 탄력 있게 이야기
	입을 굳게 다물고 있다.	◦진지함, 심각함 - 의식하지 말고 자연스럽게 진행
	지쳐 보인다.	◦빠른 진행, 건너뛰기식 포인트 설명
	화나 보인다.	◦부정적인 표현 생략, 긍정의 부분 집중
제스처	팔짱을 끼고 듣는다.	◦무관심, 권위적 표시 - 주눅 들지 말고 준비한대로 이야기
	코를 만진다.	◦습관 또는 산만 - 신경 쓰지 않고 진행
	뒷머리를 긁적거린다.	◦이해가 안 된다는 표현 - 쉬운 설명, 반응 상태 확인
	턱을 만진다. 손으로 턱을 괸다.	◦지루함 표출 - 핵심 요약, 빠른 진행, 상대방이 말할 시간을 준다.
	상체를 뒤로 젖힌다.	◦관심도 저하, 권위 - 상대를 향하는 역설적 자세로 상호 작용 시도
	손을 계속해서 움직인다.	◦산만함 ◦신경 쓰지 않고 진행

7. 설득의 3가지 요소

- 사람은 보통 이성보다는 감성적으로 판단한다. 따라서 그 점에 유의하고 매사에 합리적이고 현명한 판단을 내리기 위해 노력해야 한다.

> 아리스토텔레스는 누군가를 설득할 때는 '3요소'를 생각하라고 했다.
> 그 '3요소' 란 이토스(Ethos), 파토스(pathos), 로고스(logos) 를 말한다.

- 이토스는 메시지를 전달하는 사람의 명성이나 신뢰감, 호감도 등 인격적인 측면   이며 설득과정에서 가장 큰 영향(60%)을 주는 요소이다.

- 파토스는 감정을 자극해서 마음을 움직이는 감정적인 측면이다. 공감, 경청 등의   친밀감을 형성하는 방법이나 유머, 공포 등을 이용한다.
    설득에 30%정도 영향을 끼친다.

- 로고스는 논리적인 측면이다. 논리적인 근거나 실증적인 자료 등을 제공한다.
    설득에 10%정도 영향을 미친다.

성공적인 설득은 이토스를 거쳐 파토스(상대방의 감정에 호소)를 한 후, 로고스를 통해 논리적 근거를 제시한 다음 상대방이 마음을 바꾸지 않도록 다시 이토스로 끝내는 것이 효과적이다.

> "누군가를 설득시키고 변화시키기를 원한다면
> 논리에 앞서 감성을 터치하라. 좋아하면 판단할 필요가 없기 때문이다."

8. 상대방 스타일 맞추기

다음 상사의 말들은 어떤 보고 스타일에 가까운지 맞춰보자. 그리고 어떻게 답변을 해야 할 것인지 구체적인 답변 멘트를 생각해 보자.

1) 이 부분에 대한 근거 자료를 찾아보게!
2) 그만 됐고, 마지막에 어떻게 할 것인지 이야기해 보게.
3) 작년도에 한 것이 있는데… 그게 나은 거 같은데…
4) 그래… 프로젝트는 잘 진행 되가나. 어려운 일 있음 이야기하게.
5) 이곳에 틀린 단어가 있구만, 글자 크기는 왜 통일하지 않았는가?
6) 파워포인트 템플릿 좀 바꾸고 컬러로 좀 출력해서 보고해주게.
7) 그 사항을 좀 흥미 있게 부각시키는 방법이 없을까?
8) 시간이 없으니 3분 안에 보고를 끝내게.
9) 음… 잘 모르겠는데… 나중에 검토해보지.
10) 그런 식으로 밖에 안 되나? 다시 해 와.

(해답)

1) 신중형
   "네 정확한 근거자료를 확인하여 다시 보고 드리겠습니다."
2) 주도형
   "최종적으로는 추진하는 것이 좋다고 생각합니다."
3) 의존형
   "작년도 자료와 금년 자료를 비교했을 때…(이야기) 작년도 자료의 장점은 이미 올해 작성하면서 충분히 반영했습니다."
   "올해의 것이 더 신선하고 나을 것으로 판단됩니다."
4) 온정형
   "아직까지 진행상의 어려움은 없습니다. 배려해 주셔서 감사합니다."
5) 신중형
   "꼼꼼하게 다시 확인하여 수정하겠습니다."
6) 신중 + 개방
   "네 템플릿 등을 바꾸어 자료 작성의 변화를 주도록 하겠습니다."
7) 개방
   "이런 아이디어를 한번 생각해 보았습니다."

8) 주도형

"네, 간단히 요약하여 말씀드리겠습니다."

9) 신중 + 의존

"편하신 시간에 다시 오겠습니다."

10) 막무가내형

(상황에 따라 대응)

제8절 방송인터뷰 요령

(1) 인쇄매체의 경우는 응답자가 말한 것을 보도하지만 방송매체는 응답한 것 자체를 보여준다.

　방송에는 머뭇거림, 망설임, 옷차림 등 각종 비언어적 커뮤니케이션이 수반된다. 생방송일 경우에는 답변을 제대로 못했다고 하더라도 다시 말할 기회가 없다. 따라서 사전에 철저히 준비하여야 한다.

(2) 미리 그 프로그램을 보고 프로그램의 형식이나 인터뷰 스타일에 익숙해지도록 한다.

(3) 자신의 분야에 대한 최근 정보를 준비한다.

(4) 인터뷰 장소에 미리 나가서 주변환경에 익숙해지도록 한다.

(5) 주장하고 싶은 내용의 요점을 생각해 놓도록 한다.

(6) 인터뷰 전에 어떤 내용이 질문되는지 미리 물어본다.

(7) 응답 도중에 잘못 말했으면 즉시 정정하도록 한다. 다시 기회가 없을지도 모르기 때문이다.

(8) 인터뷰 도중 기자나 진행자와 논쟁하지 않도록 한다. 마이크와 카메라 앞에서의 논쟁은 언론인에게 유리하다.

(9) 긴장하지 않도록 하고 자연스럽게 이야기한다.

(10) 인터뷰 도중의 어색한 침묵을 메우는 것은 응답자의 역할이 아니라는 점을 인식해야 한다.

　대답을 했는데도 기자가 추가 답변을 유도할 목적으로 마이크를 응답자 앞에 계속 대고 있는 경우도 있다. 이 때 응답자는 답변이 부족하다고 생각하거나 무슨 말을 더 해야 할 것 같은 의무감을 느끼게 되는데, 그럴 경우에 자칫하면 불필요한 말을 하게 될 가능성이 높다. 억지로 말하려 하지 말고 과감하게 가만히 있을 필요가 있다.

● 방송출연 시 준비·유의사항

(1) 설명이 너무 장황하다.

　배경과 의미를 너무 장황하게 설명하다 보면 시청자가 알고 싶어하는 정책이 자기 생활에 어떤 도움이 될지, 어떤 변화가 예상되는지, 어떻게 준비하고 대처해야 하는지 등 필요한 사항을 제대로 전달하지 못하는 경우가 많다.

(2) 준비한 원고에 너무 집착한다.

준비 자료는 전체 세부자료와 함께 그것을 요약한 메모식으로 하나 더 준비하라. 준비는 철저히 하고 자료를 머리속에 많이 넣는 것이 대단히 중요하며 원고는 메모식으로 짧게 해야만 성공할 수 있다.

(3) 너무 경직되어 있다.

방송이란 백 번 해도 백 번 다 긴장되기 마련이다. 가까운 친구나 자녀, 고향 친구들이 방안에 모여 얘기하고 설명하는 것 같이 느긋하게 임하도록 노력하라.

(4) 어려운 행정용어를 너무 많이 쓴다.

공직자들이 방송에 출연할 경우에는 딱딱한 행정용어를 지나치게 많이 쓰는 경향이 있다. 많이 쓰는 생활용어로 쉽게 풀어 쓴다고 해서 출연자의 권위나 전문성이 결코 과소평가되는 일은 없다. 오히려 쉬운 말을 사용함으로써 공직자에 대한 신뢰감과 친숙감은 더욱 높아질 것이다.

(5) 수치를 너무 많이 나열한다.

방송이 가장 싫어하는 게 복잡한 수치다. 특히 소수점 이하 몇 자리는 말할 필요가 없다. 자세한 수치 대신 '몇 분의 1', 50% 전후는 '반쯤'과 같은 표현을 쓰는 것이 바람직하다. 가능한 한 까다로운 수치는 빼고 되도록 이해하기 쉬운 말로 바꾸어서 단순화시켜 주어야 한다.

또한 방송에서 '퍼센트'대신 사용하는 '푸로'라는 단어는 적합지 않다.

수치와 관련해서 '오십오(55)', '쉰다섯'의 숫자를 읽을 때 '오십 다섯'이라고 하는 실수도 많으므로 주의해야 한다.

(6) 고위층에 대한 지나친 존대말을 쓴다.

공무원이 방송에 출연해서 "일전에 도지사님께서도 말씀이 계셨습니다만…", "서장님께서 수시로 지적하시는 일입니다만…"과 같은 말을 자주 쓰는데 이런 말이 여러 차례 반복되면 아주 어색하다. 그냥 "도지사께서…" 라고 하는 것이 가장 무난하다.

기본적으로 방송을 보는 주체는 도지사나 시장·군수가 아니라 어디까지나 시청자인 일반 주민들임을 항상 염두에 두어야 한다.

제9절	상황별 스피치 전략

1 비즈니스 화술

① 신념에 찬 언행을 구사하라.
② 여유 있는 마음으로 천천히 말하라.
③ 언제나 긍정적인 화술을 구사하라.
④ 편견을 버리고 포용력 있는 화술을 익혀라.
⑤ 문제는 대화로 해결하라.
⑥ 이미지를 파는 화술을 개발하라.
⑦ 성공한 사람처럼 행동하고 말하라.

2 미팅스피치

① 상대방에게 접근할 때 카사노바식 접근법을 씁니다.
  (상대의 장점을 발견하고 센스있게 접근함)
② 상대의 머리를 노리지 말고 마음을 노립니다.
③ 신용과 믿음을 줍니다.
④ 상대의 질문을 활용합니다.
⑤ 다른 상대방을 이용합니다.
⑥ 유머를 활용합니다.
⑦ 호감을 유도하는 칭찬을 합니다.
⑧ 밝은 표정과 태도, 목소리로 부드러운 분위기를 연출합니다.

3 즉석스피치와 테이블 스피치

① 소재를 준비해 둔다.
② 갑자기 지명 받았을 때는??
③ 자신 있는 화제로 끌고 간다.
④ 시작과 끝을 분명히 하고 이야기는 짧게 한다.
⑤ 들리게 말하라.

● 미꾸라지와 메기

여러분 반갑습니다./ 도전을 좋아하는 사람 ○○○입니다.
여러분!/ 추어탕 좋아하세요?//
추어탕의 재료가 뭐죠?//(미꾸라지요)
네, 미꾸라지죠.//
요즘엔/ 농약 때문에 / 미꾸라지 보기가 어렵지만/
우리가 어렸을 적에는/ 미꾸라지가 참 많았습니다.//
오늘은 여러분과 미꾸라지를 통해/ 뭔가 배워보는 시간을 가져볼까 합니다.//
(오늘은 여러분께/ "미꾸라지 잘 키우는 법"에 대해서/ 말씀드릴까 합니다.)

논에 미꾸라지를 키울 때 / 한쪽 논에는 미꾸라지만 넣고/
다른 한쪽 논에는/ 미꾸라지와 메기 몇 마리를/ 함께 넣었습니다.//
그러면/ 어느 논의 미꾸라지가/ 더 잘 자랄까요?// (답변을 듣는다)
정답은// 메기를 넣은 쪽이/ 더 잘 자라게 됩니다.//
왜 그런가 하면//
메기가 있는 논의 미꾸라지들은/ 메기에게 잡혀 먹히지 않으려고/
늘 긴장하면서 활발히 움직이기 때문입니다//
우리 인간들도 마찬가지 아닐까요?/
자극 없이/ 긴장 없이/ 안일하고 나태한 생활은//
당장엔 편해 보일지 몰라도/
우리들의 생활이 건강하고 활기차려면/ 적절한 자극이 있어야 합니다./
적절한 긴장이 있어야 합니다./
우리에게도/ 자극을 주고 긴장을 주는/ 메기가 필요한 것입니다.//
여러분,/ 이제부터는 / 자극과 긴장을 피하려고 하지 말고/
자극과 긴장으로 스트레스 받지 맙시다./
오히려 적극적으로/ 우리 마음속에/ 메기 한 마리씩 키워보는 게 어떨까요?//
끝까지 경청해주셔서 감사합니다.

● **가짜 휘발유**

안녕하세요? 반갑습니다. ○○○입니다.

요즘은 가짜가 판을 치고 있습니다./
명품을 흉내 내어 만든 "짝퉁"이니/ 가짜 양주니/ 가짜 참기름이니/
가짜 휘발유니/ 참 안타깝고 서글픈 현실입니다.///
이런 어두운 현실에 그나마 웃음이라도 없다면/ 얼마나 삭막하겠습니까?//
그런 의미에게 퀴즈를 하나 내 보겠습니다.//

가짜 휘발유를 만들 때/
가장 많이 들어가는 재료가 뭘까요?///

예. 정답은 진짜 휘발유였습니다.///

삶은 우리가 어떻게 보느냐에 따라 달라진다고 하죠.
똑같은 현실이라도 / 우리가 어떻게 생각하느냐에 따라/
천국이 될 수도 지옥이 될 수도 있죠///

물론 / 가짜가 판을 치고, 갖가지 사건들이 줄을 잇는 세상이지만//
그래도 가짜보다 진짜가 많은 세상//
나쁜 사람보다는 그래도 좋은 사람이 많은 세상//
그래서 아직은 살 만한 세상이라고/
긍정적으로 생각하면서 사는 게 어떻겠습니까?//
여러분께 / 언제나 기쁨이 가득하고 행복이 넘쳐나길 바라면서/
오늘의 제 말씀을 마칩니다.//
경청해 주셔서 감사합니다.////

저자 장문정

현 대기업 섭외 0순위 상품 마케팅 전문가.
LG, 미국 Wal-Mart, 일본 JVC 등 국내외 대기업에서 전략기획, 시장분석, 영업환경 구축 등 세일즈 및 마케팅 전문가로 활약했다. CJ오쇼핑 쇼호스트 당시 한 시간 125억 판매 매출 기네스 최고 기록을 세우고 베스트 쇼호스트상을 수상했다.
현재 마케팅 컨설팅사와 제조판매사와 미국 지사를 동시에 운영중이며 기업 제품과 서비스의 토탈 마케팅 솔루션을 제공한다.
정량 평가로 해외 수익형 부동산 투자설명회에서 1시간 210억 매출을 기록했다. 정성 평가로 업계 3위 IT 기업의 한 사업 부문을 1위에 올려놓고 업계 5위 금융 기업을 1위에 올려놓는데 기여한 컨설팅 기록을 갖고 있다.
마케팅 자문, 판매 전략 수립, 상품 기획, 컨셉트, 홍보, 광고 문구, 설명 문구, 포장 문구, 상세페이지 문구를 비롯한 상품에 들어가는 모든 상품 언어를 만들며 교육 영상, 대고객용 세일즈 영상을 제작해서 납품한다.

그간 기업 컨설팅만을 수행하다가 코로나 사태 이후 여러 이러닝 플랫폼을 통해 소상공인, 1인 셀러에게 일대일 마케팅 솔루션을 제공하며 소통하고 있다.
국내 주요 일간지와 기관, 협회, 기업 사보에 마케팅 칼럼니스트로 수십년간 활동해 왔으며 미국 LA한인 신문에 칼럼을 기고 중이다. 지은 책으로는 마케팅 세일즈의 교과서로 자리잡은 <팔지 마라 사게 하라>를 비롯해 <한마디면 충분하다> <왜 그 사람이 말하면 사고 싶을까?> <보는 순간 1초 문구> 등이 있다.

현. 마케팅 컨설팅 법인& 미국 지사& 제조판매법인 운영
현. Korea Sunday News(미 LA한인신문)칼럼니스트
전. 디지털타임스 풀뿌리상권 마케팅 자문위원
전. CJ오쇼핑 쇼호스트, 미국 월마트, 일본 JVC 근무
전. 조선일보, FP저널 등 일간지, 월간지, 기업, 협회 마케팅 칼럼니스트
공중파, 종편, EBS 등 출연
현. 코리안 저널(미 휴스턴 한인신문) 칼럼니스트
현. 농림부 산하 기관들(쌀가공식품협회 외 복수) 자문위원

[기록]

온라인 기록 : 홈쇼핑 한시간 125억 판매
오프라인 기록 : 사업설명회 한시간 210억 판매
컨설팅 기록: 업계3위 IT 기업의 부문별 1위 등극 공헌
　　　　　　　 업계5위 금융 기업의 1위 등극 공헌
경제경영분야 40만부 베스트셀러 작가

[연락처]

메일: trust0203@naver.com
전화: 02 532 5040
유튜브: 장문정TV

팔리는 세일즈! 돈되는 마케팅! 의 모든 것을 알려드립니다.
최신 소비자 심리를 꿰뚫는 세일즈 화법, 무조건 성공하는 설득 화법, 당장 돈 되는 상품 언어,
쓱 봐도 척 잡히는 상품 문구, 즉시 팔리는 판매 문구, 지금 잘 나가는 상세페이지 문구,
실제 매출이 20배까지 나오게 만들었던 그 모든 마케팅 기법, 사례, 비밀을 낱낱이 공개합니다.

Part

05

고객심리학

AC(코로나 이후; after corona)시대 NEW 고객 심리학

(박문각 장문정 원고 2021.11.21v.)

1 고객 심리를 알아야 하는 이유

고객 사랑은 영원한 짝사랑이기 때문이다. 고객이 브랜드를 짝사랑하던 시대에서 기업이 고객을 짝사랑 하는 시대가 됐다. 고객은 입덧하는 임산부처럼 변덕이 심하다. 깎아놓은 사과처럼 쉽게 갈변한다. 더구나 너희들 꺼 아니면 딴 거란 식으로 수많은 선택 대안(choice alternative)을 갖고 있는 고객들 앞에서 오늘날 기업의 원초적 목적은 살아남아야 한다는 생각밖에 없다(There was nothing, but survival.). 따라서 사랑받는 충성 고객의 확보가 우선이다. 그 강렬한 충성(vibrant faithfulness)은 강렬한 연대(vibrant engagement)에서 나온다. 따라서 흡사 움직이는 과녁같은 고객을 맞추기 위해 그들과의 소통 관계 유치가 기업 생존의 무한 자산의 힘이 된다고 본다.

2 타깃의 기술 - 고객의 급소가 중심이다

1. 고객 타깃(target)을 공략하는 킹핀 전략

타깃을 공략할 때는 아래의 질문들을 끊임없이 되뇌여야 한다.

---

1. 이 상품을 사용할 고객의 주된 성별은 누구인가? 연령대는 누구인가? 사용 지역은 어디인가?
2. 이 상품을 사용할 고객은 기존에 사용해 본 경험이 있는가? 처음 접하는가?
3. 이 상품에 대한 고객의 관심 정도는 어느 정도로 예측되며 얼마나 유지될 것인가?
4. 이 상품을 고객은 얼마의 기간 동안 소비할 것인가?
5. 이 상품에 대한 소비자 인지도와 학습 수준은 어느 정도인가?
6. 이 상품은 고객의 라이프스타일 속에 어떻게, 얼마나 활용될 것인가?
7. 이 상품은 고객의 욕구를 어떻게 충족시킬 것인가?
8. 이 상품을 사용하면서 고객의 만족도는 어느 정도로 예상되는가?
9. 상품을 대하는 소비자의 인지적 반응(cognitive responses)과 정서적 반응(emotional responses)은 어떨 것인가?
10. 상품을 접하면서 소비자의 태도의 변화는 어떻게 될 것인가?
11. 상품이 고객 삶에 미치는 영향의 정성적, 정량적 크기와 가치는 어떨 것인가?
12. 고객이 상품에 느끼는 호감도는 어느 부분에서 비롯되었으며 타 유망고객에게 자발적 전파자 역할을 할 것인가?
13. 재구매 의사는 어느 정도이며 있다면 어떤 점 때문인가?

우리의 상품에 몰두하기보다 그 상품을 사용하는 사람의 심리에 집중해야 한다.

상대를 읽어 내지 못하면 우리의 전달은 일방적이 되며 무식한 떠버리(ignorant chatterer)밖에 안 된다.

타깃 전략은 타깃층이 좁을수록 효과가 있다.

2. 타깃에 집중하라.

타깃을 잡을 때는 막연하게 대충 어림짐작이어서는 안 된다. 빗나가기 일쑤다. 퀴즈. 간편식 시장이 급증하고 있다. 편의점, 요식업, 배달사업까지 모두가 적은 양으로 쉽게 먹을 수 있는 음식을 만들어 내고 있다. 그러면 간편식 시장의 주 소비층은 누구라고 생각하시나? 1인 가구? 그렇게 생각한다면 당신은 틀렸다. 가정주부다. 2018.01월 조사기관 칸타월드패널이 5000가구 조사 결과 그렇게 드러났다. 남편은 눈 뜨면 나가서 야근이라 매일 늦고 중고생 자녀는 학원에서 늦게 오니 주부들이 혼밥하는 것이다. 이처럼 타깃은 쉽게 생각해서는 안 된다. 또한 우리의 타깃 시장은 꼭 좁지 않을까라고 막연히 생각해서도 오산이 될 수 있다.

3. 타깃에 적중시켜라

인종, 나라, 지역적 특색과 관심사, 구매 패턴은 각기 다르다.

우리는 모든 고객이 원하는 모양이 맞게 트랜스포머가 되어야 한다.

대상에 맞는 몰입을 해야 한다.

이렇게 표적 시장 소비자를 정확히 분석해서 정보를 추출해내고 고객의 데이터를 찾는 것을 데이터마이닝(data mining)이라 한다. 이 데이터마이닝을 이용하여 수용자들의 24시간을 면밀히 관찰하고 적극적으로 공략하는 전략이 타깃전략이다. 이처럼 고객의 라이프스타일을 분석하고 생활 패턴과 시간대, 매체별, 관심별 시청자들의 연령대까지 고려하고 분석하여 그 특정 대상에 맞는 타깃팅을 해야 한다. 어쩌다 걸려라식이 아니라 소비자의 라이프 사이클을 겨냥해서 의도적 노출(intentional exposure) 또는 목적 지향적 노출(purposive exposure)을 해야 한다.

전략적 노출을 하라. 내 메시지가 마냥 우연적으로 고객의 눈에 들어올 것이라 기대해선 안 된다. 적극적으로 맞춰가야 한다.

4. 마케팅 미뢰를 발달시키라

혀에는 맛을 느끼는 미뢰가 있다. 연구결과에 의하면 맛을 파악하는 이 미뢰의 개수가 사람마다 아주 큰 차이를 보여서 미뢰가 10000개나 되는 사람도 있지만 500개 밖에 안 되는 사람도 있다. 대부분의 동물들도 매우 예민한 미뢰를 가지고 있어서 뱀의 혀는 혀를 낼름거릴 때 공기중의 맛까지 분석하고 느낄 수 있고 메기는 물속에서조차 리터당 100마이크로그램 이하의 맛을 감지하며 나비는 0.0003%의 저농도 설탕물도 감지한다 한다. 고객을 파악하는 당신의 마케팅 미뢰는 얼마나 발달되어 있으신가? 얼마나 고객을 정확히 분석할 준비와 자료를 갖고 있는가? 고객을 파악하는 감각은 몇 점인가?

오늘날 우리의 타깃은 시시각각 변해 간다. 고객은 흔들리는 과녁이다. 소비자 입장에 서 보지 않고 타깃을 제대로 찌르지 않는 뭉툭한 메시지는 고객을 공략하지 못한다. 마치 글러브끼고 단추 채우는 격이다.

마케팅회사 오디언스블룸의 CEO 제이슨 드머스는 "제품이 아니라 소비자에 집중하라. 제품이 아무리 좋아도 소비자가 사지 않으면 소용없다. 항상 어떤 제품을 내놔야 소비자가 행복해할지 염두에 둬야 한다" 했다.

슈렉을 만든 세계적인 애니매이션 회사 드림웍스 대표 제프리 카젠버그(Katzenberg)는 고객을 심지어 보스(상사)로 모시라고 조언한다. [1] 미국에서 협업을 하는 회사가 계속해서 한국에 론칭이 가능한 상품 샘플들을 보내오는데 제품은 같아도 소비자가 다르기에 미국에서 대박나는 상품이 한국에서는 아주 아닐 수가 있다. 최근에도 LA에서 손잡이에 끼우는 교체형 칫솔모가 미국에서 대박이라면서 한국에도 팔아보자며 상품 미팅을 했다. 절대 안 팔린다. 한국 소비자들은 전체를 버리고 새로 산다. 같은 제품, 다른 소비자라 보면 된다. Next society를 저술한 피터 드러커(Peter Ferdinand Drucker)는 자신의 90번째 생일 '그동안 나는 기계나 건물이 아닌 사람을 주목했다'고 자신의 연구를 한마디로 압축했다. 우리는 제품이 아니라 소비자를 탐구해야 한다.

5. 타깃팅 설정의 중요성

지금 준비하는 계획의 방향을 아주 조금만 잘못 잡아도 결과는 아주 엉뚱해져버릴 수 있다. 그래서 타깃전략은 더 신중하고 철저히 분석하여 시작하셔야 한다.

백범 김구 선생이 애송했던 '설야(雪夜)'에는 "눈 덮인 들판을 걸어갈 때는 함부로 걷지마라. 오늘 걷는 나의 발자국은 뒷사람에게는 길이 된다.(踏雪野中去 不須胡亂行 今日我行蹟 遂作後人程)"했다. 당신이 잘못 내디디면 뒤의 많은 마케팅 후배들은 그게 길인줄 따라할지 모른다. 반대로 당신도 앞의 선배들의 틀린 전철을 밟으려 할지도 모른다. 방향 잘 잡자. 제대로 명중시켰을 때의 쾌감은 이루 말할 수가 없을 것이다.

3 저울의 기술 – 이분법적 비교를 하게 만들라

저울의 기술은 양손을 들고 한쪽에는 우리 것, 반대쪽에는 남의 것을 올린 후 한쪽을 누르면 반대쪽이 올라가는 부정적 비교이다. 시이소의 원리와 같다. 게다가 한없이 쉽다. 많은 기능과 요소를 담고 있는 상품을 다각적으로 바라보게 할 필요도 없이 복잡한 대상을 이분법으로 간결하게 구분지어 놓고 내 것과 남 것을 양쪽에 각각 올려놓기만 하면 된다.

저울이란 양쪽 대상을 객관적으로 비교하게 하는 이성의 도구이다. 이건 늘 이기는 싸움이다. 양팔 저울에 두 대상을 각각 올릴 때는 나의 장점과 남의 단점을 비교하기 때문이다. 참으로 객관적이지 않은 이 방법을 고객은 객관적으로 받아들이게 된다.

영국 가전업체 다이슨이 공개적으로 자사 무선청소기를 LG 청소기와 비교하는 행사를 했다.[2] 자기네 것은 잘 빨리고 남의 건 덜 빨리는 결과를 보여줬다. 그리고 우리 것이 우세

---

1) 조선일보 2009.10.24
2) 소공동 웨스턴조선호텔 2016.02.02.

하다 자랑했다. 당연히 참석자들은 이 실험을 객관적으로 받아들였고 다이슨 제품에 박수를 보냈다. 그런데 알고 보면 꼼수가 있다. 이 날 실험했던 다이슨 제품은 120만원 고가 제품이고 LG 것은 30만원짜리로 4분의 1가격의 저가다. 당연히 모터도 약하고 흡입력도 약할 수밖에 없다. 이 공정하지 않은 방법을 저울이라는 공정해 보이는 추에 올려놓아 고객을 이성의 눈으로 보게 하는 방법을 소개한다.

2000년대 이후 국내 광고와 서구권의 광고를 비교해 보면 실증적 조사 결과를 언급하지 않더라도 여전히 압도적으로 서구권은 비교광고를 많이 하고 있음을 확인할 수 있다.

1. 저울의 양 끝에 배치하라

현대인들은 극단적으로 끊고 맺는 걸 사랑한다. 회색지대를 좋아하지 않는다. 그러니 우리 상품을 한 끝에 두고 경쟁 대상을 반대편의 끝에 배치해 둔 뒤 고객을 저울의 중심에 놓고 양극단을 비교해서 바라보게 하면, 그들은 매우 극명하게 부각된 우리 제품의 강점을 이성의 눈으로 바라보게 된다. 저울언어를 짓는 방법은 최대한 한쪽끝에서 최대한 반대쪽 끝을 바라보며 마치 자석의 양 극단처럼 간극의 차이를 극명하게 보여주는 극단적인 언어를 만드는 것이다.

2. 상대적 저울에 올리라

내 상품에 비용 들이지 않고도 커보이게 하는 방법은 상대적 저울에 달기만 하면 된다. 지구란 매우 크지만 태양 옆에 두면 33만분의 1밖에 안되는 점처럼 작아 보인다. 반면 달 옆에 두면 질량의 80배로 커 보인다. 물질계에서 절대적이란 쉽게 존재하지 않는다. 따라서 뭐든 상대적 비교로 눕힐 수 있다. 그 어떤 강해 보이는 경쟁 대상도 상대적 비교를 당하면 작아 보이고 미약해 보이게 만들 수 있다.

당신이 떡볶이 사장님이신데 손님에게 퍼 담을 때 "떡볶이 많이 주세요"란 말 안 나오게 하는 방법이 있다. 그릇을 작은 걸 쓰면 된다. 거기에 철철 넘치게 담아 내면 절대 많이 달란 말 안 나온다. 상대적 저울을 사용하는 것이다.

간접적으로 표현의 곡예를 하지 않고 대 놓고 가격하는 직접비교(direct cpmparative)란 경쟁 브랜드를 직접적으로 명시하여 자사의 유리한 부분만을 비교하는 원색적 접근을 말한다.[3] 하지만 정말 경쟁 제품 실명을 거론하며 막가자는 바보는 없다. 역시나 약간의 비틀기가 필요하다. 상당히 위험성이 있지만 지혜롭게만 사용한다면 큰 무기가 된다.

저울언어는 신속함을 무기로 삼는다. 저울에 달아버리는 순간 내쪽으로 즉시 기우는 것을 고객의 눈으로 확인시켜 줄 수 있기 때문이다. 그래서 저울언어는 직관적이다. 고객의 지적 시력은 양분화 된 대상을 볼 때 관성적으로 언제나 묵직한 쪽, 근사한 쪽, 더 나아보이는 쪽으로만 기울기 때문이다.

---

3) 비교 광고 유형이 광고 효과에 미치는 영향: 수용자의 인지욕구 및 제품 유형을 중심으로. 이승은. 중앙대학교 대학원. 2014.

4 통계의 기술 - 통계의 빈틈과 오류로 이성적 확신을 심어주라

● 서론

이 세상 제도에서 수를 빼고 살 수는 없다. 아이들은 글을 배우기 전에 수부터 배운다. 글은 못 읽어도 수는 읽는다. 수는 근거가 확실하고 명확하여 반박할 수 없어 보이며 거짓말을 할 수 없는 신뢰의 대상이다. 숫자는 그 명확함이 주는 실용성 때문에 이성적 도구라 생각하지만 사실은 매우 추상적 개념이다. 보거나 만지거나 느낄 수 없기 때문이다. 예를 들어 사과에는 분명한 빛깔, 감촉, 크기, 모양, 냄새, 맛이 존재하지만 숫자에는 그런 것이 없다. 그럼에도 숫자를 대하는 상대에게는 질서와 비례, 절대적인 것으로 받아들이게 하는 신비함이 있다. 따라서 마케팅에서의 숫자란 추상적이기에 얼마든지 인위적인 가공을 할 수 있다는 장점이 있고 그렇게 탄생된 것을 이성적 무기로 변신시킬 수 있다는 오묘함이 있다.

또한 숫자의 강점은 상대의 머리를 명확하게 하고 속을 시원하게 한다.

숫자는 사고의 기준점이 되며 판단의 중심이 되게 한다. 숫자는 중요한 마케팅 수단이다. 돈과 직결되기 때문이다. 이성적 설득의 기술로 숫자를 사용한 통계언어를 소개한다.

1. 통계의 오류와 착시를 이용하라

그런데 왜 숫자가 아닌 통계일까? 통계란 조작이 가능한 독립 변인을 수없이 갖고 있다는 점에서 그것이 동시에 허점과 강점이 되기 때문이다. 분명 같은 숫자여도 얼마든지 왜곡을 시켜 제시할 수 있기에 분명 설득의 수단이 된다.

예를 들어 사람이 가장 많이 사망하는 위험한 장소를 통계적으로 찾아서 그 결과를 이렇게 발표한다고 하자. '사람이 가장 많이 죽는 곳은 침대이다.' 통계적으로는 맞을지 모른다. 결국 병들어 죽음을 맞는 대부분의 장소가 침대이니까 말이다. 그렇다고 침대에서 보내는 시간이 위험하다는 뜻인가?

통계는 겉으로는 안정적이고 믿음직스럽지만 속으로는 왜곡시킬 수 있는 가장 쉬운 선전 수단이다.

당신이 사업 설명회에 참석했는데 장문정이 프레젠터로 나서서 PT를 한다. 연매출이 300억짜리 B회사가 아니라 5분의 1도 안 되는 30억 짜리 A회사를 홍보한다고 하자. 다음 수치를 보라.

	전년 매출	금년 매출
A회사	30억	60억
B회사	200억	300억

누가 봐도 B회사보다 A회사의 규모가 초라하다. 또 A회사는 전년에 비해 매출이 30억 증가했지만 B회사는 100억이나 증가했다. 하지만 여기에 통계 하나만 더 만들어 붙이면 이야기는 달라진다.

	전년 매출	금년 매출	매출 증가율
A회사	30억	60억	100%
B회사	200억	300억	50%

이렇게 제시하면 A회사는 전년 30억에서 올해 60억으로 100%의 매출 증가율을 보였고 B회사는 전년 200억에서 올해 300억으로 50%의 매출 증가율을 보였으니 A회사는 B회사보다 2배나 되는 증가율로 이겨 버렸다고 선전할 수 있으며 경쟁사보다 2배로 왕성하게 성장하는 회사이니 투자하라고 강권할 수 있다.

또 장문정표 치약을 개발해서 '의사 10명 중 9명이 추천하는 치약'이라고 홍보를 했다 하자. 이 말은 실상 우리 회사가 선물과 샘플을 보내서 호의적이 된 의사들 10명 중 9명이란 말이었지 전국 대부분 의사들은 그 치약을 부정적으로 보고 있을지 모른다.

이처럼 책 표지의 요약 문구만으로 책의 전체 내용을 알 수 없는 것처럼 수치를 비율화하여 표시하는 건 수많은 함정을 낳는다.

통계는 마술과 같다. 이러한 통계의 오류와 착시를 역으로 마케팅에 이용하는 것이다. 예를 들어 0과 100은 시소의 양 끝에 있는 극과 극의 숫자 같지만 둘 다 똑같은 신뢰를 의미할 수 있다.

통계는 이중성을 지녔다. 통계는 신뢰와 오류(또는 착시)를 동시에 지녔다는 점에서 그렇다.

사람들은 통계를 신뢰한다. 가령 내 회사가 부동산 프레젠테이션 입찰 대행을 맡게 되었는데 이렇게 공헌한다고 하자. "이래봬도 제가 9할 승률 프레젠터입니다. 맡은 건 거의 따내고 맙니다." 그러면 의뢰한 고객사는 무진장 나를 믿는다.

하지만 모든 상품군의 사업설명회에서 일어난 비율을 따질 때 승률이 그렇다는 말이고 나머지 1할의 실패는 부동산업에서 발생되었다면 그 회사의 의뢰건은 100% 실패 확률을 갖는다. 하지만 분명 나는 거짓을 이야기하지 않았다.

이러한 오류가 발생하는 이유는 통계라는 것은 각자의 독립된 변수들을 모두 고려할 수 없기에 발생한다.

예를 들자면 한국은 연간 강수량이 1200mm가 넘는 풍부한 강수량을 지닌 나라다. 그런데도 UN이 지정한 물부족 국가다. 이유는? 필요할 때, 필요한 곳에 균일하게 비가 내리지 않기 때문이다. 대부분 여름에 미친 듯 비가 오고 나머지 가을, 겨울, 봄은 아주 가물다. 또한 특정 지역에만 엄청나게 쏟아지니 나머지 지역은 물이 늘 부족하다. 통계를 내세우면 중요 변수들은 사소한 것들로 느껴져 묻혀 버릴 수 있다.

정부에서 쏟아내는 대부분의 통계도 오류를 담고 있다. 통계청은 2018년 기준 집마다 빚이 7천만원 정도 있다고 발표했다. 이 통계를 믿을 수 있나? 나는 빚이 없다. 그러면 당장 옆 집과만 통계를 내면 옆집의 빚은 1억 2천이 되어 버린다. 이런 것이 통계의 오류다.

이처럼 이러한 통계의 오류가 마케팅에서는 오히려 호재로 작용할 수 있다. 수치를 뒤집어서 긍정적 면을 부각시킬 수 있기 때문이다. 예를 들면 동대구역에는 이런 문구가 있다.

'지금 고객님께서는 소나무 8그루를 심으셨습니다.' 왜 그런가 하면 서울 동대구간 이산화탄소 배출량이 열차는 8kg, 승용차는 49kg인데 이는 환산하면 연간 소나무 8그루 흡수 효과이기 때문이다. 그러니 '저탄소 녹색성장을 위한 유일한 대안은 바로 철도입니다.'라고 홍보한다. 역시 엄청난 오류가 있다. 기차가 미친 듯 질주하며 내뿜는 탄소 배출량은 빠져 있고 나아가 거대한 기차를 생산하는데 발생되는 탄소 배출량도 빠져있다. 하지만 오고가는 수많은 철도 승객들 중 이런 계산을 하는 이는 드물테다. 홍보 문구에 현혹되어 환경을 생각해서라도 더 이용을 해야지 라고 다짐할 뿐이다.

이러한 통계착시는 마케팅에 바로 적용이 된다.

이처럼 통계란 오류와 착시를 담고 있는데다 추상성과 상징성까지 담고 있기에 이 수많은 변인들을 잘 조절해서 내게 유리한 방향으로 조정하여 제시한다면 분명 강력한 마케팅 무기가 된다. 통계 언어는 내가 탄생시킨 통계를 적절히 제시해서 상대에게 분명하고도 객관적인 이성적 결정을 내리도록 만드는 강한 기술이다.

⊗ 통계 언어의 장점

- 메시지를 분명하고 명확하게 만든다.
- 메시지에 전문성을 부여한다.
- 메시지를 빠르게 전달시킨다.
- 듣는 이에게 이성적 확신을 준다.

2. 통계언어로 설득하라.

통계언어의 설득 예시로 부동산이 오를 것이다, 내릴 것이다의 2가지 각각의 경우에 적재적소에 통계 수치를 인용해서 설득해 나가는 방식으로 풀어본다.

- '부동산은 오를 것이다'는 통계언어 -

캐나다는 한국보다 땅은 50배가 크고 인구는 3천5백만으로 적다. 그러면 땅 넓고 인구적은 캐나다 집값과 인구 많고 땅 좁은 한국 집값 중 어느 집값이 더 높을까? 어이없게도 캐나다이다. 국가별 평균 주택가격을 보면 주요 국가 중에 한국이 2억8천만원으로 가장 낮다. 캐나다는 평균 주택 가격이 5억에 육박한다. 캐나다 여론조사기관 에코스 연구소 조사 결과 5명 중 2명 꼴로 캐나다에서 주택난이 심각하다고 느끼며 벤쿠버, 토론토, 캘거리 등 3대 도시에서는 저가 아파트 거주민들이 소득의 절반 이상을 주거 비용으로 지출한다. 캐나다 6대 대도시 주택 가격 한 달 새 2.7%올랐을 정도로 캐나다 주요 대도시 집값은 폭등 수준이며 전 계층이 이를 염려한다.4)

캐나다 뿐만 아니라 뉴욕, 센프란시스코, 런던 같은 주요 도시의 주택 가격 안정 정책은 거의 없는 것처럼 오르고 있다.

미국 집값은 2011년보다 50%나 올랐다. 호주 시드니와 멜버른은 지난 1년 사이 12~13% 올랐다. 독일 대도시 아파트값도 지난 7년간 60%올랐다. 집 사기가 어려워 독일은 자가

---

4) 연합뉴스17.07.04

주택 보급률이 53%뿐이다. 나라에서 아예 자가 소유를 권하지도 않는다. 심지어 중국 베이징 집값도 1년간 10% 올랐다. 한국 주택 가격은 2000년대 후반 전고점보다 겨우 5% 올랐다. 더 오를 여지가 많다. 5)

프랑스의 수도 파리를 가보면 에펠탑 말고는 모두 건물이 낮다. 반면 한국의 수도 서울은 아파트숲으로 가득하다. 그러면 당연히 파리와 서울 중 주택수가 어디가 더 많겠나? 서울 같지만 놀랍게도 반대다. 대놓고 비교하자면 인구 천명당 주택수는 파리 605채, 서울은 겨우 355채이다. 도쿄 579채, 뉴욕 412채이다. 외국에 비하면 절대적으로 주택수가 부족하다. 서울은 집을 더 지어야 한다.6)

한국 주택 보급률 102.3%이라지만 서울은 96%로 여전히 부족하다. 서울은 더 지어야 한다.7) 그러니 최근 몇 년간 전세금과 매매가가 동시에 상승한 건 투기 세력이 아니라 공급이 부족했다는 방증이다.8) OECD 평균 주택 보급률이 1000명당 450~650가구 수준인데 한국은 1000명당 330가구밖에 안 된다. 한국은 여전히 집이 부족하다.

한국은 한국 땅의 겨우 십프로 정도 면적(11.8%)에 한국 인구 절반(2547만명)이 다닥다닥 몰려산다. 이마저도 32%는 자연보전권역이라 개발이 제한되어 있다. 겨우 7%땅에 인구 반이 밀집되어 있으니 집값이 앞으로 어떻게 되겠는가? 홍콩 꼴 나는 건 시간 문제다. 홍콩은 방 두 칸짜리 아파트가 40억 한다. 한적한 스웨덴의 수도 스톡홀름도 100m2(약 32평) 아파트 가격이 평균 7억원을 넘는다.

인구가 줄면 집값은 떨어질 거라고 말하는 부동산 전문가는 순진한 거다. 그렇게 따지면 이탈리아는 90년 이후 그냥 총인구도 아닌 제일 중요한 생산가능인구가 줄었을 때 집값은 오히려 올랐다.

일본 집값 폭락을 한국 부동산에 대입하는데 일본은 90년대 호황으로 돈이 남아 돌았던 기업들이 부동산을 대거 샀다가 세계경제가 어려워지고 수출이 줄자 부동산을 일제히 던져 붕괴가 온 거다. 우리는 거의 개인이 부동산을 갖고 있는 구조다.9) 더구나 90년대 일본 부동산 시장은 1991년 최고점 대비 2013년 택지와 상업지가 70%, 86%(오사카 기준) 하락했지만 이만큼 하락폭이 생기려면 그 전에 그만큼 상승폭이 있어야 한다. 한국은 일본만큼 급상승한 적이 없다.

또한 인구가 줄어든다고 하는데 통계청 2016.12.08. 공식 인구 추계 발표에 따르면 2031년까지 한국 인구는 5300만명까지 폭증할 것이라고 못을 박았다. 집이 더 필요해진다. 집값 떨어진다는 이야기는 늘 듣고 살지만 통계적으로 지난 30년간 진짜 집값 떨어진 적은 1991년, 1998년, 2088년 딱 3번 뿐이었다. 그나마 두 번은 외환위기, 금융위기 였는데 집값뿐 아니라 모든 것이 다 떨어졌던 때였다.

서울 강남이 집값을 올리기에 강남에 공급을 충분히 늘리겠다는 발표가 있지만 부동산에서 '공급량 충분'이란 존재할 수 없는 말이다. 강남에 안 살고 싶은 사람이 어디 있나? 강남에 살고 싶은 사람 수요만큼 공급을 해야 한다면 강남 모든 아파트를 수백층으로 올려도 부족할 것이다.

---

5) 조선일보 17.8.25
6) 서울연구원. 2017
7) 통계청 2018.
8) 조선일보 2017.8.11
9) 조선일보 2016.10.14

IMF가 올해 1분기 '글로벌 주택 동향' 집계 결과를 발표했는데 지난 7년동안 각국의 소득 대비 집값(PIR·price-to-income ratio)을 조사했더니 한국은 조사 대상 31국 중 25위에 해당하는 가장 집값이 싼 하위권에 있었다. IMF는 소득 대비 집값이 7년 전과 비교해 오히려 13.4% 싸졌다. '임대료 대비 집값 비율(PRR·price-to-rent ratio)'도 마찬가지였는데 36국 중 25위로 비싸지 않은 하위권에 머물러 있었다.[10]

부동산 시장에 비관론이 팽배해도 집값은 좀처럼 꿈쩍도 않는다. 왜 안 떨어질까? 주택소유현황에 답이 있다.

주택보급률은 이미 100%를 넘었다고 말하지만 주택소유가구가 천만가구(1069만9000가구)인데 중 4집 중 한집(25.5%)은 집을 2채 이상 소유(272만5000가구가 주택 2건 이상 소유)하고 있어서 주택을 소유한 다주택자여서 통계의 착시현상일 뿐이다.[11]

돌려 말하면 두집 중 한집(44%)은 무주택가구라는 말이다. 이러니 841만2000가구(44%)의 무주택 서민들의 평생 꿈은 내 집 마련이기에 계속 집을 사려고 한다. 문제는 집 있는 사람도 더 사려고 한다는 것이다. 그러니 수요가 넘쳐나서 집값은 오르는 것이다. 그렇다고 정부가 선진국처럼 무주택 서민을 위한 임대주택을 많이 짓는 것도 아니다. 국토교통부 통계를 보면 2015년 한국 임대주택(193만가구) 중 10년 이상 장기임대주택은 116만가구로 전체 주택수의 5.6%에 불과하다. OECD평균(8%)에도 훨씬 못 미친다.

주택 가격에 거품이 끼어있는지 판단하는 좋은 방법은 위기가 왔을 때 값이 왕창 내려갈 것이냐로 판단해 보면 답 나온다. 1가구 1주택자는 금리가 오르거나 집값이 떨어진다고 본인 전 재산인 집을 시장에 쉽게 내던지지는 않는다고 봐야 한다. 다른 자산과 달리 주택은 실거주 목적이 반영된 생활필수품이기 때문에 다른 경제적 재화처럼 쉽게 떨어질 성격의 아닌 사회적 재화로 봐야만 한다.

부동산 가격을 인위적으로 떨어뜨리는 건 어려운 일이 아니다. 마법의 방망이 2개, 즉, 금리 인상, 대출 규제를 쓰면 된다. 하지만 부동산을 그런 식으로 손 대면 건설사는 건설 불경기가 와서 주택을 안 짓게되고 주택을 안 지으면 다음 정권 때는 참았던 것만큼 집값은 폭등하게 된다. 강력한 부동산 규제 강화 정책으로 집값을 내리려 한 노무현 정부 첫해에 부동산이 13.36%로 폭등했던 것만 봐도 증명이 된다. 또 하나 정부에서조차 빼먹고 있는 수요가 있는데 국내 생산 활동의 큰 축으로 자리 잡고 계속 유입되고 있는 무려 200만명이나 되는 외국인들의 주택 수요도 한 몫한다. 국토교통부에 따르면 외국인의 토지, 주택 소유는 해마다 미친 듯 급증하고 있다. 만약 이들이 전,월세에서 매매수요로 변신한다면 부동산 시장의 파장은 어마어마할 것이다. 압구정 현대아파트가 1977년 분양할 때 분양가가 평당 55만원이었다. IMF구제금융 이듬해 98년 초 압구정동 현대아파트 48평형이 2억이었다. 너무 올랐다고 더 오를수가 없다고 했다. 그러나 지금 현대아파트 183m2이 45억, 245m2 시세는 67억이다.

서울 5대 병원 진료비의 55%가 지방 거주자가 낸다. 대학도 서울로, 학원도 서울로, 공연도 서울로, 서울에 살지 않지만 서울에서 생활하는 사람이 매일 168만명이나 된다. 여전히 수요는 계속 넘쳐난다.

따라서 부동산은 오를 것이다.

---

10) 조선일보 2017.06.12.
11) 통계청. 2015년 주택소유통계 결과. 2016. 12. 15일 발표.

- '부동산은 내를 것이다'는 통계언어 -

퀴즈 1

한국에 모든 편의점과 모든 건설사는 어느 쪽이 당연히 많을 꺼라 생각하는가? 편의점이라 쉽게 답했지만 놀랍게도 건설사다. 전국 편의점이 4만개[12] 인데 반해 건설사는 5만 7천개다.[13] 난립 그 자체다. 상장된 건설사도 10곳 중 3곳이 적자고 대부분 건설사가 경영부실을 겪고 있다. 그러니 부동산에 얼마나 거품이 많이 끼어 있겠는가?

퀴즈 2

지난 10년 동안 아파트와 당신의 예금 중 당연히 어느 것이 더 올랐을 것 같은가? 놀랍게도 예금이다. 왜냐면 통계 기준을 어디에 적용하느냐에 따라 결과는 매우 달라지기 때문이다. 예를 들면 한국감정원에 따르면 2006년부터 10년간 아파트 평균 가격은 32% 올랐지만 그 기간을 1년마다 예금하고 다시 찾고 다시 입금하는 식으로 해서 한국은행 정기예금 이자율 데이터에 따라 계산한 10년 누적 수익률은 38%나 되고 지난 10년간 코스피 지수도 46%나 올랐다. 예금은 꾸준히 오르기만 했지만 아파트는 폭락을 거듭하며 올랐기에 착시 현상인 것이다.

그렇다면 지난 10년간 콧대 높은 서울 집값과 당신 예금은 누가 이겼을 것 같은가? 역시 당신 예금이다. 역시 통계 기준을 어디에 두느냐에 따라 달라지는데 KB부동산통계를 보면 2008년1월-2018년1월까지 만 10년 동안 서울 주택가격은 15.11%올랐을 뿐이다. 하늘 뚫을 것 같았은 강남구의 주택가격도 이 기간 14.9%올랐을 뿐이다. 이유는 서울 주택가격은 지난 2009년 이후 2014년까지 줄곧 내리기만 하다가 겨우 다시 올랐기 때문이다. 흥미로운 건 이기간 동안 지난 10년간의 물가는 23.5%(한국은행) 올랐으니 서울 집값은 통계적으로는 물가보다도 덜 오른 것이다. 다시 말해 집을 소유하면 물가보다 실질 가격이 떨어져 손해를 본다는 뜻이다.

반면 같은 기간 지난 10년 동안 일산 서구(-5%)나 성남 수정구(-10%), 용인 기흥구(-12%)처럼 집값이 곤두박칠 친 곳도 많다.

물가상승률 감안하면 실질가격이 30%넘게 떨어진 것이다. 그런데도 강남 아파트가 일주일에 1억 올랐다는 자극성 기사가 쏟아지지만 강남, 서초, 송파 3구의 48만 가구 중에서도 일부 재건축에만 해당되는 이야기다.

강남 3구 주택수는 전체 가구의 3%도 안 되며 그 중 일부 오른 재건축은 전체 가구의 정말 0.01%밖에 안 되는 우리같은 일반사람들과는 상관없는 시장이다.

또한 자극성 기사는 통계의 장난이 많다.

예를 들어 강남 대치동을 상징하는 S아파트는 45평이 2014년 국토부 실거래가가 14억이었으나 2017년 19억이다. 그러면 대치S아파트 3년 새 5억 올랐다는 말초적 기사를 쓸 수 있다. 하지만 2006년 이미 22억을 넘어 거래되었다가 폭삭했던 시기가 있다. 그러니 3년 새 5억 올랐다는 말도 맞지만 12년째 제자리라는 말도 맞다.

이제 기사가 기사 방향에 맞게 팩트만 고르면 된다.[14]

12) 37539만개. 2017년. 7월기준 한국편의점산업협회
13) 대한건설협회. 2018.

이런 통계의 장난을 기사화 하는 이유는 신문과 건설사의 밀접한 이해관계 때문이다. 대부분 신문사의 주된 광고주는 건설사다.

그러니 항상 분양성공, 청약경쟁률폭발, 2시간 줄서서 청약 행진이라고 자극성 기사를 쏟아내지만 막상 가보면 미분양이 수두룩하다.

매년 재산세 내고 건강보험료는 오르고 수리비만 들이면서 아파트 갖고 있었더니 은행과 증권에 맡긴 돈만도 못한 배신감만 안겨 준다.

부동산은 지난 30년간 1991년, 1998년, 2008년에 걸쳐 3번이나 끔찍한 폭락과 뒤이어 2,3년간 이어지는 침체기를 겪었다. 십년 중 3년 정도씩 폭락기와 침체기를 겪는 셈이니 부동산 투자 리스크는 30%나 된다.

한국의 절대적인 주택가격 자체는 선진국보다 낮지만 소득 수준 대비해서는 캐나다 벤쿠버나 도쿄보다도 비싸다. 1인당 국내총생산(GDP) 대비 집값을 따져보면 미국 집값은 1인당 GDP 대비 4.8배이지만 한국은 8.8배로 세계 최고 수준이다.[15]

프랑스 파리와 한국 서울 주택수를 비교하는 건 통계의 장난이다. 파리 인구(225만명)는 서울 인구(천만명)의 4분의 1밖에도 안 되지만 면적은 서울의 6분의 1밖에 안되니 수도권 거주 인구가 적어서 주택이 많은 것처럼 보일 뿐이다.

한국 집값은 소득에 비해서 절대적으로 비싸다. 서울 아파트는 1인당 GDP(국내총생산)의 17배로 벤쿠버, 런던, 도쿄, 뉴욕을 추월한다.[16]

한국 가구는 가계빚이 1300조원이다. 이 규모만 봐도 언제 터질지 모르는 뇌관이며 이미 한계에 도달했다는 것을 누가 의심하겠는가? 여기서 살짝 금리 1%만 올라도 이자 부담은 13조원 늘어나서 가계부담에 고통으로 몰아친다. 주택담보대출만 2014년 460조에서 2015년 501조 2016년 540조로 계속 오른다.[17] 버는 돈의 절반 가까이(40%)를 빚으로 갚아야 하는 한계가구가 130만 가구가 넘었고 계속 급증하고 있다. 말 그대로 한계가 온 가구가 엄청난 거다.

또한 집 가진 자들의 평균 연령은 만 53.2세다. 이 나이면 집을 살 나이인가 팔기 시작할 나이인가? 집주인들이 늙고 있다. 시장에 던지면 집값 폭삭하는 건 시간 문제다. 또 집주인들이 2채만 갖고 있으면 말을 안한다. 임대 주택을 가장 많이 소유한 사람 광주 서구에 사는 40대 남성으로 1659채나 된다. 2위 창원시 사는 50대로 700채이고 3위는 광주 남구 사는 50대로 605채이다.[18] 머지않아 집들이 시장에 봇물 터지듯 쏟아져 나올 것이다.

일본은 빈집만 820만채나 된다. 부모가 사망해도 상속받을 사람이 없어 생긴 폐가들이다. 일본은 인구 10년째 감소중이다. 오르려 해도 인구가 주니 집값 상승할 여력이 없다.[19]

한국은 전체 주택(1636만가구) 중 6.5%, 즉 백만채(106만가구)이상이 사람 안 사는 빈집이다.[20] 한국국토정보공사에 따르면 2050년이 되면 빈집이 무려 삼백만채나 된다고 하는데 강원도, 전남은 네 집 중 한집에 사람이 안 살게 된다 한다. 서울은 괜찮을 꺼라 많이들

14) KBS. 김원장. 2018.02.21
15) 경향신문2016.11.29
16) 조선일보 2017.06.12
17) 한국은행 금융시장 동향. 2017.
18) 국토교통부. '광역지자체별 등록 임대사업자'. 2017.8.30.
19) 조선일보17.06.16
20) 통계청. 2015년 인구주택총조사. 2017.01.03. 발표.

말한다. 서울도 5년 뒤(2023년)면 가구절벽이 시작된다. 2022년까지는 377만 가구로 늘지만 2023년부터는 서울 인구도 줄어들 것으로 본다.[21]

다 부동산을 통한 수익을 꿈꾸지만 요즘 부동산으로 돈 벌었다는 사람 어디있나? 중년의 고시라 불리는 40대 이상 중장년층이 대부분인 공인중개사 시험에 해마다 20만명씩 응시하고 연간 15000명씩 자격증을 취득하지만 이미 기존 공인중개 자격 취득 누적숫자는 36만명이나 되며 전국에 개업한 공인중개사 수는 9만개이니 나머지는 장롱자격증인 셈이다.[22]

통계가 증명하듯 한국 집값은 조금만 대내외 경제 쇼크가 와도 흔들리기 일쑤고 악재가 끼면 그 때마다 바닥을 뚫고 지하까지 끝을 모른 채 내려갔다. 외형적으로 멀쩡해 보이는 집 가진 사람들 속은 숯 검둥이다. 우리는 집주인이라 부르지만 그들은 스스로를 하우스 푸어라 부른다. 우리는 주인집이라 부르지만 그들은 내 집의 절반은 은행집이라고 부른다. 빚에 쪼들려 이자폭탄에 눌려 이자노예가 된 집주인들은 넘쳐난다. 집 좀 팔아달라고 중개업소마다 절규가 가득하다.

한국 국민의 60%는 아파트에 사는데 막상 그 아파트는 누구 손으로 짓는지에는 관심없다. 아파트 공사 인력 5명 중 1명은 건설을 해 본적도 없는 미숙한 외국인 노동자로 30만명이나 된다. 이 비숙련 외국인 일용직이 급증하면서 아파트에 하자가 급증하고 민원도 덩달아 급증하고 있다.

이렇게 부실한 아파트들이 차고 넘쳐나는데 그 아파트가 막연히 오를 꺼라고 믿고 싶은가? 한국은 소득대비 집값이 너무 비싸다. 월급은 안 오르지만 집값만 계속 오르는 현상이 언제까지나 가능할 것 같은가?

등산도 오르면 내려가야 하고 새도 오를 만큼 올라 봤으면 내려간다. 모든 것은 오를 때가 있으면 내려갈 때가 있다. 이제 한국 부동산은 롤러코스터처럼 곤두박칠 칠 것이다.

● 맺음말

통계언어는 상대의 논리를 단숨에 입막음시킬 수 있을 정도의 강한 이성의 무기다. 그러니 통계언어를 만들어 보시라. 미국통계학협회(American Statistical Association)에 따르면 우리 주변의 모든 사물과 환경 뿐 아니라 비현실적 대상까지도 통계로 담아낼 수 있다고 한다. 가령 사랑이나 분노의 횟수나 기간까지도 통계로 만들어 버릴 수 있으니 말이다. 그러니 본인 업에서 활용될 수 있는 통계를 찾아 보시라. 통계청을 들어가 보길 추천한다. 세상의 모든 정보가 다 들어 있다. 각 주요 정부 기관과 산하 협회에서도 정보를 얻을 수 있다. 국회도서관에는 누구나 쉽게 접촉해서 전세계 학위논문, 학술지 저명 저술지를 포함한 수많은 자료를 열람할 수 있다.(물론 유료 열람도 있다.) 평소에 그런 자료를 스크랩해 두고 개인 자료철을 만들어 놓는 습관을 들인다면 통계언어를 유능하게 쓸 수 있겠다. 우리는 고객 앞에서 늘 전문가로 보이길 원한다. 또한 깔끔하게 이기고 싶어 한다. 그렇다면 통계언어를 만들어 보시라.

21) 통계청 장래가구 추계 시,도편 발표. 한국경제 2017.08.23.
22) 국토부. 2016.12.

5 당신이 못 파는 이유 – 세일즈 진단하기

바둑 국수들은 대국에서 이겼다고 집에 가서 파티하지 않고 졌다고 술집에서 회포 풀지 않는다. 승패에 상관없이 누구나 집에 가자마자 하는 것이 있는데 바로 복기(復棋)이다. 두 었던 대로 처음부터 한 수 한 수 다시 두면서 자신의 모든 것을 분석하는 것이다. 우리도 먼저 세일즈 복기부터 하는 것이 좋겠다.

마케팅에서는 테어다운(tear down)이란 말이 있다. 자동차 업계에서 쓰는 말인데, 가령 A사에서 신차가 출시되면 경쟁사에서 그 차를 풀옵션으로 산다. 그리고 나서 나사 하나까지 분해하는 작업을 한다. 그러면 그 경쟁차종에 대한 모든 것을 파악할 수 있게 된다. 그처럼 고객보다 나 자신을 먼저 정직하게 분해하는 테어다운을 해서 스스로를 분석해 보자.

파악할 수 없는 것은 개선할 수 없다.
마찬가지로 자신의 문제를 파악하고 조이는 작업이 먼저 필요하다. 세일즈는 첫 습관이 끝까지 간다. 잘못 잡힌 습관은 고쳐야만 한다. 하물며 타다 버릴 고철 자동차도 정기적으로 검사하는데 자신의 세일즈 업을 먼저 검사해 보는 기회가 되었으면 한다.
자신의 상담을 녹취해서 들어보죠? 적극적으로 자신의 장점, 단점을 모두 다 파헤쳐 보고 있나?
왜 체결이 안 될까? 나의 세일즈에 잘못된 부분은 없을까? 스스로 진단부터 하는 것이 좋겠다.

1. 클리쎄

우선 첫째, 클리셰(cliché)가 많아서 그렇다. 클리쎄란 누구나 쓰는 뻔한 말들, 상투적인 말들, 틀에 박힌 말들을 말한다. 복사해서 붙인 것 같은 세일즈 말들을 말한다. 이런 말에 설득당할 고객은 없다.
의례적인 상용어 남발을 하는 것만큼 허공에다 펀치 날리는 짓도 없다. 관행적 표현, 추상적 단어의 나열은 안하는 것만 못하다. 내 입만 아프고 듣는 이 귀만 따가우니까. 마치 이유 없는 자동차 공회전과 다를 바 없다. 사상은 가지가지 다양한데 표현은 매번 똑같은 표현과 상투어를 반복하면 안된다.

클리쎄는 맹한 언어이다. 헬렐레한 언어다.
변상증(파레이돌리아)이란 말이 있다. 낯선 곳에서 익숙한 물체를 보는 듯한 느낌을 갖는 현상을 말한다.

가령 화성 사진에서 외계인 모습이 보인다거나 달에서 토끼 모습이 나오는 것을 말한다.
이처럼 변상증은 무언가와 닮았다고 연상이 되는 현상을 말한다.
당신도 난생 처음 가본 길인데 예전에 와 본 듯한 익숙한 느낌을 받은 적이 있을 것이다.

당신의 언어가 변상증이란 병에 걸렸을 수 있다. 분명 상대는 당신을 처음 봤지만 당신이 쓰는 말은 이미 상대에겐 너무나 익숙하다면 이 병에 제대로 걸린 것이다. 이러니 못 파는 것이다.

세상에 뻔한 세일즈 문구가 정원의 마름병처럼 퍼져 나가서 메마르고 있다. 두뇌가 의지를 가지고 일하지 않으면 이런 누구나 쓰는 문구를 만들게 된다.

우리 선조들은 상투채 잡히는 걸 가장 치욕으로 여겼다. 언어에도 상투 머리가 있다. 언어 상투이다..

진부한 말, 뻔한 말, 이미 남들이 다 쓰고 있는 말, 들으면 하품만 나오는 말, 식상한 말, 이런 상투어(클리쎄; Cliche) 말이다. 상투채를 쥐어 잡듯 언어 상투채를 꽉 잡고 싹뚝 잘라 버려라.

닝닝한 언어, 시시한 언어, 뻔함을 씻어내자. 예측 가능하지 않은 말(unpredictable words)을 만들자.

Part
05

2. 스테레오타입

우리의 세일즈를 실패하게 만드는 또 다른 요인으로 관념의 지배속에 사로잡혀 관성적으로 나오는 스테레오타입(stereotype) 언어가 있다.

스테레오타입(stereotype)이란 어떤 대상이나 집단에 대해 대부분의 사람들이 공통으로 가지고 있는 고정된 사고, 즉 편견에 사로잡힌 고정관념을 말한다. 나도 모르게 그 고정관념에 사로잡혀서 상대방에게 말을 하게 된다는 것이다.

조심하지 않으면 대화속에서 우리는 늘 스테레오타입을 남발한다.

어릴 때 피아노 배웠다고 하면 "체르니 몇 번까지 쳤어요?" 가 먼저 나오게 된다.

고향이 부산이에요 라고 하면 "회 많이 드시겠네요." 홍대살아요 하면 "클럽 많이 가봤네요."라고 합니다. 대학로 살아요 하면 "연극 많이 보시겠네요" 합니다. 제주도 살아요 하면 "현지인이 가는 맛집은 어디에요?"가 나론다.

툭 치면 툭 나오듯 그 얘기를 늘 듣고 사는 상대방은 얼마나 짜증이 나겠는가?

고객이 늘 쉽게 듣고 살던 얘기를 우리에게서도 또 듣는다면 반감만 생기게 된다.

3. 뭉툭어(語)

세일즈가 안 먹히는 또 하나의 요인은 뭉툭어이다. 뭉툭한 언어 말이다. 연필도 뭉툭하면 계속 글을 써내려 나갈 수 없듯, 우리 메시지도 뭉툭하면 논리를 계속 전개해 나갈 수 없다.

세일즈는 익숙함을 쫓지 않는다. 익숙함 이상을 넘어야 한다. 그러기에 보통 이상의 자극을 줘야 들린다.

영업하면서 엄청난 뭉툭어들을 주고 받지 않을까? 고객들에게 문자나 톡 많이 보내는지? 혹시 설마 당신도 고객들에게 이런 문자나 톡은 안 보내겠지?

월요일이면 "힘찬 한주 되세요."

주말이면 "행복한 주말 되세요."

오전이면 "행복한 하루 되세요."

퇴근할 때면 "즐거운 퇴근길 되세요." 이런 뭉툭한 문자 안 보내죠? 설마 그렇다고 믿고 싶지 않다.

쓰지 마. 쓰나 마나이다. 글 낭비이다. 아니 오히려 문자 공해일 뿐이다.

단체 공지문자나 생일문자 같은 기계 문자에 기뻐할 이는 없다. 고객에게 보내는 문자, DM, 메일에는 당연히 그의 이름이 자주 언급되어야 하고 그와 함께 나눴던 대화 내용, 그의 관심사, 그의 염려거리에 대한 안부가 여전히 재인식하고 있음을 보여줘야 한다.

진부한 말, 뻔한 말, 이미 남들이 다 쓰고 있는 말, 들으면 하품만 나는 말. 제거해야 한다. 이러니 안 팔리는 것이다.

'~같은 거' 라는 말투는 불확실해 보이고 불안정해 보인다. 또렷하게 대상을 지목해서 말하는 습관을 들여야 한다. "~같은 건 없습니다.(There's no such thing as~)" 이것, 저것, 바로 그것이 맞다.

미심쩍은 표현이나 뜨뜻미지근한 일명 니마또내마또 아닌 표현은 아웃이다. 고객이 '이거 되요?' 라고 물으면 '되긴 되죠.', '가능하긴 하죠.' 같은 미심쩍은 표현도 아웃이다. 이 말은 정확히 들으면 된다는 건데 얼핏 들으면 이게 된다는 말인지 안 된다는 말인지 되긴 되는데 뭔가 안되는 게 섞여 있다는 말인지 애매하다. 이왕 된다면 '확실히 됩니다'라고 해 주는게 시원하다.

'..인 것 같다.', '..라는 거 같다.', '..였던 거 같다.', '..라고 알려져 있다.' 이런 불안한 표현도 빼라.

이런 것들만 걷어내도 설득 메시지는 당장 날카로워진다.

4. 언어 자폭

잘못된 세일즈로 짚고 넘어갈 다음은 언어 자폭이다. 내가 업계에서 처음 사용해서 많이 재인용되는 말이다.

언어자폭이란 자신의 결점, 약점, 치부를 스스로 알아서 드러내는 자살골 같은 자폭성 멘트를 날리는 경우를 말한다. 운동경기를 하며 자살골을 넣는 경우는 드물다. 반대로 언어적으로 자살골을 날리는 경우는 매일 듣고 본다.

미국의 미디어 전략가 프랭크 런츠(Frank Luntz)는 부정적 어감과 약점을 밝히는 말실수를 '언어적 자살'이라고 부른다.

내가 EBS 최종면접이라는 프로그램에 멘토로 출연한 적이 있다.

그 프로그램에서 면접관이 지원자에게 "본인 단점이 뭐에요?" 그랬더니 "주사가 좀 있습니다." 이러는 것이다.

"구체적으로 어떤데요?" 이랬더니 "술을 먹으면 개가 됩니다." 이런다. 백프로 탈락이죠. 이런 게 언어자폭이다.

한 창업설명회 강사가 창업 희망자들을 모아놓고 시작부터 언어자폭을 던지더라. "창업은 정말 정말 어렵다 못해 성공하기가 바늘 구멍 같습니다. 그러나..." 그 뒤부터는 안 들렸다. 이미 결론 났는데 뭐.

난 이런 말을 안 한 것만 못하다는 뜻에서 '갓 뿌린 격한 향수'에 비한다. 좋자고 한 말인데 결과는 안하느니만 못한 말들이다.

정말 콕 집고 넘어가고 싶은 언어자폭이 있다. "비록 .. 지만"의 형태이다.
"제가 비록 잘은 모르지만..
제가 아는 건 별로 없지만..
제가 공인중개사 자격증 딴지 얼마 안되서 잘은 모르지만..
제가 이 업을 시작한지 얼마 안 돼서 저도 배우고 공부하는 입장이지만..
제가 이번에 개업해서 잘은 모르지만."
이런 말투는 하나같이 아웃이다. 이건 겸손함이 아니라 미련함이다. 상대에게 불안감만 어필하는 짓이기 때문이다.

6 오프닝으로 승부보는 입떼기 기술

천초일각천금이란 말이 있다. 찰나의 순간도 금 같은 시간이란 얘기다.
물고기 잡을 때만 떡밥이 필요한 게 아니다. 사람을 낚을 때에도 떡밥 언어가 필요하다. 떡밥 언어만 잘 만들어 놔도 고객이 문다.
서열 위치 효과(serial position effect)라는 심리용어가 있다. 고객과 길게 상담을 나누었을 때 중간에 위치한 단어들보다 첫 부분과 끝 부분에 위치한 단어들만 더 잘 기억하게 되는 현상을 말한다. 결국 서론과 결론이 제일 중요하다는 말이다.
그 중에서도 오프닝이 중요하다.
왜냐면 "점화 효과 (Priming effect (點火效果))" 앞서 접한 정보가 다음에 접하는 정보의 해석 · 이해에 영향을 주는 심리 현상이다.
따라서 언어로도 자극을 주는 떡밥 같은 입떼기 한 문장을 먼저 던지고 시작하는 것이다. 그리고 '무나 안 무나' 보는 것이다. 먼저 "지적 호기심을 자극하는 입떼기 한마디 또는 한문장"을 던지는거다.

훌륭한 궁수는 많은 화살을 남발하지 않는다. 단 한발로 목표물을 맞춘다.
쏟아지는 정보에 고객은 소화불량 상태이다. 그런 현대 시대에 천일야화는 틀렸다. 한오백년 긴 얘기 듣고 있을 이 없고 듣고 있을 시간 없다.
금 채취할 때 선광접시라는 게 있다. 무가치한 돌을 골라내는 접시다. 언어도 돌을 골라내듯 체에 걸러 알토란 같은 말만 먹여야 한다. 말에도 분명 찌꺼기가 있다. 말은 많을수록 지저분해진다. 현대 고객은 요약본을 원한다.
문장의 호흡이 긴 만연체, 주어와 목적어가 불분명한 비완성체, 한번 꼬아놓은 말투, 한번 걸러서 생각하게 하는 말투, 듣고 나서 한참을 생각해야 이해하게 되는 말투 등은 아웃이다.

'아니하지 않다'식의 말투가 대표적이다.

예를 들면 적지 않다와 많다는 자구(字句)상으로는 같은 말이지만 후자가 빨리 들린다는 면에서 전자는 틀렸다.

적지 않다(X) 많다(O)
짧지 않다(X) 길다(O)
틀리지 않았다(X) 맞다(O)

위의 말들은 모두 후자가 낫다. 오늘날 메시지는 직접적이어야 한다. 영업 현장에선 말하는 대로 바로 바로 들려야 진리다. 신속하게 들려야 한다. 조금이라도 고민하거나 한번 더 생각하게 만들어서는 안 된다. 보이는 대로 받아들이는 대로 느끼는 대로 바로바로 뇌까지 메시지가 올라가 박혀버려야 한다. 요약 압축된 한마디 말로 고객을 사로잡아 보시길 바란다.

7 품위있게 비난하는 매도의 기술

네거티브 전략은 나에게 초점을 맞추지 않고 내 경쟁상대를 비난의 희생물로 바쳐서 나를 살리는 방법이다.

우리 회사, 우리 서비스를 선택하게 하기 위해 우리 상품의 장점을 열심히 어필하는 것도 방법이지만 반대로 남의 것이 나쁘다고 폄하해서 우리 것을 높이는 것도 방법이다. 소위 '내 꺼 좋아요' 보다 '남의 꺼 나빠요'가 더 힘이 있다. 고객들은 '내꺼 좋아요'는 안 믿어도 '남의 꺼 나빠요'는 자극을 받는다. 더욱이 그 자극은 꽤 지속력이 있다. "어머 세상에.. 저희 껀 가입 안해도 괜찮지만 쟤 껀 절대 하지 마세요. 그런 상품은 큰일나요." 이러면 시간이 지나 설령 그 이유는 까먹을지라도 그 대상은 회피하고 싶어 한다. 비난은 마치 깨끗한 하얀 벽에 던진 진흙과도 같다. 진흙 덩어리가 벽에서 떨어져 나가도 그 자국은 언제까지나 남아 있다.

이 매도의 기술은 저울의 기술에서 파생된 방법이다.

저울의 기술은 양손을 들고 한쪽에는 우리 것, 반대쪽에는 남의 것을 올린 후 한쪽을 누르면 반대쪽이 올라가는 부정적 비교이다. 시소의 원리와 같다. 게다가 한없이 쉽다. 많은 기능과 요소를 담고 있는 상품을 다각적으로 바라보게 할 필요도 없이 복잡한 대상을 이분법으로 간결하게 구분지어 놓고 내 것과 남 것을 양쪽에 각각 올려놓기만 하면 된다.

저울이란 양쪽 대상을 객관적으로 비교하게 하는 이성의 도구이다. 이건 늘 이기는 싸움이다. 양팔 저울에 두 대상을 각각 올릴 때는 나의 장점과 남의 단점을 비교하기 때문이다. 참으로 객관적이지 않은 이 방법을 고객은 객관적으로 받아들이게 된다.

그러니까 우리는 반대쪽에 늘 강하게 매도할 희생양만 찾으면 된다.

비난을 아무리 퍼부어도 아무 문제가 없고, 공격당하지 않으면서도 충분히 비난할 수 있는 좋은 방법이 있다. 바로 '일반화 작업'을 하는 것이다.

특정 기업, 표적 상품을 겨냥하지 말고, 소비자 인식속에 깊이 자리잡고 있는 매우 일반적인 상품이거나 심지어 기업의 상품이 아닌 일반화된 자원, 상황, 환경, 심지어 일반명사화된 개념 같은 일차원적 대상을 올려놓고 전체를 매도를 하는 방법이다.

쉽게 풀자면 특정 회사를 콕 찍어 공격하기보다는 우리 외의 모든 경쟁자를 한 묶음으로 일반화시켜 매도하는 것이다. 업계의 제품은 일반적으로 이 정도 한계 또는 문제가 있는데 우리만 다르다고 나머지 전체를 하등 취급하는 것이다.

이러면 오히려 메시지는 더 강력해지면서 특정 경쟁사를 겨냥하지 않았으니까 상대적으로 안전하다.

비난의 대상을 일반화시킬 때 강점은 특정 경쟁 제품에게 맞공격당할 위험이 적다는 것이다.

또 적을 하나로 두고 공격하는 것보다 전체를 디스하기에 내꺼 빼고는 다 나쁜 거라는 말이 되니 내 상품의 존재감을 다른 모든 것보다 더 높일 수 있고 메시지가 더 강해진다. 모두를 내 발아래에 놓기 때문이다. 모두 까기가 가장 강하다.

비방 세일즈가 되지 않도록 조심해야 한다. 싱가포르 통신기업 싱텔(SingTel)은 타사 비방을 하지 않는다는 원칙을 갖고 있다. 닭싸움할 때 최고의 닭은 목계(나무로 만든 닭)라 한다. 상대의 도발에도 쉽게 동요하지 않고 평정을 유지하는 상태를 말한다. 하지만 시대가 변했다. 너 아니면 나라는 생존의 원색적 문제에 부딪히다 보니 그렇다. 이 세상에 경쟁 상대가 없는 유일무이한 나홀로 제품은 없다. 그래서 소비자의 선택은 결국 내 꺼 아니면 남 꺼다. 기업은 생존하기 위해 끊임없이 적자생존의 룰에 따라 타 기업을 비난하고 있다.

8 한마디로 제압하는 단언의 기술

자고로 서론생략시대다. 주제로 바로 치고 들어가야 한다(Get to the point).

상담 현장에서도 대화 중에 침묵이 흐르는 마가 뜨는 일이 있다. 가령 상대가 곤란한 질문을 던졌을 때 바로 직답하지 못하고 "어.."이러면 상대는 우리를 의심스러워하고 뭔가 감추고 있다는 인상을 받는다.

기다려 주지 않는 시대가 됐다. 그러므로 세일즈는 고객의 머리를 먼저 선점해 버리는 단언의 기술을 적용해야 한다. 맥락효과(Context Effect)라는 말이 있다. 제일 처음 들어온 정보가 나중에 들어오는 정보의 처리 지침이 되고 자리를 잡아 맥락을 결정짓는다는 심리다. 가령 장문정에 대한 첫인상이 좋았다면 나중에 나쁜 얘기를 듣게 되어도 그 사람이 그럴리는 없어 라고 부인하게 된다. 처음 정보가 머릿속에 이미 깊게 자리잡아서 그 이후에 들어오는 정보까지 처음 기준을 중심으로 영향을 주게 된다는 말이다. 장문정에 대한 첫인상이 나빴다면 그 이후 나쁜 얘기를 들어도 그럴 줄 알았어 라고 생각하게 되는 거다. 제일 처음 들어온 정보가 이미 특정 기준이 되어 버려서 그렇다.

주의감소현상(Attention Decrement Phenomenon)이란 말도 있다. 처음 들어온 정보가 제일 강하고 그 뒤이어 들어오는 정보에는 점차 주의를 기울이는 정도가 줄어드는 현상을 말한다.

중요성절감현상(Discounting Phenomenon)이란 말도 있다. 맨 처음 들어오는 정보가 가장 중요하게 인식되고 뒤이어 나중 들어오는 정보일수록 점차 가볍게 취급하게 되는 현상을 말한다. 이러한 심리를 종합해보면 우리는 단언을 해야 한다는 결론에 귀결된다. 단언하건데 단언하시라.

9 가격 저항력을 없애는 쩐의 기술

상담 클로징에서 실패하는 가장 많은 경우가 돈 얘기할 때다. 따라서 그 위기의 순간을 지혜롭게 극복하는 쩐의 기술'을 소개한다. 교환가치기술과 사용가치기술 2개를 소개한다.

1. 돈의 금액을 다른 대체품의 금액으로 평가 절하

첫째, 돈의 가치를 다른 대체품으로 평가 절하하는 기술. 일명 "교환가치기술"이라고 부릅니다.

말 어렵고 쉽게 이렇게 기억하시죠. 한 손엔 내 상품의 가격을 올리고 다른 손엔 그 가격대와 품목군이 비슷한 다른 상품을 올리되 쓸데없고 불필요한 상품을 희생양으로 올린다. 그리고 그 상품을 매도하면 내 상품의 가치가 상대적으로 올라간다. 더 쉽게 말해서 다른 쓸데없는데 돈 쓸 것을 우리 가입비로 한번만 돌리라는 것이다. 그러면 새로운 돈을 쓰는 게 아니라 어차피 쓸데없는데 쓸 돈을 우리 것으로 돌렸으니 돈 쓰지 않고 가입할 수 있다는 식이 된다.

여기에서 희생양의 대상은 인식상 가장 대표되는 걸 기준으로 놓고 보면 된다.

2. 돈의 금액을 다른 대체품의 금액으로 평가 상승.

두 번째, 돈의 금액을 다른 대체품의 금액으로 평가 상승시키는 것이다. 일명 사용가치기술이라고 부른다. 이 돈을 써서 얻어지는 가치가 이 돈보다 크다는 걸 어필하는 것이다.

자신이 가지고 있는 소중한 것을 그보다 덜 소중한 것과 바꿀까? 절대 아니다. 더 값진 것이어야만 바꾸게 되고, 상거래가 이뤄진다.

내 돈은 나에게 너무나 소중한 거지만 그보다 더 소중한 것이 있다면 경제 논리에 따라 바꾸게 된다.

따라서 고객 지갑의 돈보다 그 물건이 더 값지다는 것을 어필하기만 하면 고객의 돈을 뺏을 수 있다.

가령 좋아하는 가수의 CD를 만원에 샀는데 카페를 운영하면서 그 음악을 틀어줬더니, 고객들이 와서 매상을 백만원 올려줬다면 이 CD의 가격은 만원이 아니라 백만원이 된다. 이게 사용가치기술이다.

내 책이 한권에 16000원이라고 하자. 책을 사라고 세일즈를 해보자.

"강남에서 유명하다는 팥빙수 가게를 갔더니 한 그릇에 딱 16000원이더군요. 얼음, 우유, 고명이 전부였습니다. 그나마 먹고 배탈 날 수 있습니다. 그 팥빙수 한번만 안 먹고 대신 제 책을 선택하신다면 지적 자산을 영원히 소장하실 수 있습니다." 이러면 교환가치기술이 되고, "제 책으로 사업에 도움을 받아서 매출이 1억6천이 나왔다면 제 책값은 16000원이 아니라 100배 이상 가치를 사시는 겁니다." 이러면 사용가치기술이다.

10 당연함이 이기는 상식의 기술 (+예시의 기술)

이 세상에 반박의 여지가 없는 논리(Irrefutable Logic)가 있을까? 있다! 당연한 상식의 논리가 그렇다. 누가 봐도 당연한 말은 반박의 여지가 있을 수가 없다.

행동도 상식에서 벗어나면 누가 봐도 이상해지듯 말도 상식에서 벗어나면 이상해진다. 반대로 상식선에서만 얘기하면 누구라도 부정 못한다.

상식을 벗어나면 억지부리는 것이란 걸 당사자와 상대방 모두가 느끼게 되니 머쓱해서라도 거절을 못한다.

화려한 수식어도, 탁월한 기교도 필요 없다. 오히려 심심할 정도로 양념을 뺀 날 것으로 논리의 닻을 당연함에 맞추어 누가 들어도 그저 고개가 끄덕여지는 상식선에서 풀어 나가는 것이다.

1. 상식의 기술 개념

상식의 틀에서만 말하라

2. 상식의 기술 방법

◦ 1단계: 강력한 상식의 명제를 초두에 던져라
◦ 2단계: 그 명제의 틀 아래 논리를 펴라

11 예시의 기술 – 적합한 비유와 예시를 들라

사례를 들어야 하는 열 가지 이유

1. 예는 사람을 설득하는 가장 강력한 도구다(Illustrations and examples are the most powerful persuading devices).
2. 예는 듣는 이의 머릿속에 깊이 남아 오랫동안 기억하게 한다(They are an effective memory aid).
3. 예는 듣는 이의 감정을 불러일으키고 감동을 준다(They stir up emotions and thus may reach the hearts).

4. 예는 놀랄 만큼 효과적으로 사람의 주의를 끌고 붙잡아둔다(They often command and hold attention with remarkable effectiveness).

5. 예는 듣는 이의 머릿속에 생생한 영상을 만든다(They can paint vivid mental images).

6. 예는 굳이 설명하거나 증명하지 않아도 저절로 알게 할 만큼 명백하다(When they are chosen carefully, much of their meaning is self-evident).

7. 예는 지적인 호소력이 있고 심금을 울린다(Well-chosen illustrations and examples couple intellectual appeal with emotional impact).

8. 예는 듣는 이의 사고력을 자극한다(They stimulate the thinking faculties).

9. 예는 작은 것을 사용해 큰 것을 설명한다(They make use of little things to explain big things).

10. 예는 쉬운 것을 사용해 어려운 것을 알기 쉽게 한다(They help easy things to make hard things plain).

12 미래를 그려주는 연상의 기술

고객은 확증편향에 따라 현실보다 믿음을 쫓는다. 고객은 인지부조화에 따라 자기가 보고 싶은 것만 보고 자기가 듣고 싶은 말만 건진다. 지극히 인지적 편향성을 가지고 우리를 대한다.

1. 연상의 기술 개념

답은 당신안에 있다

2. 연상의 기술 방법

○ 1단계 : 결론(sweet spot)까지 통계언어를 사용하여 점진적으로 연상시켜 나가라
○ 2단계: 내가 연상시킨 틀 안에서 폐쇄형 질문을 던져서 고객 스스로 결론을 답하게 하라

흔히 범하는 오류가 세일즈하는 쪽에서 결론을 단정지어 버리는 경향이 많다는 것이다. "사셔야 합니다."라고 서술형으로 결론짓는 식이다. 하지만 상대는 전혀 나의 방향만큼 설득되지도 않은 상태에서 나 혼자만 결론 내는 것은 실패이다. 상대는 감화되지도 않았는데 나 혼자 신난 거다. 고객 지갑을 억지로 열수 없듯 고객 스스로 내적 동기가 심어져야 구매 욕구가 발동되기 때문에 내 결론은 고객이 내도록 해야 한다.

그러기 위해서는 다음의 두 단계를 밟아야 한다.

내 주장의 결론을 관철시키자면 과정이 필요하다. 그것이 연상과정이다. 내가 목표로 하는 결론까지 계속 연상시켜 나가야 한다. 계단도 목표까지 한 계단씩 밟고 올라가듯 상대의 머릿속을 서서히 점령해 들어가야 한다. 그리고 마무리 단계엔 그 결론을 내가 아닌 상대에게 질문으로 던져서 상대가 답하게 해야 한다.

우리는 모든 것을 끝까지 다 설명하려 해서는 안 된다. 충분할만큼 설득을 해 나갔다면 나머지 결론만큼은 남겨둬야 하고 그것은 고객 스스로 결론짓게 해야 한다.

내가 결론을 내는 것이 아니라 상대가 내게 해야 한다. 충분히 연상시켜 나가고 동의를 구하기만 하면 된다. 상대가 그럴수도 있겠네 라거나 적당히 끄떡끄덕하기만 해도 설득의 8부 능선은 오른 것이다.

결론까지 내가 내 버리면 아쉬움이 없어진다.

아쉬움은 씨앗과 같다. 심어지면 자란다. 알아서 서서히 자라 꽃을 피운다.

인간에겐 자유의지(free will)가 있다. 선택할 수도 선택안 할 수도 있는 자유는 전적으로 상대에게 있다. 강요할 수 없는 세일즈에서 우리가 할 수 있는 건 고객이 선택하도록 유도해 나가는 역할이다.

내 주장만 편다는 것은 고객과 동등하게 마주보는 대결 구도로 가겠다는 말이고 그렇게는 평행선이 끝없이 이어질 뿐이다.

우리의 결론과 고객의 결론을 합치시켜 나가서, 종국엔 고객과 분명히 만나야 하는 소실점이 있어야 한다.

그래서 나의 결론쪽으로 고객의 사상을 한땀 한땀 끌어오듯 연상을 시켜 나가야 한다. 그리고 마지막엔 내 결론이지만 고객이 대신 내 결론을 내도록 유도하면 연상의 기술을 구사하는 것이다.

13 권하지 않고 깨닫게 하는 자각의 기술

자각의 기술은 고객 삶에 문제를 일부러 만들어서 우리 상품이 필요하다고 믿게 만드는 기술이다.

재미난 실험이 했다. 현대해상 400명에게 멀쩡한 사람의 사진을 보여주고 "이 사람 머리가 가발일까요? 가발이 아닐까요?"라고 질문을 했더니 무려 70%가 가발일 것 같다고 답해 버렸다. 멀쩡한 머리를 대머리로 만들어 버리는 건 일도 아니었다. 의심의 씨앗을 심어주기만 하면 된다. 이처럼 고객 삶의 문제와 불편함을 깨닫게 해서 의심과 이슈를 만들어 버리는 것이 자각의 기술이다. 더 쉽게 말하자면 없는 문제도 만드는 것이 자각(自覺)의 기술이다.

1. 자각의 기술 개념

권하지 마라. 깨닫게 하라.

2. 자각의 기술 2단계

1. 고객 삶의 문제를 자각(부각, 인식)시켜라
2. 그 문제의 대안으로 우리 상품을 제안하라

여기서 중요한 건 2단계보다 1단계로 고객 자신의 삶을 돌아보게 하고 문제점을 들쳐내는 것이 제일 중요하다.

이처럼 자각은 따끔하게 침을 놓는 행위다.

고객이 자기 삶에 아무런 문제가 없으면 우리 상품을 가입할 이유가 없죠. 자각의 기술에서의 요지는 대안과 해답보다 고객 삶의 문제를 깨닫게 하는데 더 중점을 둬야 한다. 자각의 기술은 마치 한의원에서 몸에 침을 놓는 행위와 유사하다. 침을 놓으면 아프다. 하지만 아파야 혈이 확 풀린다. 고객에게는 끊임없이 '삶에서의 문제'라는 이름의 침을 따끔하게 놔야 한다. 침을 맞아야 몸이 풀리듯 문제를 찔러야 내 상품이 대안이 된다는 세일즈의 경락 혈이 풀어지는 거다.

마케팅에서 대조효과(contrast effect)라는 말이 있다. 고객앞에 두 가지 상황, 사물, 사건을 차례로 제시하되 그 격차를 크게 만들어서 제시하면 고객은 그 차이의 인식을 매우 크게 느끼게 된다는 것이다. 가령 소개팅을 나가는데 1차 미팅때 못 생긴 상대가 나왔다면 2차 미팅 때 적당한 상대가 나와도 그 이전의 상대와의 격차 때문에 보통 이상으로 괜찮다고 인식하게 되는 현상을 말한다. 그러니 자각의 기술에서도 우리의 상품을 제시하기 전에 우리의 상품을 안 썼을 때의 불편한 상황을 크게 만들어 주고 그 다음 우리 상품을 제시하면 우리 상품을 사용할 때의 편리함, 이득, 가치가 더 크게 부각된다는 말이다. 자각의 기술은 이러한 대조효과를 이용했다고 보면 된다. 고객의 심리적 방어기제를 무너뜨리고 마음의 변화를 주려면 고객의 자발적인 구매 의지가 발화되어야 한다. 그러기 위해서는 불편함과 문제를 자각시켜 줘서 스스로 움직이도록 유도시켜야 한다.

MEMO

저자   안진희

저자 약력

한국공인중개사협회 전임교수
골든리얼티 부동산연구소 소장
에듀앤컬처사회적협동조합 부동산재테크과정 교수
2024년 한국자산관리공사선정 공매전문가
차세대온비드사이트 개편사업 용역수행
공인중개사

서론

AI와 함께 달라진 부동산 마케팅

2024년, 대한민국의 가장 뜨거운 이슈는 AI였습니다.
뉴스를 켜면 AI가, 기업 전략 회의에서는 AI 활용 방안이, 심지어 일상적인 대화에서도 AI라는 단어가 빠지지 않을 정도로 AI는 우리의 삶 곳곳에 스며들었습니다. 제조업에서부터 의료, 교육, 그리고 부동산까지, AI는 모든 산업의 필수 요소로 자리 잡으며 새로운 시대를 열어가고 있습니다.

특히 부동산 시장에서도 AI는 엄청난 변화를 만들어내고 있습니다. 더 이상 부동산 거래는 단순한 "매물 소개"에서 끝나지 않습니다. 고객은 데이터를 원합니다. 어떤 지역이 투자 가치가 높은지, 공실률은 얼마나 되는지, 주변 상권과 교통은 어떤지 등을 정확히 알려주는 데이터를 요구합니다. 그리고 이 데이터를 가장 빠르고 정확하게 분석하고 활용할 수 있는 도구가 바로 AI입니다.

AI가 부동산 중개와 마케팅을 어떻게 바꿨을까요?

AI는 매매 및 임대 트렌드를 분석하여 고객에게 가장 적합한 매물을 실시간으로 추천합니다.
AI는 대규모 데이터를 바탕으로 투자 리스크를 최소화하고, 시장 흐름을 예측합니다.
AI는 공인중개사가 시간과 비용을 절약하면서도 더 신뢰받는 전문가로 자리 잡을 수 있도록 돕습니다.

그렇다면, AI를 활용하지 못하는 중개사의 미래는 어떨까요?

단순한 감각과 경험만으로 시장을 파악하던 시대는 이미 끝났습니다.
AI를 활용하지 않는다면, 기술을 이해하고 데이터를 분석할 줄 아는 경쟁자들에게 밀릴 수밖에 없습니다. 반면, AI를 능숙히 활용한다면 중개사는 더 많은 고객의 신뢰를 얻고, 경쟁에서 앞서 나가며, 시장의 흐름을 주도할 수 있습니다.
본 과정에서는 AI를 활용해 부동산 마케팅을 혁신할 수 있는 방법을 쉽고 친근하게 알려드리겠습니다.

2024년은 AI로 혁신이 일어난 해였고, 2025년은 이를 실무에 적용하는 해가 될 것입니다. 지금이 바로 AI와 함께 새로운 가능성을 열어가야 할 때입니다.
여러분들도 AI를 활용해 더 스마트하고 경쟁력 있는 공인중개사로 성장할 수 있습니다.

Part

06

AI부동산마케팅

부동산중개업 마케팅의 변화

1 전통적인 마케팅 방식

과거 부동산 중개업은 주로 텍스트 기반의 광고와 직접 대면 상담에 의존했습니다. 신문 광고, 지역 소식지, 전단지 등을 활용해 매물 정보를 제공하는 것이 일반적이었습니다. 예를 들어, 강남구 아파트 매물을 신문 한 면에 실어 단순히 매물 정보와 연락처를 기재하는 방식이었습니다. 이러한 방법은 물리적 제한이 있어 정보를 충분히 제공하기 어려웠고, 고객의 주목을 끌기에는 시각적인 매력이 부족했습니다.

당시 성공 요인은 입지가 좋은 곳에 사무실을 운영하거나 전단지 배포와 같은 물리적 홍보 활동이었습니다.

그러나 제한된 정보 제공, 매물의 시각적 매력 부족으로 인한 고객 유입의 어려움이 있었습니다. 이러한 한계로 인해 많은 고객이 매물을 직접 방문하기 전에는 충분한 정보를 얻기 어려웠고, 이는 구매 결정에 있어 상당한 시간과 노력이 필요하게 만들었습니다.

또한, 당시의 마케팅 방식은 대부분 매물의 기본 정보만을 전달했기 때문에, 고객이 매물의 구체적인 장점이나 생활 환경을 이해하는 데 어려움이 있었습니다. 예를 들어, 매물 주변의 교통 편의성이나 교육 시설과 같은 중요한 요소들이 충분히 전달되지 않아 고객의 관심을 끌기에 부족했습니다. 이에 따라 부동산 중개업자들은 고객과의 신뢰를 쌓기 위해 대면 상담에 크게 의존해야 했습니다.

2 디지털 전환의 초기 단계

2000년대 초반, 인터넷의 대중화로 부동산 중개업은 디지털 전환을 시작했습니다. 네이버 부동산이나 직방과 같은 플랫폼을 통해 매물을 광고하며, 온라인 상에서 더 많은 잠재 고객에게 접근할 수 있는 기회가 열렸습니다.

이러한 플랫폼을 활용함으로써 고객은 더 많은 매물을 비교할 수 있었고, 중개업 종사자는 물리적인 거리 제한 없이 매물을 광고할 수 있었습니다. 이러한 변화는 매물의 노출을 극대화하고, 부동산 중개업 종사자들에게는 새로운 기회가 되었습니다.

이로인해 더 많은 잠재 고객에게 도달 가능하며, 검색 엔진을 통한 매물 접근이 용이해졌습니다. 고객들은 인터넷을 통해 쉽게 매물 정보를 확인할 수 있었고, 다양한 매물을 비교하여 최적의 선택을 할 수 있었습니다. 또한, 중개업자들은 한정된 지역에 국한되지 않고 넓은 범위의 고객에게 매물을 소개할 수 있는 장점을 가졌습니다.

그러나 텍스트 기반 정보로는 매물의 특장점을 충분히 전달하기 어려웠습니다. 예를 들어, 실내 인테리어나 주변 편의시설 같은 중요한 요소를 설명하는 데 한계가 있었습니다. 고객이 매물을 이해하는 데 있어 시각적인 정보가 부족했기 때문에, 여전히 직접 방문을 통한 확인이 필요했습니다. 이러한 이유로 인해 부동산 시장에서 정보의 전달 방식은 여전히 발전할 여지가 많았습니다.

또한, 초기 디지털 플랫폼은 사용자 경험(UX)이 제한적이어서, 고객들이 원하는 정보를 빠르게 찾는 데 어려움이 있었습니다. 검색 기능의 미비와 한정된 정보 제공으로 인해 고객은 여전히 매물을 직접 확인하고 중개사와의 상담을 필요로 했습니다.

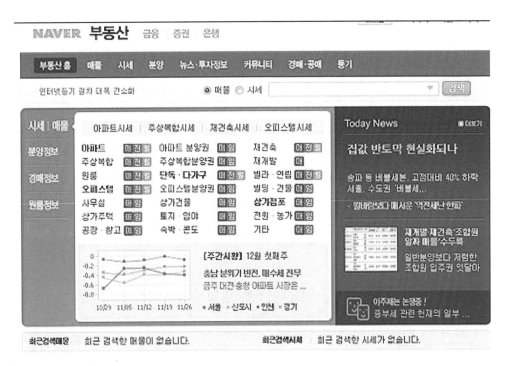

3 영상 마케팅으로의 전환

최근 소비자들은 영상 콘텐츠를 선호하고 있습니다. 유튜브, 인스타그램 등을 통해 매물을 영상으로 보여주는 마케팅이 대세가 되었습니다.

영상은 시각적 정보 전달이 뛰어나고, 매물의 실제 모습을 직관적으로 보여줄 수 있어 고객의 관심을 끌기에 효과적입니다.

예를 들어, 한 중개사가 "강남 고급 아파트 투어"라는 제목으로 유튜브 채널을 개설하고, 아파트 내부와 외부의 전경을 자세히 촬영한 영상을 업로드했습니다. 이 영상은 고객이 직접 방문하지 않고도 매물의 실제 모습을 확인할 수 있게 하여, 클릭률과 상담 요청이 급증하는 결과를 가져왔습니다. 특히, 외국인 고객을 위한 영어 자막을 추가하여 해외 고객의 관심도 유도했습니다. 이는 특히 국내외 투자자들에게 큰 호응을 얻었으며, 매물에 대한 접근성을 크게 높였습니다.

이로인해 시각적 매력을 극대화하고, 고객의 신뢰를 상승시키며, 클릭률과 문의율을 높일 수 있습니다. 영상은 매물의 전반적인 구조, 인테리어, 주변 환경 등을 생생하게 전달할 수 있어 고객이 매물에 대한 실감을 얻는 데 큰 도움을 줍니다. 예를 들어, 고급 아파트의 내부를 상세히 촬영한 영상은 고객에게 매물의 가치를 효과적으로 전달하며, 매물에 대한 긍정적인 인식을 심어줍니다.

그러나 영상 제작에는 많은 시간과 노력이 소요됩니다. 예를 들어, 고급 아파트의 외경을 드론으로 촬영할 경우 드론 장비와 촬영 기술자를 고용하는 추가 비용이 발생합니다. 또한, 편집 과정에서 많은 시간이 소요되며, 매물의 특장점을 효과적으로 전달하기 위해 전문적인 기술이 필요합니다. 이러한 요소들은 중소형 중개사무소 운영자들에게는 부담이 될 수 있습니다.

영상 콘텐츠의 효과적인 활용을 위해서는 스토리텔링 기법을 적용하여 매물의 특장점을 강조하고, 고객이 매물을 통해 얻을 수 있는 가치를 시각적으로 전달하는 것이 중요합니다. 예를 들어, 단순히 방의 크기나 구조를 설명하는 것에서 나아가, 해당 공간에서의 생활 모습을 상상하게 하는 식의 스토리텔링이 고객의 감성을 자극할 수 있습니다.

소비자들이 정보를 접하는 방식이 텍스트에서 영상으로 빠르게 변화하고 있습니다. 텍스트보다 시각적으로 더 많은 정보를 전달할 수 있는 영상은 부동산 마케팅에 필수적인 요소로 자리 잡았습니다. 영상은 고객이 직접 방문하지 않고도 매물의 실제 모습을 생생히 경험할 수 있도록 하여, 고객의 결정 과정에 큰 영향을 미칩니다.

스마트폰을 이용해 간단한 매물 영상을 촬영하여 SNS에 공유합니다. 예를 들어, 짧은 클립 형태로 방, 거실, 주방 등을 순차적으로 소개하여 고객이 매물의 분위기를 쉽게 파악할 수 있도록 합니다.

드론을 이용한 외부 전경 촬영으로 매물의 주변 환경까지 효과적으로 전달합니다. 드론 촬영은 특히 고층 아파트나 전원주택과 같이 외경이 중요한 매물에서 큰 효과를 발휘합니다.

자막과 배경음악을 통해 매력적인 편집을 하고, 매물의 특징을 강조합니다. 예를 들어, 고급 아파트의 경우 고급스러운 배경음악과 함께 주요 특징을 강조하는 자막을 추가하면 고객의 관심을 끌 수 있습니다.

영상 콘텐츠는 고객이 매물의 가치를 직관적으로 이해하게 하고, 그 매물에 대해 감성적으로 연결되도록 돕는 중요한 도구로 자리 잡고 있습니다. 따라서 부동산 중개업자들은 영상 콘텐츠 제작에 더 많은 투자를 하여 고객의 관심을 끌고, 매물의 특장점을 강조할 필요가 있습니다.

4 구독 및 공유 경제의 확산

소유의 개념에서 벗어나 공유와 구독의 개념이 확산되고 있습니다. 에어비앤비와 공유 오피스의 인기는 이를 잘 보여줍니다. 이러한 변화는 부동산 시장에도 영향을 미쳐, 부동산의 사용 방식이 소유에서 임대와 공유로 이동하고 있음을 보여줍니다.

.유학생이나 출장자를 위한 단기 렌탈 매물을 소개함으로써 고객의 다양한 수요에 대응할 수 있습니다.

공유 오피스나 공유 주택의 장점을 소개하고 관련 정보를 제공합니다. 이는 특히 창업자나 프리랜서를 대상으로 한 유연한 업무 공간의 필요를 충족시키는 데 도움이 됩니다.

이처럼 소유 대신 공유와 구독의 가치를 강조하는 마케팅 전략은 점점 더 많은 고객에게 어필하고 있으며, 중개사들은 이러한 트렌드를 활용해 새로운 고객층을 발굴할 수 있습니다.

5 빅데이터와 IT 활용

빅데이터와 IT 기술을 통해 고객 맞춤형 정보를 제공하는 것이 중요해지고 있습니다. 고객의 과거 검색 기록과 선호도를 바탕으로 맞춤형 매물을 추천하는 것이 트렌드입니다. 이는 고객의 니즈를 정확하게 파악하고, 그에 맞는 매물을 제공함으로써 고객의 만족도를 크게 높일 수 있는 방법입니다.

이를 활용하기 위해 지역별 매매 및 전세 가격을 분석하여 트렌드 보고서를 작성합니다. 이러한 보고서는 고객에게 지역 시장의 동향을 이해하는 데 큰 도움이 됩니다. 예를 들어, 강남구와 서초구의 매매 가격 변동을 비교한 보고서를 작성하여 고객이 투자 결정을 내리는 데 유용한 정보를 제공합니다.

고객의 검색 데이터를 활용하여 개인화된 매물 추천을 제공합니다. 고객의 검색 기록을 바탕으로 그들이 관심을 가질 만한 매물을 자동으로 추천하여 고객의 선택 과정을 단순화합니다.

IT 기반 부동산 트렌드 보고서를 작성하여 블로그나 SNS에 게시합니다. 이러한 보고서는 고객들이 현재 시장의 흐름을 이해하고, 적절한 투자 결정을 내리는 데 도움을 줍니다.

6 디지털 전략: 플랫폼 활용 극대화

네이버 블로그를 활용하여 지역 정보와 매물 정보를 정기적으로 업데이트합니다. 예를 들어, "2024년 서울 아파트 매매 동향" 포스팅을 통해 고객들이 최신 정보를 쉽게 확인할 수 있도록 합니다. 또한, 블로그에 지역별 생활 정보나 부동산 관련 팁을 제공하여 고객의 관심을 지속적으로 유지합니다.

또한 인스타그램과 페이스북에서 매물의 사진과 짧은 영상을 업로드하여 시청자에게 친숙하게 다가갑니다. 예를 들어, 인스타그램 스토리를 통해 매물의 최신 정보를 빠르게 전달하고, 고객들과의 소통을 활성화합니다. 이를 통해 고객의 문의와 관심을 유도할 수 있습니다.

유튜브: 매물 투어와 고객 리뷰를 동영상으로 제작하여 잠재 고객들이 매물의 실제 모습을 미리 경험할 수 있도록 합니다. 예를 들어, 특정 매물을 구매한 고객의 후기를 담은 영상을 통해 잠재 고객에게 신뢰를 심어줍니다.

7 부동산 중개업의 미래

부동산 중개업의 성공은 디지털 트렌드에 얼마나 빠르게 적응하고, 이를 얼마나 효과적으로 활용하는가에 달려 있습니다. 영상 콘텐츠, 빅데이터, IT 기술을 통해 고객에게 신뢰를 주고, 정보를 효율적으로 전달하는 것이 중요합니다.

1 생성형 AI란?

생성형 AI는 쉽게 말해 '창작을 돕는 인공지능'입니다. 기존 데이터를 학습한 후, 그 데이터를 바탕으로 완전히 새로운 콘텐츠를 만들어내는 기술입니다. 예를 들어, AI가 학습한 사진 스타일을 바탕으로 새로운 이미지를 그려내거나, 텍스트 데이터를 이용해 사람처럼 글을 쓸 수 있습니다.

부동산 마케팅에서는 이러한 생성형 AI를 활용해 광고 이미지, 홍보 글, 동영상 등 다양한 콘텐츠를 자동으로 제작할 수 있습니다.

생성형 AI는 크게 두 가지 방법으로 작동합니다.

◦생성 모델(Generative Model): 데이터를 학습하고 비슷한 패턴의 새 데이터를 만들어 냅니다.

예를 들어 부동산 광고에서 사용하는 건물 이미지를 학습한 후, 전혀 새로운 스타일의 건물이미지를 생성합니다.

◦변환 모델(Transformation Model): 기존 데이터를 다른 형태로 변환합니다.

예를 들어 건물 사진의 스타일을 바꿔, 같은 건물을 다양한 각도나 분위기로 표현합니다.

부동산 마케팅에서는 이 두 기술을 활용해 다양한 고객층을 타겟으로 한 맞춤형 콘텐츠를 제작할 수 있습니다.

※ 부동산 마케팅에서 생성형 AI의 장점
① 콘텐츠 제작 시간 단축: 광고 이미지, 홍보 문구 등을 빠르게 제작.
② 다양한 콘텐츠 스타일 제공: 같은 데이터를 기반으로 여러 스타일의 결과물을 생성.
③ 맞춤형 마케팅 강화: 고객의 관심사에 맞춘 콘텐츠 제작이 가능.
④ 비용 절감: 디자이너나 작가의 작업량을 줄여 예산을 효율적으로 운영.

2 잠재적인 문제점과 해결 방안

생성형 AI에도 한계는 있습니다.

예를 들어, AI가 만든 이미지는 저작권 문제에 민감할 수 있습니다. 또한 할루시네이션이라는 잘못된 정보나 허위 정보가 생성되기도 합니다.

Part
06

꾸준히 개선되고 있으나 이런 오류에 관해서는 늘 가능성을 염두하고 반드시 사실 확인을 거쳐야 합니다.

3 부동산 마케팅의 미래

생성형 AI는 앞으로 부동산 마케팅에서 더 중요한 역할을 할 것입니다.
가상 투어를 제작하여 실제로 존재하지 않는 공간의 3D 모델을 생성해 고객에게 투어 경험을 제공할 수 도 있고 지역 특성에 맞는 이미지와 문구를 자동으로 생성하여 지역 맞춤형 광고가 가능하며 고객 반응 데이터를 기반으로 콘텐츠를 AI가 실시간 수정할 수 있습니다

4 부동산마케팅에 유용한 생성형 AI의 종류

Gemini

제미니는 구글이 개발한 인공지능 모델로 구글 문서, 드라이브, Gmail과 연계해 다양한 부동산 마케팅 자료를 공유하고 관리하는 데 편리합니다.
또한 구글 광고와의 연계로 키워드 분석 및 효과적인 광고 전략 수립이 가능합니다.

활용예시
◦ 구글 Ads 키워드 최적화 및 광고 문구 제작.
◦ 부동산 보고서 작성 및 고객과의 이메일 커뮤니케이션 강화.
◦ 구글 트렌드 데이터 분석을 통한 시장 트렌드 파악.

특성	제미니 (Gemini)	ChatGPT
개발사	구글	OpenAI
멀티모달 기능	텍스트, 이미지, 음성 등 다양한 데이터 처리 가능	주로 텍스트 기반
자연어 처리 정확도	높은 정확도와 자연스러운 문장 구성	대화형 응답에 최적화
이미지 및 음성 인식	고급 이미지 및 음성 인식 기능 포함	제한적
주요 활용 분야	의료, 금융 데이터 분석, 감정 분석 등	대화형 AI 서비스, 콘텐츠 생성

▲ 제미니와 ChatGPT 비교

퍼플렉시티는 2022년 8월에서 설립된 AI 스타트업으로 응답의 출처를 명확히 표시하여 정보의 신뢰성이 높으며 실시간으로 정보를 업데이트하여 최신 정보를 제공합니다. 한국어 지원이 제한적인 면이 있습니다

기능	Perplexity AI	ChatGPT
정보 정확성	실시간 정보 검색으로 최신 데이터 제공, 출처 명시	방대한 사전 학습 데이터 기반으로 응답, 최신 정보는 제한적
대화 스타일	정보 중심, 간결하고 정확한 응답	대화형, 창의적이고 상호작용적인 응답
콘텐츠 생성	주로 텍스트 기반, 연구 및 사실 확인에 적합	다양한 형식의 콘텐츠 생성 가능, 창의적 작업에 적합
멀티모달 지원	주로 텍스트 기반	텍스트 외에도 이미지 및 코드 처리 가능

▲ 퍼플렉시티와 ChatGPT 비교

코파일럿은 마이크로소프트의 AI 도구로, 오피스 프로그램과 통합되어 문서 작성 등을 지원하고 있어 엑셀, 파워포인트, 워드 등의 생산성을 높입니다..또한 자연어로 명령을 입력하여 문서 작성이 가능합니다.

∘단점: 일부 고급 기능은 유료로 제공되며 한국어 지원이 제한적일 수 있습니다.

특성	코파일럿 (Microsoft Copilot)	ChatGPT
개발사	Microsoft	OpenAI
주요 용도	Microsoft 365 앱 통합 및 생산성 향상	일반적인 AI 대화 및 콘텐츠 생성
데이터 접근	Microsoft 365 생태계 내 데이터 접근 가능	제한적인 실시간 데이터 접근
통합	Microsoft 앱과 깊은 통합	독립적인 플랫폼
맞춤화	Microsoft 워크플로우에 최적화	일반적인 작업에 적합
보안	Microsoft의 엔터프라이즈급 보안 스택	SOC 2 및 GDPR 준수
실시간 데이터	Microsoft 환경 내에서 부분적 지원	제한적
사용 환경	Microsoft 365 앱 내에서 사용	웹 기반 인터페이스
특화 기능	문서 작성, 이메일 관리, 프레젠테이션 제작 등	다양한 주제의 콘텐츠 생성, 코딩 지원

▲ 코파일럿과 ChatGPT비교

☀ Claude

 클로드는 Anthropic이 개발한 AI 어시스턴트로, 자연스러운 대화와 빠른 응답이 특징입니다.

 복잡한 질문에도 신속하고 정확한 답변을 제공하고 윤리적 AI 사용을 고려하여 안전한 응답을 제공합니다.

 일부 기능은 유료로 제공되며 한국어 지원이 제한적일 수 있습니다.

특성	Claude 3	ChatGPT
개발사	Anthropic	OpenAI
성능 (GSM8K 벤치마크)	95.0% (Opus 모델)	92.0% (GPT-4 기본), 95.3% (GPT-4 Turbo)
멀티모달 기능	텍스트, 이미지 처리	텍스트, 이미지, 오디오 처리 (GPT-4V: 이미지 생성 가능)
응답 속도	상대적으로 빠름	상대적으로 느림
안정성	높음 (출력 중 장애 적음)	중간 (때때로 응답 중 장애 발생)
콘텐츠 품질	다양하고 신선한 결과물, 사실적이고 인간적	때때로 반복적인 콘텐츠 생성
무료 버전 제한	사용량 제한 있음, 이미지 이해 기능 사용 가능	시간당 30회 제한, 이미지 모델 사용 불가
확장성	API 사용 가능, 제한적 확장성	GPTs, 플러그인, API 등 다양한 확장 기능
특징	빠른 응답, 높은 품질의 콘텐츠 생성	다양한 확장 기능, 멀티모달 처리

▲ 클로드3과 ChatGPT비교

CLOVA X

클로바X는 네이버가 개발한 AI로 한국어 처리 능력이 뛰어나며, 부동산 마케팅에서 주로 사용하는 한국어 콘텐츠 제작에 적합합니다.

네이버 서비스와 통합: 네이버 블로그, 카페, 지도, 부동산 플랫폼 등과의 연계가 가능해 네이버를 중심으로 한 마케팅 활동을 효과적으로 수행할 수 있습니다.

활용방안
- 네이버 블로그 글 작성 및 SEO 최적화.
- 지역 기반 부동산 매물 홍보를 위한 상세 콘텐츠 작성.
- 네이버 카페에서 고객과의 소통 강화.

특성	클로바X	ChatGPT
개발사	네이버	OpenAI
언어 특화	한국어에 특화	영어 중심, 다국어 지원
문화적 이해	한국 문화에 특화	글로벌 문화 이해
데이터 학습	한국 데이터 중심	다국적 데이터
멀티모달 기능	텍스트, 이미지, 음성 처리	주로 텍스트 기반
최신 정보 접근	네이버 실시간 DB 활용	학습 데이터 기준 시점 제한
서비스 통합	네이버 서비스와 연동	독립적 플랫폼, API 제공
한국어 성능	우수 (검정고시 84% 정답률)	상대적으로 낮음
글로벌 범용성	제한적	높음
확장성	네이버 생태계 내 확장	API를 통한 다양한 확장

▲ 클로바X ChatGPT비교

노션AI는 여러 개의 독립된 워크스페이스를 운영할 수 있어 문서 관리가 편리하며 부동산 관련 콘텐츠를 체계적으로 정리하고 마케팅 전략을 작성하는 데 유용합니다.

또한 협업이 가능해 팀과 함께 마케팅 캠페인 아이디어를 구체화하고, 제안서를 작성하거나 고객을 위한 프레젠테이션 자료를 만드는데 적합합니다.

활용방안
- 부동산 프로젝트 일정 관리 및 광고 문구 초안 작성.
- 투자자 또는 고객을 위한 맞춤형 마케팅 자료 생성.
- 블로그와 SNS에 활용할 콘텐츠 아이디어 정리.

특성	노션	ChatGPT
개발사	Notion Labs Inc.	OpenAI
주요 용도	프로젝트 관리, 문서 작성 및 협업	대화형 AI, 콘텐츠 생성
통합 환경	Notion 플랫폼 내에서 작동	독립적 플랫폼, 다양한 애플리케이션과 API 통합 가능
사용자 대상	팀 및 개인 사용자	일반 사용자 및 기업
멀티모달 기능	주로 텍스트 기반 작업에 특화	텍스트 외에도 이미지 및 오디오 처리 가능 (GPT-4V)
언어 지원	여러 언어로 번역 가능	다국어 지원, 다양한 언어로 대화 가능
콘텐츠 생성	프로젝트 관리와 관련된 문서 생성 및 편집에 중점	창의적 글쓰기, 시나리오 작성 등 다양한 콘텐츠 생성 가능

▲ 노션과 ChatGPT 비교

젠스파크는 실시간 AI 기반 검색 엔진으로, 사용자 맞춤형 '스파크페이지' 생성이 특징입니다. 다양한 웹 소스를 활용한 종합적 정보 제공이 강점이나, 아직 초기 단계로 개선이 필요한 부분이 있습니다.

기능	젠스파크 (GenSpark)	퍼플렉시티 (Perplexity)
맞춤형 요약 페이지	스파크페이지를 통해 다양한 정보를 통합한 맞춤형 요약 제공	자연어 질의응답을 통해 종합적인 정보 제공
실시간 정보 제공	실시간 데이터 활용	실시간 웹 검색으로 최신 정보 제공
멀티미디어 통합	비디오, 이미지 등 멀티미디어 통합	텍스트, 이미지, 표, 그래프 등 멀티모달 데이터 분석
사용자 상호 작용	내장 AI 코파일럿과의 상호작용	다양한 AI 모델 선택 가능
출처 및 인용	특정 언급 없음	모든 답변에 대한 출처 및 인용 제공

▲ 젠스파크와 퍼플렉시티 비교

아숙업은 카카오톡을 통해 접근 가능한 AI 챗봇으로, 한국어 처리와 OCR 기술이 강점입니다. 카카오톡 플랫폼 통합이 장점이나, 기능의 다양성 면에서 다른 AI 서비스에 비해 제한적일 수 있습니다.

기능	설명	활용 예시
대화 및 정보 제공	사용자와 자연스러운 대화를 통해 일반적/전문적 정보를 제공.	"서울 부동산 가격 동향 알려줘." 또는 "AI란 무엇인가?"
이미지 인식 및 번역	이미지 속 텍스트를 추출하고, 번역 및 요약 기능 제공.	사진 속 문서 내용을 추출 후 영어로 번역.
AI 그림 생성 (업스케치)	텍스트 설명을 기반으로 그림을 생성.	"초원 위를 뛰노는 강아지 그림을 만들어줘."
링크 요약 및 정보 검색	웹페이지 링크를 요약하여 주요 내용을 제공하며, 특정 주제에 대한 정보를 검색.	뉴스 기사 링크 요약, "최근 IT 트렌드 검색해줘."
번역 및 요약 기능	긴 문서를 요약하거나 다른 언어로 번역.	"이 문서를 간단히 요약해줘." 또는 "이 텍스트를 일본어로 번역해줘."

▲ AskUp의 기능

ChatGPT 부동산마케팅에 활용하기

ChatGPT는 OpenAI에서 개발한 혁신적인 대화형 인공지능 서비스입니다.

2022년 11월 30일에 첫 출시된 이후, 전 세계적으로 폭발적인 관심을 받으며 AI 기술의 새로운 지평을 열었습니다. 이 첨단 기술은 수천억 개의 매개변수와 방대한 양의 텍스트 데이터를 학습하여, 마치 실제 전문가와 대화하는 것처럼 자연스럽고 지능적인 대화를 가능하게 합니다. ChatGPT는 단순한 질의응답을 넘어서, 복잡한 문제 해결, 창의적인 작문, 프로그래밍 코드 작성, 다국어 번역, 문서 요약, 분석 등 놀라울 정도로 다양한 작업을 수행할 수 있습니다.

ChatGPT의 핵심에는 "언어 모델"이라는 첨단 기술이 있습니다. 이 언어 모델은 인간의 언어를 깊이 있게 이해하고 분석하여 맥락에 맞는 적절한 응답을 생성합니다. 이 과정에서 사용되는 "자연어 처리(NLP)" 기술은 인간의 언어를 컴퓨터가 처리할 수 있는 형태로 변환하고, 다시 인간이 이해할 수 있는 자연스러운 언어로 출력합니다. 이는 마치 두 언어 사이의 통역사처럼 작동하여, 사용자와 컴퓨터 사이의 원활한 의사소통을 가능하게 합니다. 특히 ChatGPT는 이전 세대의 AI 모델들과는 달리, 대화의 맥락을 이해하고 이전 대화 내용을 참조하여 더욱 자연스럽고 일관성 있는 대화를 이어갈 수 있습니다.

ChatGPT는 "대규모 언어 모델(LLM)"을 기반으로 하는데, 이는 인터넷에 존재하는 방대한 양의 텍스트 데이터를 학습한 결과입니다. 이 모델은 문학, 과학, 역사, 기술, 예술 등 다양한 분야의 지식을 보유하고 있으며, 이를 바탕으로 상황에 맞는 정확하고 유용한 정보를 제공할 수 있습니다. GPT-4로 업그레이드된 최신 버전은 이미지 인식 능력까지 갖추어, 사용자가 업로드한 이미지를 분석하고 이에 대해 설명하거나 관련 질문에 답변할 수 있습니다. 또한, 복잡한 수학 문제 해결, 논리적 추론, 창의적인 아이디어 제안 등 고도의 인지 능력이 필요한 작업도 수행할 수 있습니다.

ChatGPT와의 상호작용은 "프롬프트"라고 불리는 입력을 통해 이루어집니다. 프롬프트는 단순한 질문이 될 수도 있고, 특정 형식이나 조건을 포함한 복잡한 지시사항이 될 수도 있습니다. 프롬프트 엔지니어링이라고 불리는 이 기술은 ChatGPT를 더욱 효과적으로 활용하기 위한 핵심 요소입니다.

예를 들어, "인공지능이 뭐야?"라는 기본적인 질문부터 "특정 산업 분야에서 인공지능의 윤리적 활용 방안에 대해 3000자로 분석해줘"와 같은 복잡한 요청까지 다양한 수준의 프롬프트를 입력할 수 있습니다. 더 나아가, 역할 설정("너는 마케팅 전문가야"), 출력 형식 지정("표 형태로 정리해줘"), 톤 설정("친근한 말투로 설명해줘") 등을 통해 원하는 결과를 더욱 정확하게 얻을 수 있습니다.

　이러한 ChatGPT의 강력한 기능들은 비즈니스, 교육, 연구, 창작 등 다양한 분야에서 혁신적인 변화를 가져오고 있습니다. 특히 부동산 마케팅 분야에서는 고객 응대, 매물 설명 작성, 시장 분석, 광고 문구 제작 등 다양한 업무에 활용될 수 있습니다. 이제 ChatGPT를 부동산 마케팅에 어떻게 효과적으로 활용할 수 있는지 구체적인 사례와 함께 자세히 살펴보도록 하겠습니다!

1 ChatGPT 사용 방법

구글에 ChatGPT라고 입력합니다.

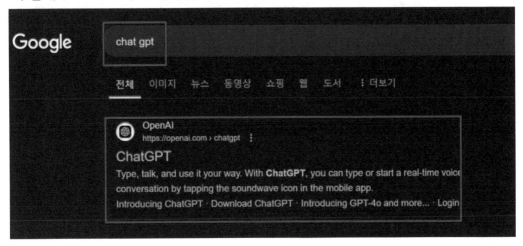

검색 결과에서 OpenAI 공식 웹사이트를 클릭합니다.

● 회원가입하기

　페이지 우측 상단의 회원가입(Sign Up) 버튼을 클릭합니다.

　회원가입은 '이메일 가입'과 '구글 계정가입 두 가지로 가능하며 편한 방법으로 가입합니다.

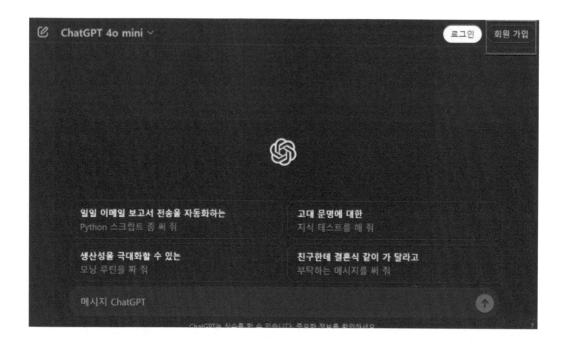

　이메일로 가입할 경우, 입력창에 사용 가능한이메일 주소를 입력하고, 42자리 이상의 비밀번호를 설정하세요. 입력한 이메일 주소로 전송된 인증 메일을 확인합니다.

　메일 내 "Verify Email Address" 버튼을 클릭하면 인증이 완료됩니다.

● 개인정보 입력

　◦ 이름과 생년월일 입력
　◦ "First Name"(이름)과 "Last Name"(성)을 입력합니다.
　◦ 생년월일을 입력할 때는 YYYY-MM-DD 형식(예: 1980-01-01)으로 작성합니다.
　◦ 휴대전화 인증
　◦ 휴대전화 번호를 입력하고 "Send Code" 버튼을 누릅니다.
　◦ 휴대전화로 전송된 6자리 인증 코드를 입력합니다.

　☑ 구글 계정으로 가입할 경우, 구글로 계속하기 버튼을 클릭하여 구글 계정을 선택합니다.

2 프롬프트 작성하기

1. 프롬프트란 무엇인가?

프롬프트(Prompt)는 인공지능과의 대화를 시작하거나 원하는 결과를 얻기 위해 사용하는 명령어 또는 질문입니다. 쉽게 말해, 프롬프트는 ChatGPT와 같은 AI에게 무엇을 할지 지시하는 방법입니다. 이는 부동산 마케팅에서도 매우 중요한 역할을 합니다. 적절한 프롬프트는 정확한 데이터를 도출하고, 마케팅 전략 수립과 실행을 더 효율적으로 만들어 줍니다.

프롬프트는 인공지능에게 전달하는 질문이나 지시문을 의미하며 ChatGPT의 응답의 품질을 결정하는 것이 프롬프트이며 프롬프트의 작성원리와 방법을 배우는 것이 ChatGPT 활용의 핵심입니다.

2. 프롬프트의 기본 구성 요소

프롬프트는 다음과 같은 네 가지 주요 요소로 구성됩니다:
① 지시문: AI에게 수행할 작업을 명확히 설명합니다.
② 맥락: 작업에 필요한 배경 정보를 제공합니다.
③ 입력 데이터: 처리해야 할 구체적인 정보를 제공합니다.
④ 출력 지시자: 원하는 결과물의 형식이나 스타일을 지정합니다.

부동산 관련 예시로는 다음과 같습니다:
"서울 강남구의 최근 아파트 거래 동향을 요약해줘. 주요 지표를 포함해서 작성해줘."
이 경우 '서울 강남구의 최근 아파트 거래 동향을 요약해줘'가 지시문이며, '주요 지표를 포함해서 작성해줘'는 출력 지시자가 됩니다.

3. 프롬프트 작성의 기본 원칙

프롬프트 작성에서 중요한 몇 가지 원칙을 설명하겠습니다:

① 간단하게 시작하여 점진적으로 개선하기
처음에는 간단한 프롬프트로 시작하여 필요에 따라 더 세부적인 정보나 요구사항을 추가합니다. 예를 들어, 간단한 요약 요청에서 시작하고 결과가 만족스럽지 않다면 추가적으로 '핵심 키워드 포함' 같은 지시를 추가할 수 있습니다.

◦예시: "강남구 아파트 매매 동향을 간단히 설명해줘." -> 결과가 충분하지 않다면 "최근 3개월간 거래량과 평균 가격 변동을 포함해줘."라고 추가할 수 있습니다.

② 명확한 지시어 사용하기

'작성하기', '분류하기', '요약하기' 등 명확한 지시어를 사용합니다. 이러한 지시어는 AI 가 어떤 작업을 해야 할지 혼동하지 않도록 도와줍니다.

- 예시: "이 글을 요약하고, 마지막에 핵심 포인트 3가지를 나열해줘."
- 부동산 예시: "이 아파트의 장단점을 분석하고, 투자 적합성을 판단해줘."

③ 구체적이고 상세한 프롬프트 작성하기

프롬프트가 구체적일수록 AI는 더 적절한 답변을 제공할 수 있습니다.

예를 들어 "학교에서 환경 보호에 대해 쓴 글을 요약해줘"보다는 "고등학생이 쓴 환경 보호에 대한 글을 5개의 핵심 아이디어로 요약해줘"라고 지시하면 AI가 보다 명확한 방향으로 작업을 수행할 수 있습니다.

부동산 예시: "서울 송파구에 위치한 30평대 아파트의 최근 매매 가격을 3개월 간의 변동과 함께 분석해줘."

④ 출력 형식에 대한 예시 제공하기

원하는 출력 형식의 예시를 AI에게 제공하는 것은 매우 유용합니다.

예를 들어, "다음 데이터를 표 형식으로 정리해줘"라고 요청할 때 표의 예시 형식을 함께 제공하면 더 정확한 결과를 얻을 수 있습니다.

부동산 예시: "아래 데이터를 표 형식으로 정리해줘: '아파트 이름, 매매가, 전세가, 거래일'. 표 형식의 예시는 다음과 같아.."

4. 효과적인 프롬프트 작성 전략

이제 프롬프트의 기초를 넘어 더 고급 전략을 살펴보겠습니다.

1) 역할 지정 (Role)

AI에게 특정 역할을 부여하면 더욱 전문적이고 맥락에 맞는 응답을 얻을 수 있습니다. 예시: "부동산 투자 전문가로서 강남구에 위치한 아파트 투자에 대한 장단점을 분석하여 고객에게 이메일로 설명해줘."

이렇게 특정 역할을 설정하면 AI가 해당 역할에 맞게 응답을 작성하여 보다 풍부한 맥락을 제공합니다.

2) 구체적인 지시 제공 (Instruction)

작업의 요구사항을 명확하게 설명하는 것도 중요합니다.
예를 들어 "다음 텍스트를 요약해주세여" 보다는
"최근 부동산 규제 완화에 대한 기사를 요약해주세요"처럼 명확하게 요구하는게 응답의 질이 훨씬 좋습니다.

3) 맥락 제공 (Context)

AI가 질문을 보다 잘 이해할 수 있도록 배경 정보를 제공합니다. 예를 들어:
"저는 서울의 아파트 시장에 대한 블로그 글을 쓰고 있습니다. '최근 5년간 강남구 아파트 가격 상승 요인'에 대해 설명해줘."
이렇게 배경을 설명하면 AI가 응답을 작성하는 데 있어 더 나은 기준을 가지게 됩니다.

4) 예시 활용 (Example)

AI에게 원하는 출력의 예시를 주는 것은 좋은 방법입니다. 예를 들어 서울 송파구의 아파트 거래 데이터를 요약해줘. 예시는 다음과 같아: "2024년 10월, 송파구의 평균 매매가는 13억 원으로, 전월 대비 2% 상승하였습니다."라는 방식으로 원하는 결과물을 구체화할 수 있습니다.

5) 제약 조건 명시 (Constraints)

글자 수 제한, 사용해야 할 키워드, 피해야 할 표현 등을 명확히 제시하는 것도 도움이 됩니다.
예를 들어: "400자 이내로 '서울 부동산 시장'이라는 키워드를 포함하여 강남구 아파트의 전망을 설명해줘."처럼 명확한 제시가 필요합니다

6) 고급 프롬프트 작성 기법

고급 프롬프트 작성 기법은 더욱 복잡한 작업을 수행하거나 AI의 능력을 최대한 끌어내기 위해 사용됩니다.

● 샷 프롬프팅 (Shot Prompting)

> ① 제로샷 프롬프팅: 예시 없이 직접 질문합니다.
> ② 원샷 프롬프팅: 하나의 예시를 제공합니다.
> ③ 퓨샷 프롬프팅: 여러 개의 예시를 제공합니다.

"제로샷 프롬프팅": "강남구 아파트 시장 전망을 설명해줘."

"원샷 프롬프팅": "강남구 아파트 시장 전망을 설명해줘. 예를 들어, 지난 3개월 동안 거래량이 증가한 이유도 포함해줘."

7) 프롬프트 작성 구조화 기술

① CoT(Chain of Thought) 기법

CoT(Chain of Thought) 기법은 문제를 단계적으로 해결하기 위해 논리적이고 체계적인 접근 방식을 사용하는 방법입니다. 특히 복잡하거나 다단계 작업이 요구될 때 효과적입니다. 이 기법은 AI에게 하나의 작업을 명확히 이해시키고, 다음 단계로 이어지는 논리적 흐름을 제공하여 더 정확하고 유용한 결과를 도출하는 데 도움을 줍니다.

● CoT 기법의 특징

복잡한 작업을 체계적으로 진행 가능.
단계별로 AI의 응답을 확인하여 정확도 향상.
다양한 작업에서 논리적이고 효율적인 결과 도출.

② ZoT(Zero of Thought) 기법

ZoT(Zero of Thought) 기법은 AI에게 사전 지식이나 맥락을 제공하지 않고도 작업을 수행하게 하는 방식입니다. 사용자는 간단한 명령이나 요청을 통해 결과물을 바로 얻을 수 있으며, 추가적인 세부 정보나 단계적인 지침 없이도 AI가 자동으로 연관성을 추론하여 응답합니다.

● ZoT 기법의 특징

간단하고 직관적: 복잡한 지침이나 상세 조건 없이 간단한 문장으로 요청.
빠른 결과: 최소한의 입력으로 결과를 빠르게 확인.

③ ToT(Thinking of Thought) 기법

ToT(Thinking of Thought) 기법은 문제를 해결하거나 목표를 달성하기 위해 AI가 사고 과정을 명시적으로 설명하며 응답하도록 유도하는 방법입니다. 즉, AI에게 결과뿐만 아니라 **생각의 과정(사고 흐름)**을 단계별로 제공하도록 요청하는 기법입니다. ToT는 사용자가 AI의 응답 논리를 확인하고 검증할 수 있게 하며, 복잡한 문제나 다각적인 분석이 필요한 작업에서 유용합니다.

◦ 추론 기반 응답: AI가 자체적으로 맥락을 이해하고 추가 정보를 생성.
◦ 초보자 친화적: AI와 처음 상호작용하는 사용자에게 적합.

서울에서 투자할만한 아파트를 CoT방식으로 제안해주세요

서울에서 투자할 만한 아파트를 선정하기 위해 다음과 같은 기준을 고려해보세요:

1. **입지 조건**: 교통 편의성, 학군, 상업 시설 등 생활 인프라가 잘 갖춰진 지역을 우선적으로 고려하세요.

2. **가격 대비 가치**: 현재 시세와 향후 상승 가능성을 분석하여 투자 수익률을 예측하세요.

3. **미래 개발 계획**: 재개발, 재건축 등 향후 개발 호재가 있는 지역은 추가적인 가치 상승을 기대할 수 있습니다.

이러한 기준을 바탕으로, 다음과 같은 아파트 단지를 추천드립니다:

DMC파크뷰자이 (서대문구 남가좌동)
2015년 10월 입주한 대단지 아파트로, 경의중앙선 가좌역과 인접해 교통이 편리합니다. 가재울뉴타운 개발로 인한 미래 가치 상승이 기대됩니다.

휘경해모로프레스티지 (동대문구 휘경동)
2020년 2월 입주한 신축 아파트로, 1호선과 경의중앙선 회기역과 가까워 교통이 편리합니다. 이문휘경뉴타운 개발로 인한 추가적인 가치 상승이 예상됩니다.

래미안아트리치 (성북구 석관동)
2019년 2월 입주한 아파트로, 1호선 신이문역과 6호선 돌곶이역을 도보로 이용할 수 있습니다. 이문휘경뉴타운과의 근접성으로 향후 개발 이익을 기대할 수 있습니다.

용두롯데캐슬리치 (동대문구 용두동)
2015년 준공된 아파트로, 24평형 기준 매매가 10억 원, 전세가 6.5억 원으로 갭이 3.5억 원 정도입니다. 동대문구의 빠른 발전과 교통 편의성으로 투자 가치가 높습니다.

백련산SK뷰아이파크 (은평구 응암동)
2020년 5월 입주한 아파트로, 녹번역과 가까워 교통이 편리합니다. 24평형 기준 매매가 9.7억 원, 전세가 6.3억 원으로 갭이 3.4억 원 정도입니다.

↓

메시지 ChatGPT

ChatGPT는 실수를 할 수 있습니다. 중요한 정보를 확인하세요.

▲ COT 프롬프트 예시

서울에서 투자할 만한 아파트를 ZoT방식으로 제안해주세요

서울에서 투자할 만한 아파트를 ZoT(Zone of Tolerance) 방식을 적용하여 추천해 드리겠습니다. ZoT 방식은 투자자의 기대와 수용 가능한 범위를 고려하여 최적의 선택지를 제안하는 방법입니다. 아래는 투자 예산과 선호도를 기준으로 한 추천 아파트 목록입니다.

1. 투자 예산: 6억 원 이하

- **노원구 월계동 녹천역두산위브아파트**
    - **전용면적**: 84.91㎡
    - **매매가**: 약 6.8억 원
    - **특징**: 최근 6개월 가격 상승률이 138.8%로 높은 상승세를 보이고 있습니다. 동아비디

2. 투자 예산: 6억 원 이상 8억 원 이하

- **동대문구 답십리동 래미안미드카운티**
    - **전용면적**: 84.97㎡
    - **매매가**: 약 13.1억 원
    - **특징**: 최근 6개월 가격 상승률이 120.7%로 안정적인 상승세를 유지하고 있습니다. 동아비디

3. 투자 예산: 8억 원 이상 10억 원 이하

- **서대문구 남가좌동 DMC파크뷰자이**
    - **전용면적**: 84㎡
    - **매매가**: 약 9.85억 원
    - **전세가**: 약 6.31억 원
    - **갭투자 금액**: 약 3.54억 원
    - **특징**: 경의중앙선 가좌역 도보 6분 거리에 위치한 대단지 아파트로, 교통 편의성이 높습니다. 부동산조선

4. 투자 예산: 10억 원 이상

- **성북구 보문동 보문파크뷰자이**
    - **전용면적**: 59㎡
    - 매매가: 약 9.9억 원

↓

메시지 ChatGPT

ChatGPT는 실수를 할 수 있습니다. 중요한 정보를 확인하세요.

▲ ZOT 프롬프트 예시

서울에서 투자할만한 아파트를 ToT방식으로 제안해주세요

서울에서 투자 가치가 높은 아파트를 ToT(Timing of Things) 방식을 활용하여 추천해 드리겠습니다. 이 방법은 현재 시장 상황과 향후 전망을 고려하여 최적의 투자 시점을 파악하는 데 유용합니다.

1. 강남구 대치동 '래미안 대치 팰리스'

- **입주 시기**: 2015년 9월
- **규모**: 총 1,320가구
- **매매가**: 약 25억 원 (전용 84m² 기준)
- **전세가**: 약 15억 원
- **특징**: 우수한 학군과 편리한 교통, 풍부한 생활 인프라로 인해 안정적인 수요가 지속되고 있습니다.

2. 마포구 아현동 '마포 래미안 푸르지오'

- **입주 시기**: 2018년 1월
- **규모**: 총 3,885가구
- **매매가**: 약 15억 원 (전용 84m² 기준)
- **전세가**: 약 9억 원
- **특징**: 서울 도심과의 접근성이 뛰어나며, 다양한 편의시설과 공원이 인접해 있어 주거 만족도가 높습니다.

3. 송파구 잠실동 '엘스'

- **입주 시기**: 2008년 7월
- **규모**: 총 5,678가구
- **매매가**: 약 20억 원 (전용 84m² 기준)
- **전세가**: 약 12억 원
- **특징**: 잠실역과 가깝고, 롯데월드타워 등 대형 상업시설이 인접해 있어 생활 편의성이 우수합니다.

↓

4. 영등포구 여의도동 '여의도 자이'

메시지 ChatGPT

ChatGPT는 실수를 할 수 있습니다. 중요한 정보를 확인하세요.

▲ TOT 프롬프트 예시

기법	특징	구체적인 부동산 활용 사례	장점	단점
COT (Chain of Thought)	문제 해결 과정을 단계별로 나누어 논리적으로 추론하는 기법.	예시: 1. "이 아파트를 투자하기에 적합한지 판단해 주세요." 과정: - ① 지역 분석: 서울 강남구 - ② 시세 조사: 10억 ~ 12억 - ③ 임대수익률 분석: 연 4% - ④ 최종 판단: 투자 적합.	- 명확한 추론 과정 제공 - 실수 감소 - 체계적 접근 가능	- 단계별 분석에 시간이 걸릴 수 있음.
ZOT (Zero-shot of Thought)	사전 정보 없이 문제에 대해 즉각적이고 창의적인 답변을 도출하는 기법.	예시: - "이 상가를 홍보할 간단한 문구를 만들어 주세요." 답변: "고객을 부르는 황금 입지! 강남 중심의 프리미엄 상가, 지금 문의하세요."	- 빠른 결과 도출 - 창의적이고 즉흥적인 해결 가능	- 복잡한 문제 해결에는 적합하지 않음.
TOT (Tree of Thought)	문제를 나무 구조로 분기하여 다양한 경로를 탐색하고 최적의 해결책을 찾는 기법.	예시: - "A, B, C 지역 중 어디에 투자할지 결정해 주세요." 과정: ① A지역: 고속도로 근처, 성장 가능성 높음 ② B지역: 현재 시세 저평가 ③ C지역: 재개발 예정, 5년 후 가치 상승 예상 - 최적의 선택: C지역.	- 다중 경로 탐색 - 최적 결과 보장 - 유연성 향상	- 계산량이 많아 시간이 오래 걸릴 수 있음.

▲ COT,ZOT,TOT기법 비교

3 Custom Instruction 사용하기

　Custom Instruction은 OpenAI가 제공하는 기능으로, 사용자가 AI의 응답 방식이나 대화를 진행하는 스타일을 맞춤화할 수 있도록 돕는 도구입니다. 이 기능을 활용하면 AI의 대화 태도, 응답 톤, 내용 깊이 등을 사용자의 선호도에 맞게 조정할 수 있습니다.

　즉 사용자의 관심사, 하는 일 원하는 응답의 형식의 정보를 입력하면 ChatGPT가 이를 파악하고 사용자에게 맞춤 답변을 생성해줍니다. 따라서 사용자에 대하여 상세하게 설명을 적어놓을수록 더 맞춤화된 응답을 제공받을 수 있게 되는 것입니다.

1. Custom Instruction 사용방법

　ChatGPT 화면에서 프로필을 클릭하고 ChatGPT 맞춤 설정을 클릭합니다

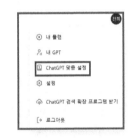

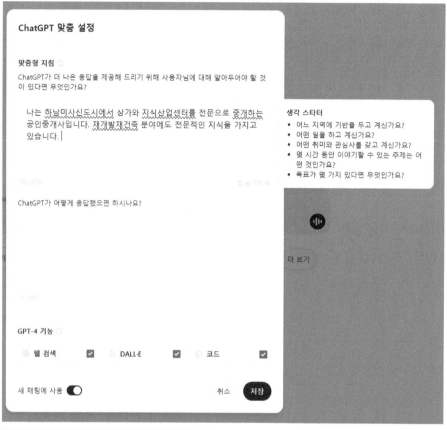

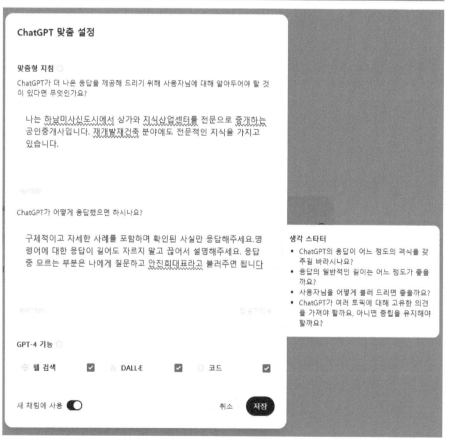

2. 알아두면 유용한 ChatGPT 단축키

단축키	기능 설명
Ctrl + Shift + O	새로운 채팅 시작. 좌측 상단의 'New Chat' 버튼을 클릭하지 않고 새로운 채팅을 바로 시작 가능.
Shift + Esc	명령어 입력창 바로가기. 프롬프트 입력창에 커서를 자동으로 이동시켜 클릭 없이 입력 가능.
Ctrl + Shift + ;	마지막 코드 블록 복사. ChatGPT에서 작성한 마지막 코드 블록의 내용을 복사.
Ctrl + Shift + C	마지막 답변 복사. ChatGPT의 마지막 응답을 복사.
Ctrl + Shift + I	사용자 지정 설정. ChatGPT 사용자 설정 창을 열어 세부 설정을 변경 가능.
Ctrl + Shift + S	사이드 바 열기/닫기. 좌측 사이드 바를 열거나 닫을 수 있음.
Ctrl + Shift + Backspace	채팅 내역 삭제. 현재 대화 내용을 빠르게 삭제 가능.
Ctrl + /	단축키 목록 보기. 현재 사용 가능한 단축키 목록을 화면에 표시.

Part
06

네이버블로그 마케팅

블로그는 부동산 마케팅에서 고객을 유입하기 위한 핵심 도구로 자리 잡고 있습니다
검색 최적화를 통해 장기적으로 노출될 수 있는 콘텐츠를 제공하며, 이는 단기 광고와 달리
지속적인 마케팅 효과를 가져옵니다

네이버 블로그는 검색 결과에서 상위 노출 가능성이 높아, 장기적인 노출 효과를 기대할 수
있습니다

1 네이버 블로그 플랫폼 이해

네이버 블로그는 검색 기반 플랫폼으로, 정보 제공 및 마케팅을 위한 최적의 도구입니다.
특히, C-Rank와 D.I.A.를 통해 주제 전문성과 정보 품질을 우선적으로 평가합니다
C-Rank의 역할: 블로그의 신뢰도와 인기도를 측정하여 검색 결과 상위 노출에 영향을
미침.
주요 평가 항목: 콘텐츠의 전문성, 연속성, 소비자의 반응.
D.I.A. 알고리즘: 문서의 독창성과 가독성을 평가해 신규 블로그라도 품질 높은 콘텐츠는
상위 노출 가능

알고리즘	주요 평가 요소	장점	단점
리브라	키워드 메타태그	단순한 SEO 구조	키워드 스팸에 취약
소나	사용자 반응 신뢰도	신뢰도 높은 콘텐츠 강화	반응 조작 문제
씨랭크	전문성 체류 시간	전문가 콘텐츠 노출 강화	신규 블로그 진입 장벽 높음
다이아	신뢰성 작성 빈도	정보 가치 향상	관리 부담, 브랜드 우위
다이아플러스	신뢰성 SNS 반응	트렌디 콘텐츠 반영	SNS 활용이 부족한 작성자 불리
스마트블록	검색의도 AI 분석	정확한 정보 제공	다양성 제한 가능성
CUE	맞춤형 경험 빅데이터	개인화 정보 제공	상업 콘텐츠 불리

▲ 네이버블로그 알고리즘의 변천사

2 블로그 글쓰기를 AI로 하면 저품질 블로그가 된다??

클로버X에 직접 확인해봤습니다.

● **명령어**

나는 부동산마케팅 전문 블로거입니다. 생성형 AI로 작성한 글을 블로그에 게시하면 저품질 블로그가 되는지 다음 지침에 맞게 작성해주세요

> 지침
> 1. 확실한 사실만 기재하되 명확한 설명을 포함해주세요
> 2. CoT 방식을 사용하되 spet by step으로 설명해주세요

● **응답**

생성형 AI를 이용하여 작성한 글을 블로그에 게시한다고 해서 해당 블로그가 저품질 블로그 가 되는 것은 아닙니다. 이는 잘못된 정보이며, 생성형 AI를 활용한 콘텐츠 제작은 블로그 운영에 도움이 될 수 있습니다.

다음은 생성형 AI를 활용하여 블로그 글을 작성할 때 고려해야 할 사항입니다.

콘텐츠의 질과 독창성: 생성형 AI를 이용하여 작성한 글이라도, 해당 글의 내용과 구성이 독창적이고 유익하다면 블로그 방문자들에게 좋은 인상을 줄 수 있습니다. 따라서 생성형 AI를 이용하여 글을 작성할 때는, 해당 글의 주제와 목적에 맞게 적절한 내용과 구성을 선택하는 것이 중요합니다.

저작권 문제: 생성형 AI를 이용하여 작성한 글의 저작권 문제도 고려해야 합니다. 생성형 AI가 기존에 존재하는 글이나 이미지를 기반으로 새로운 글이나 이미지를 생성하는 경우, 해당 글이나 이미지의 저작권을 침해할 수 있으므로 주의해야 합니다.

AI의 한계: 생성형 AI는 인간의 언어와 문화를 완벽하게 이해하지 못할 수 있으므로, 생성된 글이나 이미지의 내용과 표현이 부적절하거나 어색할 수 있습니다. 따라서 생성형 AI를 이용하여 글을 작성할 때는, 생성된 글이나 이미지를 꼼꼼히 검토하고 수정하는 것이 좋습니다.

투명성: 생성형 AI를 이용하여 작성한 글을 블로그에 게시할 때는, 해당 글의 작성에 생성형 AI가 사용되었다는 사실을 투명하게 공개하는 것이 좋습니다. 이를 통해 블로그 방문자들의 신뢰를 얻을 수 있으며, 생성형 AI의 활용에 대한 사회적 인식을 개선하는 데에도 기여할 수 있습니다.

법적 규제: 생성형 AI를 이용하여 작성한 글을 블로그에 게시할 때는, 해당 글의 내용이 법적 규제나 윤리적 기준을 준수하는지 확인해야 합니다. 예를 들어, 생성형 AI가 생성한 글이 타인의 명예를 훼손하거나 모욕하는 내용을 담고 있다면, 법적 책임을 지게 될 수 있습니다.

위의 사항들을 고려하여 생성형 AI를 활용한 블로그 글을 작성한다면, 블로그 운영에 도움이 될 뿐만 아니라, 생성형 AI의 발전과 사회적 수용성 향상에도 기여할 수 있습니다.

나는 부동산마케팅 전문 블로거입니다. 생성형 AI로 작성한 글을 블로그에 게시하면 저품질 블로그가 되는지 다음 지침에 맞게 작성해주세요

지침
1. 확실한 사실만 기재하되 명확한 설명을 포함해주세요
2. CoT 방식을 사용하되 spet by step으로 설명해주세요

생성형 AI를 이용하여 작성한 글을 블로그에 게시한다고 해서 해당 블로그가 저품질 블로그가 되는 것은 아닙니다. 이는 잘못된 정보이며, 생성형 AI를 활용한 콘텐츠 제작은 블로그 운영에 도움이 될 수 있습니다.

다음은 생성형 AI를 활용하여 블로그 글을 작성할 때 고려해야 할 사항입니다.

1. 콘텐츠의 질과 독창성: 생성형 AI를 이용하여 작성한 글이라도, 해당 글의 내용과 구성이 독창적이고 유익하다면 블로그 방문자들에게 좋은 인상을 줄 수 있습니다. 따라서 생성형 AI를 이용하여 글을 작성할 때는, 해당 글의 주제와 목적에 맞게 적절한 내용과 구성을 선택하는 것이 중요합니다.

2. 저작권 문제: 생성형 AI를 이용하여 작성한 글의 저작권 문제도 고려해야 합니다. 생성형 AI가 기존에 존재하는 글이나 이미지를 기반으로 새로운 글이나 이미지를 생성하는 경우, 해당 글이나 이미지의 저작권을 침해할 수 있으므로 주의해야 합니다.

3. AI의 한계: 생성형 AI는 인간의 언어와 문화를 완벽하게 이해하지 못할 수 있으므로, 생성된 글이나 이미지의 내용과 표현이 부적절하거나 어색할 수 있습니다. 따라서 생성형 AI를 이용하여 글을 작성할 때는, 생성된 글이나 이미지를 꼼꼼히 검토하고 수정하는 것이 좋습니다.

4. 투명성: 생성형 AI를 이용하여 작성한 글을 블로그에 게시할 때는, 해당 글의 작성에 생성형 AI가 사용되었다는 사실을 투명하게 공개하는 것이 좋습니다. 이를 통해 블로그 방문자들의 신뢰를 얻을 수 있으며, 생성형 AI의 활용에 대한 사회적 인식을 개선하는 데에도 기여할 수 있습니다.

5. 법적 규제: 생성형 AI를 이용하여 작성한 글을 블로그에 게시할 때는, 해당 글의 내용이 법적 규제나 윤리적 기준을 준수하는지 확인해야 합니다. 예를 들어, 생성형 AI가 생성한 글이 타인의 명예를 훼손하거나 모욕하는 내용을 담고 있다면, 법적 책임을 지게 될 수 있습니다.

위의 사항들을 고려하여 생성형 AI를 활용한 블로그 글을 작성한다면, 블로그 운영에 도움이 될 뿐만 아니라, 생성형 AI의 발전과 사회적 수용성 향상에도 기여할 수 있습니다.

👍 👎 🗔 🔖   다른 답변 보기 ↻

자유롭게 대화해 보세요.

CLOVA X는 부정확한 정보를 제공할 수 있으며, 이는 NAVER의 입장을 대변하지 않습니다. 개인정보 처리 안내

'유사문서 판독시스템' 개선 안내

네이버 검색   2018. 10. 30. 11:10   URL 복사   [+이웃추가]

네이버 UGC (블로그/카페/포스트/리뷰/VIEW 검색 전반) 검색에는 글 원작자의 권리를 보호하기 위해, '유사문서 판독시스템'이 적용되어 있습니다.

'유사문서 판독시스템'이란 서로 유사한 내용을 가진 문서가 있는 경우, 원본글과 복사글(유사문서)로 구분해 보여주는 시스템입니다.

그 동안 네이버 고객센터를 통해 신고 누적된 내용을 기반으로, 원본 문서를 보호하기 위한 로직이 한층 강화됩니다.

▌판독 정확도 개선

원본 문서를 판독하는 핵심 알고리즘의 로직 개선을 통해, 그 동안 리포팅 되었던 많은 어뷰징 케이스가 보완되었습니다.

특히, 일명 '유사 문서 공격' 행위는 대부분의 경우 알고리즘을 통해 1차 차단될 것으로 기대되며, 혹시라도 공격을 시도할 경우 더 강력한 2차 제재를 받도록 조치됩니다.

▌반영 시간 단축

한 번 유사문서로 판독되더라도 주기적으로 다시 판독 과정을 거치는데요,
이러한 판독 로직은 네이버의 수많은 데이터를 실시간으로 분석해 빠르게 반영될 때 더 큰 의미가 있습니다.
이에 시스템 구조 개선과 효율화를 통해 업데이트 주기를 크게 단축했습니다.

더 건강한 IT 문화가 정착될 수 있도록 많은 분들의 도움 부탁드리겠습니다.
앞으로도 네이버 검색은 저작권자의 권리를 보호하기 위한 다양한 노력을 지속해 나가겠습니다.

감사합니다.

▲ NAVER Search & Tech

C-Rank 는 지금도 끊임없이 진화중 입니다

네이버 검색 2018. 4. 19. 12:02 | 이웃추가

블로그, 포스트, 카페글, 리뷰글 등 네이버 UGC (User Generated Contents) 검색결과에는 출처의 신뢰도를 계산해 랭킹에 반영하는 C-Rank 알고리즘이 적용되어 있는데요.

▶ C-Rank 알고리즘이란 무엇인가요?
▶ 블로그검색, 카페검색, 지식iN검색의 C-Rank에 대해 더 알아보기

C-Rank는 고정된 알고리즘이 아니라 사용자들의 활동과 스팸 방지를 위한 노력에 따라 지속적으로 업데이트되고 있기 때문에, 어떤 출처든 지속적으로 고정되어 노출이 보장되기는 어려운 구조를 가지고 있습니다. 사용자들이 각 검색어마다 상위에 보여질 수 있는 좋은 콘텐츠 후보들을 끊임없이 생산하고, 스팸 필터 등 여러 알고리즘 역시 매일 업데이트되어 적용되기 때문입니다.

▌더 신뢰성 있는 검색결과를 위한 C-Rank의 진화 방향

앞으로도 C-Rank는 더 믿을 수 있는 검색결과를 제공하기 위해 다방면으로 개선을 계속해 나갈 예정입니다.

- 자주, 많이 문서를 작성하지는 않지만 가끔이라도 좋은 문서가 작성되고 그 글이 다른 검색 사용자들에게 충분한 만족을 주고 있는 출처의 경우, 지금보다 더 많이 노출될 수 있도록 개선될 예정입니다.

- 나날이 고도화되는 어뷰징 노출로부터 검색 사용자들을 보호하기 위해, 개별 출처에 대해 더 엄격한 신뢰성 관련 기준을 적용해 나갈 예정입니다.

- 원본 문서를 보호하기 위한 로직을 더욱 강화하고, 원본과 유사한 문서로 신고된 게시글에 대한 조치를 반영하는 시간을 최대한 단축할 예정입니다. 이와 함께 유사문서 공격을 시도한 출처의 경우 더 강력한 제재를 받도록 조치해 원본의 출처를 보호할 수 있도록 노력할 계획입니다.

- 주제의 전문성이 높거나, C-Rank가 높거나, 희소성 있는 주제에 대해 깊이있고 꾸준히 연재되어온 연재물에 대해서는 통합검색에서 노출이 더 확대될 수 있도록 할 예정입니다. 혹시 통합검색에 미처 노출되지 못한 콘텐츠들이라 할지라도, 네이버의 각 서비스 내 검색 결과에서 추가로 확인하실 수 있습니다.

앞으로도 C-Rank는 많은 사용자들이 선호하는 신뢰성 있는 글을 우선적으로 보여주고, 어뷰징이나 스팸, 실제 경험에 기반하지 않은 광고성 도배글과 같은 검색결과 신뢰성을 낮추는 글은 우선적으로 보여지지 않을 수 있도록 노력을 계속해 나가겠습니다.

감사합니다.

▲ NAVER Search & Tech

▎ 생성형 AI 환경에서 창작자들의 주의를 부탁드립니다

생성형 AI로 저품질의 문서를 양산할 경우 검색에 노출되지 않을 수 있습니다.
저품질 문서의 기준도 기존과 달라지지 않았습니다. 저품질 문서는 지속 고도화하고 있는 여러 알고리즘을 통해 탐지하고 있고, 저품질로 분류될 경우 검색에 노출되지 않을 수 있습니다.
생성형 AI를 좋은 문서 작성에 활용해 주시고, 오남용으로 인해 창작물이 저품질 문서로 분류되는 경우를 주의해 주시길 당부드립니다.

[스팸·어뷰징 문서의 구분]
다양한 유형의 새로운 스팸·어뷰징 문서가 계속 탐지되고 있습니다.
최근에는 생성형 AI로만 작성한 문서를 자동화하여 게시하는 유형의 어뷰징 사례가 많이 탐지되고 있습니다.

[어뷰징 행위 예시]
▶ 타 문서를 단순 복사하거나 검색 노출을 위해 유사한 키워드를 반복적으로 사용하는 행위
▶ 생성형 AI로 문맥이 이어지지 않는 가독성이 낮은 콘텐츠를 반복적으로 생성하는 행위
▶ 동일/유사한 콘텐츠를 생성형 AI를 통해 대량으로 만들어내는 행위
▶ 뉴스, 웹사이트, 블로그 등 다른 사람의 콘텐츠를 복사 및 짜깁기하여 대량의 콘텐츠를 생성형 AI로 자동화하여 만들어내는 행위

-NAVER Search & Tech-

운영 정책

생성형 AI 활용 문서에 대한 검색 노출 정책 안내

네이버 검색 2024. 2. 28 13:55   URL 복사   + 이웃추가   :

안녕하세요, 네이버 검색입니다.
최근 생성형 AI 네이버 검색 'Cue:'를 포함해, 'CLOVA X', 'CLOVA for writing' 등 다양한 생성형 AI 서비스가 창작 활동을 돕는데 활용 가능하게 되었습니다.
이러한 환경 변화 속에서 네이버 검색의 정책 변화나 생성형 AI 서비스를 활용할 때 주의해야 할 점 등에 대한 사용자들의 관심과 문의가 증가함에 따라 상세히 안내해 드립니다.

▎ 검색 노출 정책에는 변함이 없습니다

여전히 좋은 문서를 찾아서 잘 보여주고자 하는 네이버 검색의 철학이나 기술적 노력에는 변함이 없습니다.
네이버 검색은 신뢰할 수 있는 정보로 구성된 문서, 독보적인 독창성을 지닌 문서, 본인이 직접 경험한 의미 있는 상세한 후기를 포함한 문서 등 사용자에게 유용한 정보를 제공할 수 있는 문서를 좋은 문서로 분류합니다. 생성형 AI 활용 여부와는 무관하게, 다른 사용자에게 도움이 되는 정보를 담고 있는 좋은 문서들이 검색에 더 많이 노출될 수 있습니다.
일부 사용자분들은 생성형 AI를 활용하면 검색 노출에 불이익이 있는지를 문의하시는데요, 좋은 문서라면 문서 생성 방식과 관계없이 검색에 노출이 가능합니다.
다만, 생성형 AI를 활용했다면 해당 사실을 문서에 명시할 것을 권고합니다.

여기서 '좋은 문서'는 검색 로직이 아닌, 독자에게 도움이 되는 정보를 잘 전달하는 것을 우선으로 생각하며 작성한 독자 중심의 콘텐츠입니다.

[좋은 문서의 특성]
▶ 신뢰성 있는 정보 : 신뢰할 수 있는 정보를 기반으로 작성
▶ 솔직한 경험 : 상품/서비스/장소 등에 대해 본인이 직접 경험하고 솔직하게 작성
▶ 독창적 정보 : 다른 문서를 복사하거나 짜깁기하지 않고, 독자적 정보로서 가치 보유
▶ 심층적 구성 : 해당 주제에 대해 도움이 될 만한 충분한 길이의 정보와 분석 내용 포함
▶ 좋은 가독성 : 글을 읽는 사용자가 쉽게 읽고 이해할 수 있게 작성

3 **블로그지수 확인하기**

● 블덱스

블덱스(Blogdex)는 네이버 블로그 운영자들이 블로그 지수, 키워드 경쟁도, 포스팅 품질 등을 분석하고 효율적으로 관리하여 성과를 극대화할 수 있도록 돕는 블로그 최적화 도구입니다.

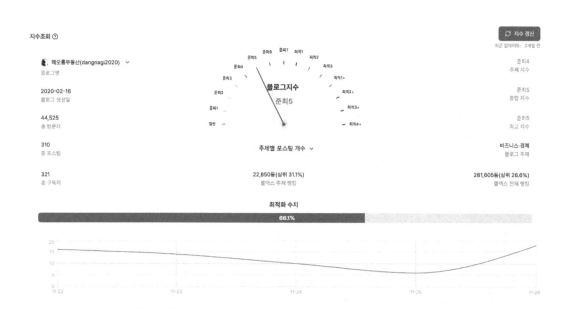

● 리뷰언즈 포털

리뷰언즈 포털은 블로그 체험단 및 블로그 지수 확인 등을 한곳에서 할 수 있는 플랫폼입니다.

- 블로그 지수 확인

블로그의 품질과 인기도를 나타내는 지수인 블로그 지수를 확인할 수 있습니다. 블로그 지수를 통해 블로그의 성장 가능성을 예측하고, 블로그 운영 전략을 수립할 수 있습니다.

- 체험단 신청

맛집, 제품 등 다양한 분야의 체험단을 신청할 수 있습니다. 신청한 프로젝트의 이력을 편리 하게 관리할 수 있으며, 선정된 프로젝트도 확인할 수 있습니다.

- 엔서포터

네이버 검색 키워드와 블로그 글을 분석해 주는 웹 브라우저 확장 프로그램입니다. 글자 수 세기뿐만 아니라, 블로그의 검색 순위와 마케팅 프라이스도 확인할 수 있습니다.

- 블로그 글자 수 맞추기

글쓰기 시 글자 수를 자동으로 세어주며, 글자 수를 맞출 수 있도록 도와줍니다.

LilysAI

1. 릴리스 AI란?

릴리스 AI는 다양한 콘텐츠를 빠르게 요약하고 정리해주는 인공지능 도구입니다. 유튜브 영상, PDF 문서, 녹음 파일 등 여러 형식의 데이터를 분석하여 필요한 정보를 추출하고, 이를 통해 사용자는 보다 효율적으로 업무를 처리할 수 있습니다. 블로그 글쓰기, 보고서 작성, 회의록 정리 등 콘텐츠 제작의 모든 과정에서 릴리스 AI가 도움을 줄 수 있습니다.

1) 릴리스 AI의 주요 기능

- 영상 요약

  유튜브 강의나 세미나 영상의 핵심 내용을 짧게 요약.
  긴 회의 녹화본에서 주요 의사결정 내용을 추출.

- PDF 요약

  PDF 파일을 업로드하면 페이지별로 내용을 요약
  보고서나 논문처럼 방대한 문서를 분석할 때 매우 유용하며 이해하기 어려운 전문 용어는 추가 설명을 제공

- 텍스트 요약

  긴 텍스트를 요약하여 핵심 정보를 간결하게 제공
  사용자가 원하는 길이나 초점에 맞춰 요약본을 생성 가능

- 녹음 요약

  회의나 강연을 녹음한 파일을 업로드하면 주요 내용을 요약해 제공
  전체 대화 내용을 텍스트로 변환해 회의록을 자동 생성

- 웹사이트 요약

  웹페이지의 URL을 입력하면 해당 페이지의 주요 내용을 요약하여 제공
  기사나 블로그 글도 빠르게 핵심을 파악할 수 있음

- 데이터 분석 및 시각화

  분석된 데이터를 그래프나 인포그래픽으로 시각화할 수 있는 아이디어를 제공

2) 릴리스 AI 활용 팁

릴리스 AI는 단순히 요약 기능만 제공하는 것이 아니라, 콘텐츠 제작 전반을 혁신적으로 지원합니다.

- 자료 수집: PDF, 뉴스, 웹사이트를 요약해 필요한 정보 확보.
- 목차 구성: 요약된 데이터를 바탕으로 글의 흐름 계획.
- 시각 자료 제작: 그래프와 인포그래픽으로 블로그 글의 완성도를 높임.
- 최종 점검: 텍스트 요약 기능으로 글의 구조와 내용을 검토.

2. 가제트 AI

블로그 글쓰기 지원: 제품 사용 후기, 방문 후기, 정보성 글 등 다양한 블로그 포스트를 작성할 수 있도록 템플릿을 제공합니다. 키워드를 입력하면 제목, 목차, 본문을 자동으로 생성하여 글쓰기 시간을 단축시켜 줍니다.

키워드 추천 및 분석: 상위 노출을 위한 키워드를 추천하며, 각 키워드의 월 검색량과 경쟁 강도를 함께 제공하여 효과적인 키워드 선택을 도와줍니다.

원본 글 변환: 기존의 원고를 입력하면 유사 문서 회피 로직을 적용하여 새로운 글로 변환해줍니다. 이는 다수의 블로그 운영 시 동일한 내용을 반복하지 않고 다양한 콘텐츠를 생성하는 데 유용합니다.

유튜브 영상 요약: 유튜브 영상의 URL을 입력하면 해당 영상을 분석하여 주요 내용을 요약해줍니다. 이를 통해 긴 영상을 빠르게 파악할 수 있습니다.

제 **5** 강 　이미지 생성 AI

image generator

작성자 naif alotaibi ☆

A GPT specialized in generating and refining images with a mix of
professional and friendly tone.image generator

| Generate an image of a futuristic city. | Create a portrait of a fictional character. | Design a logo for a new tech startup. | Illustrate a scene from a fantasy novel. |

1　이미지 제너레이터

1. 이미지 제너레이터의 주요 기능

① 다양한 스타일 지원: 디지털 페인팅, 스케치, 3D 렌더링, 수채화 등 다양한 예술 스타일을 구현.

② 특정 시대나 예술가의 스타일을 반영하여 독창적인 이미지 제작 가능.

③ 구체적인 디테일 표현:

　인물, 사물, 배경 등 모든 요소를 상세히 묘사 가능.

　질감, 조명, 색감, 원근감 등을 세부적으로 조정.

④ 배경 및 환경 설정:

　자연, 도시, 실내 공간 등 다양한 배경을 설정 가능.

　시간대, 계절, 날씨 등 환경적인 요소도 표현.

⑤ 즉각적인 수정 및 개선:

　생성된 이미지에서 원하는 부분을 변경하거나 추가 가능.

　반복적으로 요청하여 완성도 높은 결과물 제작.

2. 최적의 프롬프트 작성법

1) 기본 프레임워크:

"[스타일/매체]의 [주제], [주제의 특징 최소 2개], [배경과의 관계], [배경 설정 최소 2개], [색감과 조명 효과 최소 2개], [추가적으로 원하는 세부 사항]."

2) 구체적 프롬프트 예시

① 풍경 이미지

"디지털 페인팅 스타일의 안개 낀 숲, 키 큰 나무들이 가득하고 중앙에 돌로 만든 작은 다리가 있는 모습. 배경은 흐릿하게 보이는 산맥과 잔잔한 강물로 구성. 차분한 파란색과 녹색 톤으로 자연스러운 분위기를 강조하며, 아침 햇살이 안개를 뚫고 나오는 따뜻한 조명 효과를 추가."

② 인물 이미지

"현대적 스타일의 여성 캐릭터, 짧은 검은 머리와 강렬한 눈빛을 가진 모습. 배경은 도시의 야경이며, 네온사인이 빛나는 골목길. 푸른빛과 분홍빛 조명이 인물을 감싸는 효과를 강조하며, 세부적으로 레더 재킷의 질감과 반짝이는 금속 장식 표현."

③ 상상 속 장면

"미래적인 3D 렌더링 스타일로 우주 도시, 둥근 돔 형태의 건물들과 하늘을 나는 차량들. 배경은 밤하늘에 떠 있는 행성과 은하수. 차가운 은색과 보랏빛 톤이 주를 이루며, 도심 속 빛의 반사가 돋보이도록 디테일 추가."

2 Canva

Canva

작성자: canva.com

Effortlessly design anything: presentations, logos, social media posts and more.

| How about an inspirational quote graphic for social... | I need a poster for our online store's seasonal sale | Make an Instagram post about a breathtaking... | Highlight my favorite hiking trail in a Facebook post |

1. Canva의 주요 기능

① 직관적인 디자인 툴

　Canva는 드래그 앤 드롭 방식의 간편한 편집 툴을 제공하여 초보자부터 전문가까지 누구나 효율적으로 사용할 수 있음

② 다양하고 풍부한 템플릿 라이브러리

　프레젠테이션, 포스터, 로고, 소셜 미디어 콘텐츠 등 여러 용도로 사용할 수 있는 고품질 템플릿을 제공

③ 광범위한 디자인 요소

　수천 가지의 아이콘, 이미지, 비디오, 애니메이션 효과를 활용하여 창의적이고 독창적인 디자인을 제작 가능

④ 실시간 팀 협업

　실시간으로 팀원과 디자인을 공유하고 편집할 수 있는 협업 기능을 통해 효율적인 작업이 가능

⑤ 다양한 출력 형식 지원

　완성된 디자인은 PDF, JPG, PNG, MP4 등 원하는 형식으로 내보낼 수 있어 다양한 활용이 가능

2. 최적의 프롬프트

명확하고 간결한 요청이 중요. 다음과 같은 요소를 포함하여 요청하면 더 효과적임

- 목적 및 주제 설정: 디자인의 용도와 주제를 간단히 명시

　예: "봄을 테마로 한 생일 초대장 디자인"

　　"미니멀한 스타일의 회사 로고 제작"

- 타겟층과 분위기 지정: 디자인이 전달해야 할 메시지와 분위기를 설명

　예: "밝고 활기찬 분위기의 소셜 미디어 포스트"

　　"전문적이고 세련된 분위기의 프레젠테이션 슬라이드"

- 특정 이벤트에 초점: 특정 이벤트와 관련된 요청은 더욱 명확한 결과를 도출

　예: "블랙 프라이데이 세일 배너"

　　"클래식한 결혼식 초대장 디자인"

1 브루

구글에서 브루를 검색하여 클릭합니다

\vrew   사용법 배우기   커뮤니티   가격 정책   체험하기   다운로드

AI가 도와줄게요
누구나 영상 편집을 쉽고 즐겁게

음성 인식 기능을 통한 자막 자동 생성
직접 녹음하지 않아도 되는 500여 개의 AI 목소리
상업적으로 사용가능한 무료 이미지, 비디오, 배경 음악
AI가 대본과 영상을 한 번에, 텍스트로 비디오 만들기

무료 다운로드 ↓   체험하기 →

● Vrew 책, 윈도우, 우분투를 모두 지원합니다.

무료다운로드 클릭 후 이용약관 및 개인정보처리방침에서 동의하고 시작을 클릭합니다

이용약관 및 개인정보처리방침

Vrew 를 설치해 주셔서 감사합니다!

Vrew 를 사용하시기 전에 아래 이용약관 및 개인정보처리방침을 확인해주세요.

이용약관 ☑

(주)보이저엑스(이하 "회사")가 제공하는 Vrew(이하 "서비스")를 이용해 주셔서 감사합니다. 본 이용약관은 서비스의 이용과 관련하여 회사와 사용자 간에 체결되는 계약입니다. 사용자란 본 약관에 동의하고 서비스를 설치 및 사용하는 개인, 기업 및 기관 등 모든 사용자를 통칭하며, 사용자가 본 서비스를 이용하기 위해서는

☑ 사용통계 및 오류 정보를 전송하여 Vrew 의 개선에 참여합니다.

동의하고 시작   **Vrew 종료하기**

회원가입을 진행하세요

회원가입이 완료되면 1.좌측 상단 새보만들기를 클릭하고 2.텍스트로 비디오 만들기를 클릭합니다.

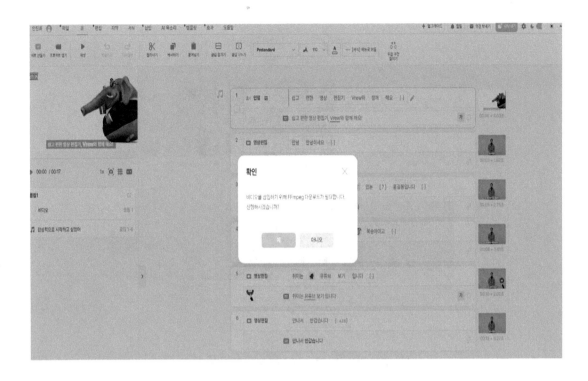

FFmpeg를 다운로드합니다.

화면비율을 선택하세요. 예시에서는 유튜브 16:9를 선택했습니다.

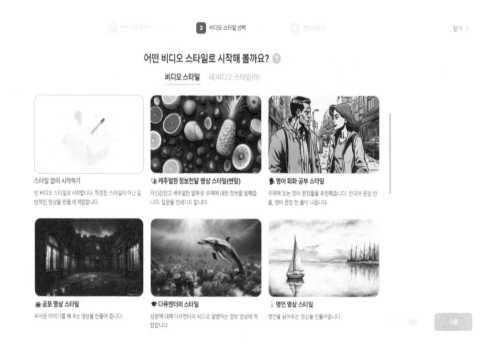

비디오 스타일을 다양하게 선택할 수 있는데 스타일 없이 시작하기로 먼저 실습해보겠습니다.

주제를 정한 후 글쓰기를 클릭하세요

주제만 입력하고 글쓰기를 클릭했는데 AI로 대본이 생성되었습니다.
이어쓰기, 다시쓰기, 직접 수정하기 모두 가능합니다.

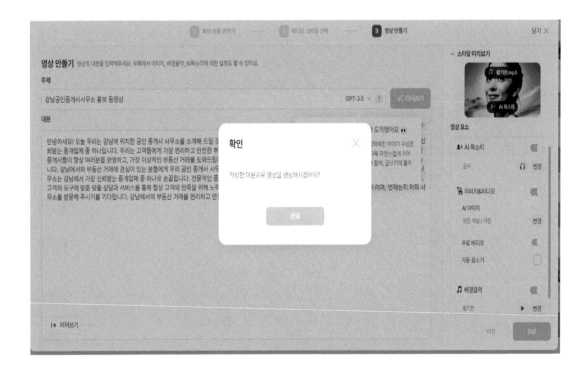

대본을 수정한 후 완료 버튼을 눌러주세요.

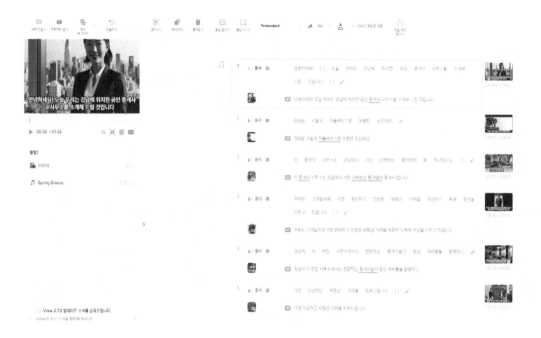

위와 같은 화면이 생성되며 페이지에서 목소리, 이미지&비디오, 배경음악 수정이 가능합니다.

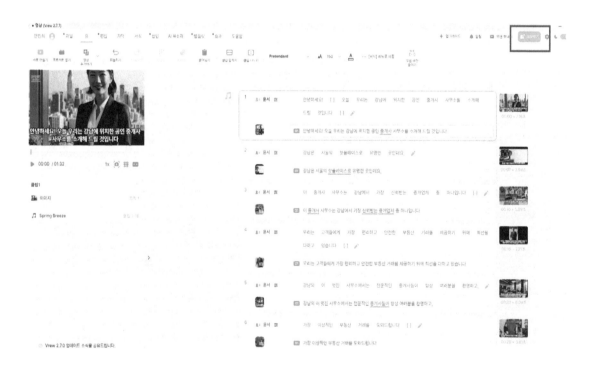

모든 수정이 완료되면 우측 상단 내보내기 버튼을 클릭합니다.

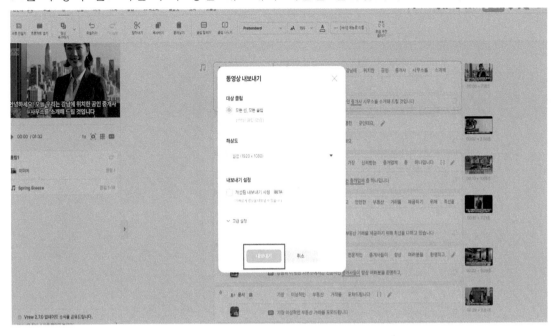

영상파일을 선택 후 클립, 해상도 등을 선택하고 내보내기를 클릭합니다.

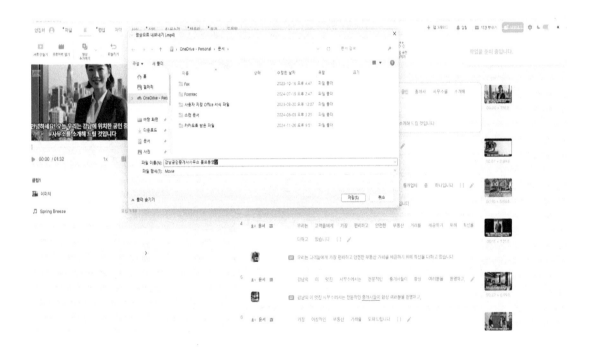

저장확인 설정 후 저장하기를 클릭하세요

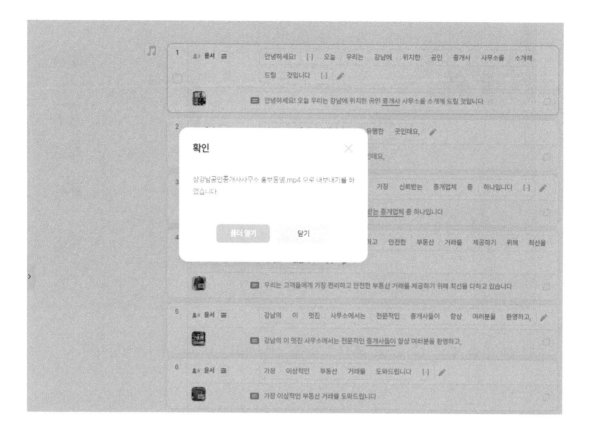

폴더열기를 클릭하여 저장된 영상을 확인합니다.

제 7 강 | 프롭테크

부동산 시장은 끊임없이 변화하고 있습니다. 공인중개사로서 성공하기 위해서는 단순히 거래를 중개하는 데 그치지 않고, 시장의 흐름을 꿰뚫고, 고객이 원하는 가치를 제공할 수 있는 역량을 갖추어야 합니다. 이 과정에서 빅데이터와 프롭테크는 필수적인 도구이자 경쟁력을 높이는 강력한 무기가 됩니다.

1 프롭테크: 디지털 혁신의 파도

프롭테크(PropTech)는 부동산(Property)과 기술(Technology)의 합성어로, 기술이 부동산 산업에 변화를 가져오는 혁신을 의미합니다. 이미 많은 고객들이 부동산 플랫폼(직방, 다방, 네이버 부동산 등)과 같은 기술에 익숙해져 있습니다. 이러한 흐름 속에서 중개사 역시 기술에 능숙해야만 고객의 신뢰를 얻을 수 있습니다.

2 프롭테크 활용의 장점

- 업무 효율성 극대화
  AI와 자동화 기술을 통해 계약서 작성, 매물 관리, 고객 관리 등 번거로운 업무를 간소화할 수 있습니다.
- 다양한 마케팅 전략
  3D 가상 투어, 드론 영상, 빅데이터 기반의 상권 분석 등 새로운 마케팅 도구를 활용할 수 있습니다.
- 고객 접근성 강화
  플랫폼과 기술을 통해 더 많은 고객과 연결되고, 더 넓은 시장에 진출할 수 있습니다.

3 프롭테크를 활용해야 하는 이유

디지털 기술을 이해하지 못하면 빠르게 변화하는 시장에서 도태될 위험이 있습니다.
프롭테크를 활용하면 기존 중개 업무의 한계를 뛰어넘어 더 많은 기회를 창출할 수 있습니다.
기술에 익숙한 세대와 소통하려면 중개사 역시 프롭테크에 대한 이해가 필수입니다.

부동산 시장의 경쟁은 날로 치열해지고 있습니다. 고객은 점점 더 전문성과 데이터를 기반으로 한 신뢰를 요구합니다. 빅데이터와 프롭테크는 단순히 활용의 대상이 아니라, 중개사가 미래에 살아남기 위한 생존 도구입니다.

	시기	대표기업	특징
프롭테크1세대	1990- 2000년대초	부동산114 네이버부동산	장부작성에서 컴퓨터로 업무방식 전환
프롭테크2세대	2000년대말- 2010년대중반	직방 다방	모바일,스마트폰 활용
프롭테크3세대	2010년말-	디스코,큐픽스 밸류맵,스페이스워크	빅데이터인공지능 기반

▲ 프롭테크의 발전

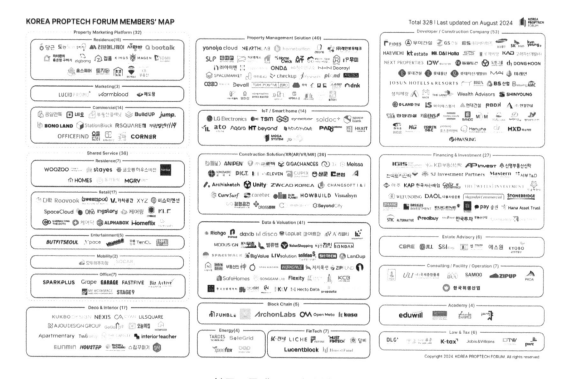

▲ 한국프롭테크포럼 328개 기업

플랫폼	제공정보
네이버부동산	부동산 종합정보
호갱노노	학군정보 학원가정보 3D일조량정보 등
아실	아파트 종합정보
직방	부동산 종합정보
다방	부동산 종합정보
리치고	부동산투자분석 청약안내
씨리얼	개발정보
밸류맵	개발정보
토지이음	개발정보
랜드북	AI 건축설계
하우빌드	AI 건축설계
닥터빌드	AI 건축설계
부동산플래닛	부동산종합정보
부동산테크,	실거래가
상권정보	전국 상권분석
네모	상가 매물 정보
마이프차	프랜차이즈 정보
정비사업정보몽땅	서울시재개발재건축 정보
셀리몬	세금계산

▲ 주요 프롭테크 플랫폼과 제공정보

1. 호갱노노

호갱노노는 아파트를 구하는 소비자가 궁금해할 만한 거의 모든 정보를 확인할 수 있는 아파트 정보에 특화된 플랫폼입니다.

세분화 된 필터링 기능이 장점으로 매매 전세 여부,, 평형, 가격, 세대수, 입주년차, 용적률, 건폐율, 전세가율 갭가격 임대사업율 월세수익률 주차공간 현관구조 난방방식까지 설정이 가능하며 현재 해당 단지를 보고 있는 사람의 숫자까지 확인됩니다.

일조량과 빠른 배송 생활권, 주변 상권 정보와 같이 입주자에게 꼭 필요한 정보나 실거래 자료를 기반으로 3개월 내 나올만한 매물 안내도 확인할 수 있습니다.

2. 밸류맵

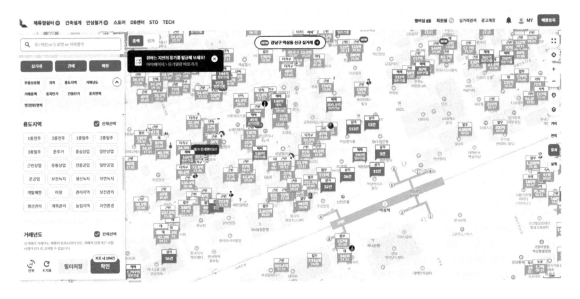

국내 최초의 토지·건물 실거래가 플랫폼으로 시작하여 현재는 전국의 아파트, 오피스텔, 연립/다세대, 단독/다가구, 상가, 공장, 창고 등 거의 모든 유형의 부동산 실거래가를 제공합니다.

지도 기반으로 각종 부동산의 실거래가를 보여주며, 특히 토지 및 상업용 부동산 영역에서 강점을 가지고 있습니다.

각종 부동산의 실거래가 뿐만 아니라 매물 증감 추이, 경매 정보, 공시지가, 상권 정보, 적정 토지가격, AI 예측 가격 등 다양한 부가 기능을 제공합니다.

3. 부동산디스코

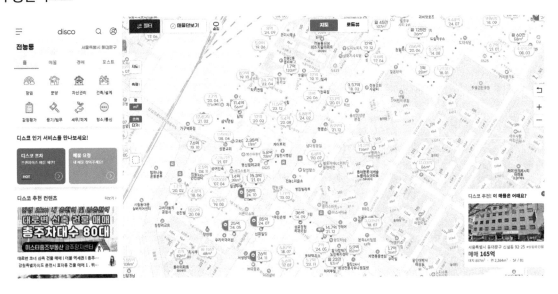

○ 국내 최대 수준인 약 700만 건의 실거래가 정보를 제공합니다.

○ 지도 기반으로 각종 부동산의 실거래가를 보여줍니다.

○ 아파트, 오피스텔, 연립/다세대, 단독/다가구, 상가, 공장, 창고 등 거의 모든 유형의 부동산 실거래가를 확인 가능합니다.

○ 토지 및 상업용 부동산 영역에서도 강점을 가지고 있습니다.

○ 각종 부동산의 실거래가 뿐만 아니라 매물 증감 추이, 경매 정보, 공시지기, 상권 정보, 적정 토지 가격, AI 예측 가격 등 다양한 부가 기능을 제공합니다.

프랜차이즈 매물제안 등과 같이 특화된 서비스를 제공하고 있습니다.

4. 리치고

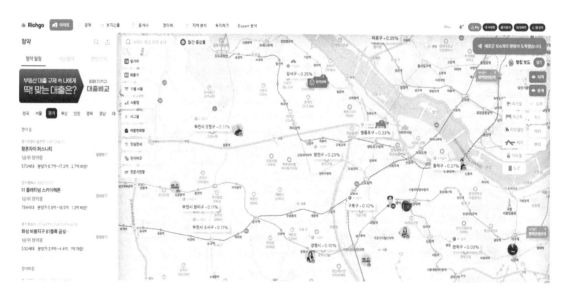

부동산 데이터와 AI 기술을 결합하여 다양한 부동산 정보를 제공하는 프롭 테크 기업입니다.

아파트의 투자 점수를 제공합니다. 투자 점수는 아파트의 가격 상승 가능성을 나타내는 지표로, 10점 만점으로 구성됩니다.

재개발, 재건축 사업의 추진 현황을 확인할 수 있습니다.
부동산 시장의 동향을 파악할 수 있는 '리치고 지수'를 제공합니다.
아파트 매물 증감 추이를 확인할 수 있습니다.

재개발 재건축 리모델링
택지 지하철
도로계획 확인 가능

5. 부동산테크

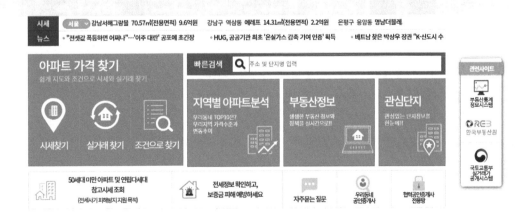

부동산테크는 한국부동산원에서 운영하고 있으며 제공하는 서비스는 아래와 같습니다.

전국의 시세파악이 가능한 공동주택(아파트, 연립) 및 오피스텔의 가격정보를 구축하여 대국민 정보제공, 금융기관의 담보 및 보증업무에 참고자료로 활용되는 정보서비스를 말합니다.

● **조사대상**

전국 50세대 이상의 아파트, 100세대 이상 일부 연립주택 및 오피스텔 중 안정적인 시세 제공이 가능하다고 판단되는 단지 및 면적

전국 약 2만 3천 단지 공동주택 및 약 3천 단지 오피스텔 시세 제공 중

시세 기준일 및 제공 기간

공동주택의 매매·전세·월세 : 주간 – 매주 월요일 기준 시세를 해당주 금요일에 제공합니다.

오피스텔의 매매·전세·월세 :월간 – 매월 15일이 포함된 주 월요일 기준 시세를 기준일의 다음주 금요일에 제공합니다.

● **용어 설명**

상한평균가 :해당 면적내에서 선호도가 가장 높은 층의 평균적인 거래가능가격을 의미합니다.

하한평균가 :해당 면적내에서 선호도가 가장 낮은 층의 평균적인 거래가능가격을 의미합니다.

거래가능가격 :한국부동산원이 직접 조사한 일반적이고 통상적인 거래가능가격을 의미합니다.

협력공인중개사 : 한국부동산원 공동주택 시세조사 시 모니터링 협조와 자문 등을 통해 도움을 주시는 한국부동산원의 파트너 공인중개사 회원을 의미합니다.

● **가격 열람 시 주의사항**

한국부동산원 부동산테크 시세는 대국민 서비스 차원에서 국민들에게 공개하고 있는 정보로서, 일반적인 시세 수준 참고자료입니다.

한국부동산원 부동산테크 시세는 실거래사례 분석, 협력공인중개사의 자문, 기타 참고자료 활용 등을 통해 산정한 가격입니다.

한국부동산원 부동산테크 시세의 면적별 상한가·하한가는 해당 평형에서 거래될 수 있는 최대가격, 최소가격의 개념이 아닌, 가장 선호되는 층의 평균적인 가격과 가장 선호되지 않는 층의 평균적인 가격을 의미합니다.

한국부동산원 부동산테크 시세는 일반적이고 통상적인 거래가능한 시장가격을 기준으로 결정하므로, 리모델링이나 급매 등 개별 호의 특별한 사정은 고려하지 않습니다.

6. 오픈업

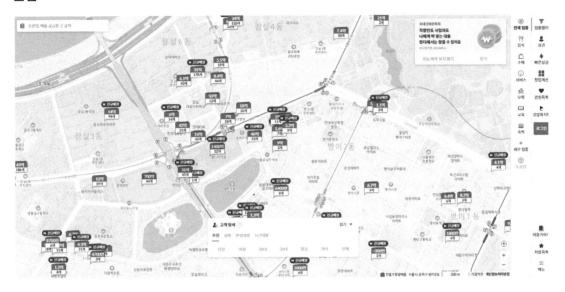

상권 정보를 제공하며 행정안전부, 국토교통부, 국세청, 통신사, 시중카드사 등 다양한 빅데이터를 AI가 학습하여 추정 매출을 제공하는 플랫폼입니다.

건물을 중심으로 거주 인원과 1인 가구 비율, 아파트 세대 수 등 다양한 정보를 제공합니다.

성별, 연령대별, 시간대별 다양한 조건의 필터링이 가능하여 상권 분석에 도움을 받을 수 있습니다.

7. 정비사업 정보몽땅

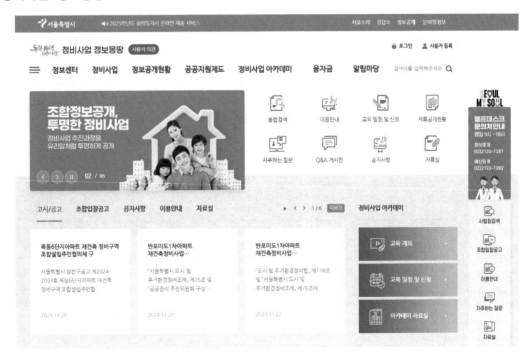

정비사업 정보몽땅은 서울시에서 운영하는 재개발, 재건축 등 정비사업에 대한 종합정보 관리시스템입니다.

조합의 정관, 용역업체 선정 계약서, 의사록, 사업시행계획서 등 총 15개 항목의 정보를 공개하고 있으며, 정보공개 열람실을 운영하여 사용자들이 원하는 정보를 쉽게 찾을 수 있도록 지원하고 있습니다.

분담금 추정 프로그램은 해당 구역의 조합원이 본인의 분담금을 추정할 수 있도록 지원하는 프로그램입니다. 단, 분담금은 사업 진행 상황에 따라 변동될 수 있으므로 참고용으로만 활용하는 것이 좋습니다.

조합 예산·회계와 조합원별 부담액 등 70개 항목을 클린업시스템을 통해 상시 공개하도록 하고 있으며 e-조합시스템을 통해 조합의 예산, 회계, 인사, 행정 등 조합운영과 관련된 전 과정을 전자결재로 처리하고 그 기록을 체계적으로 관리하고 있습니다. 이를 통해 조합 운영의 투명성과 공정성을 높일 수 있습니다.

정비사업 통계자료 제공하여 사용자들은 서울시 내의 정비구역별 사업추진 현황부터 조합설립 현황까지 각종 통계자료를 확인할 수 있습니다.

신속통합기획, 모아타운, 청년안심주택, 재정비촉진사업 등 서울 시내 각종 도시계획사업을 GIS 기반으로 모바일에서도 확인할 수 있습니다.

8. 공공데이터포털

공공데이터포털은 공공데이터 통합제공 시스템입니다.

해당 포털에서는 공공기관이 생성 또는 취득하여 관리하고 있는 다양한 형태(텍스트, 수치, 이미지, 동영상 등)의 데이터를 개방하고 있으며, 국민 누구나 편리하고 손쉽게 활용할 수 있게 하는 것을 목적으로 합니다.

공공데이터포털에서 제공되는 데이터의 종류는 다음과 같습니다.

● 오픈 API(Open Application Programming Interface)
다양한 서비스와 애플리케이션을 개발할 수 있도록 외부에서 데이터를 호출하여 사용할 수 있는 인터페이스입니다. 기상청 날씨정보, 한국관광공사 관광정보, 교통안전공단 자동차 검사정보 등이 있습니다.

● 파일데이터
엑셀, 한글, PDF 등의 형식으로 제공되는 데이터입니다. 지역별 인구통계, 기업체 현황, 문화재 정보 등이 있습니다.

● 행정 인허가 데이터
식품위생업, 축산물 가공업 등 총 166개 업종에 대한 인허가 정보를 제공합니다. 지역별, 업종별, 기간별로 검색할 수 있으며, 오픈 API를 통해 다운로드 받을 수도 있습니다.

Part
06

9. 통계청

통계청에서 얻을 수 있는 데이터의 종류는 다음과 같습니다.

- 인구통계: 인구의 성별, 연령별, 지역별 분포와 인구 구조의 변화 등을 파악할 수 있는 데이터입니다. 인구주택총조사, 인구동향조사, 장래인구추계 등이 있습니다.
- 경제통계: 경제성장률, 물가상승률, 실업률 등 경제 전반에 대한 데이터입니다. 국내총생산(GDP), 소비자물가동향, 고용동향, 산업활동동향 등이 있습니다.
- 사회통계: 사회복지, 교육, 건강, 환경 등 사회 전반에 대한 데이터입니다. 사회조사, 교육통계, 건강보험통계, 환경통계 등이 있습니다.
- 농어업통계: 농업과 어업 분야에 대한 데이터입니다. 농작물 생산량, 가축 사육두수, 어업 생산량 등이 있습니다.
- 국제통계: 세계 각국의 경제, 사회, 문화 등에 대한 데이터입니다. 국제통화기금(IMF), 세계은행(WB) 등 국제기구에서 제공하는 통계와 국내에서 수집한 해외 통계 등이 있습니다.
- 북한통계: 북한의 경제, 사회, 문화 등에 대한 데이터입니다. 통일부, 국정원 등에서 수집한 북한 통계와 국제기구에서 제공하는 북한 통계 등이 있습니다.
- e-지방지표: 지방자치단체에서 수집한 지역별 통계입니다. 지역별 인구, 경제, 사회, 문화 등에 대한 통계를 제공합니다.
- 국가승인통계: 통계청이 승인한 통계로서, 신뢰성과 정확성이 높은 데이터입니다.
- 마이크로데이터: 통계조사 결과를 바탕으로 개인이나 가구 단위로 세분화된 데이터입니다. 연구나 분석에 활용할 수 있습니다.

10. 국가법령정보센터

국가법령정보센터는 대한민국의 법령 정보를 제공하는 공식 사이트로 다음과 같은 정보를 얻을 수 있습니다

- 현행법령: 법률, 대통령령, 총리령, 부령 능 대한민국의 현행 법령 정보를 제공합니다.
- 행정규칙: 훈령, 예규, 고시 등 행정기관이 발한 규칙 정보를 제공합니다.
- 자치법규: 조례, 규칙 등 지방자치단체의 자치법규 정보를 제공합니다.
- 판례: 각급 법원의 판례 및 헌법재판소의 결정례 등을 검색할 수 있습니다.
- 조약: 대한민국이 체결한 조약 정보를 제공합니다.
- 입법예고: 입법예고된 법령안 정보를 제공합니다.
- 국회의안정보: 국회에 제출된 의안 정보를 제공합니다.
- 정부입법현황: 정부가 추진 중인 입법 현황을 제공합니다..
- 법령해석례: 법령 해석에 대한 정보를 제공합니다.
- 생활법령: 일상생활과 관련된 법령 정보를 제공합니다.
- 조문별 연혁: 법령의 제정, 개정, 폐지 등 연혁 정보를 제공합니다.
- 별표/서식: 법령에서 위임한 별표, 서식 등을 제공합니다.
- 통계: 법령 관련 통계를 제공합니다.

국가법령정보 앱: 스마트폰에서 법령 정보를 조회할 수 있는 앱입니다.

11. 임업정보 다드림

 임업정보다드림은 산림 빅데이터를 활용하여, 산주, 임업인, 일반 국민 누구나 다양한 산림 정보를 필지 단위로 통합 조회할 수 있을 뿐 아니라, 특정 조건에 맞는 산림의 위치를 보다 손쉽게 찾아볼 수 있도록 지원하는 맞춤형 임업 정보 서비스입니다.
임업정보 다드림에서 얻을 수 있는 정보는 다음과 같습니다.

- 산림공간정보: 산림의 위치, 면적, 지형, 경사도, 방위, 표고, 밀도 등의 정보를 제공합니다.
- 임상도: 산림의 나무 종류와 분포 상태를 나타내는 지도입니다.
- 산림입지토양도: 산림의 토양 특성과 분포 상태를 나타내는 지도입니다.
- 재배기술정보: 임산물의 종류 별 재배 방법과 기술 정보를 제공합니다.
- 필지별 산림정보: 해당 필지의 산림정보를 조회할 수 있습니다.
- 필지별 경사도 정보: 해당 필지의 경사도를 조회할 수 있습니다.

12. 온비드

온비드(OnBid)는 한국자산관리공사(KAMCO)에서 운영하는 온라인 공매 시스템으로, 인터넷을 통해 다양한 공공자산을 매각하거나 임대하는 플랫폼입니다. 2002년 서비스 개시 이후 누적 거래금액 100조 원을 돌파하였으며, 2023년 말 기준 약 92만 건의 공공자산이 거래되었습니다.

온비드에서 얻을 수 있는 데이터의 종류는 다음과 같습니다.

- 매각 물건 정보: 매각 대상인 부동산, 자동차, 기계장비, 유가증권 등의 상세 정보를 제공합니다. 사진, 감정평가서, 지도 등을 함께 제공하여 물건의 상태와 위치를 쉽게 파악할 수 있습니다.
- 임대 물건 정보: 임대 대상인 부동산, 사무실, 공장, 창고 등의 상세 정보를 제공합니다.
- 입찰 정보: 입찰 일정, 입찰 방법, 입찰 보증금 등의 정보를 제공합니다.
- 낙찰 정보: 낙찰자 정보, 낙찰 금액, 낙찰 일자 등의 정보를 제공합니다.

- 이용기관 회원사 정보: 이용기관 회원사의 기관명, 연락처, 딤딩자 등의 정보를 제공합니다.
- 통계 정보: 공매 진행 건수, 낙찰 건수, 평균 경쟁률, 평균 낙찰가율 등의 통계 정보를 제공합니다.
- 뉴스 및 공지사항: 온비드 관련 뉴스와 공지사항을 제공합니다.

4 아파트 분석 프롬프트

● 프롬프트 1-1
당신은 부동산 전문가입니다.
아파틀 투자를 고려하는 사람이 검토해야 할 가장 중요한 사항 10가지를 정리해주세요

```
                          ChatGPT 응답-1
```

● 프롬프트 1-2.
ChatGPT응답-1 의 검토사항을 반영하여 항목에 맞는 최적의 아파트를 추천해주세요

항목
- 3인 가족거주
- 초등학교 도보거리
- 광화문 출퇴근 편리한 30평대 아파트
- 매매가격 15억원 이하
- 서울시 성동구 소재

● 프롬프트 2-1
다음의 [   ] 개의 아파트를 투자자의 관점에서 비교해주세요
- oo동 A아파트
- ㅁㅁ동 B아파트
- ㄹㄹ동 C아파트

```
                          ChatGPT 응답-2
```

☑ [프롬프트-ChatGPT를 활용한 부동산업무자동화(박종철교수) 인용]

● 프롬프트 2-2
ChatGPT응답-2를 다음 제시하는 항목 중심으로 비교 분석해서 표로 정리해주세요

_____

항목
  - 지하철역과의 거리
  - 가격경쟁력
  - 입지
  - 단지 특징
  - 단지 내 시설
  - 재건축가능성
  - 주변시세

● 프롬프트 3
첨부한 파일에서 전국 기준 아파트 거래량이 많은 지역을 1등부터 20등까지 알려주세요

● 프롬프트 4
[   ]에서 어떤 지역의 재건축아파트를 추천해 줄 수 있나요?

● 프롬프트 5
[   ]에서 전세가율이 가장 높은 지역을 알려주세요

● 프롬프트 6
[   ]에서 전세가율 상승을 지역별로 분석해주세요

5 **재개발재건축 분석 프롬프트**

● 프롬프트 1
첨부한 파일의 내용 중 재개발사업에 대한 내용만 추출해서 정리해주세요

● 프롬프트 2
재개발사업에 투자를 하려는 투자자가 가장 궁금해하는 질문 10가지를 정리해주세요

┌───┐
│   ChatGPT 응답-1   │
└───┘

● 프롬프트 3
ChatGPT 응답-1의 각 항목에 자세한 답변을 해주세요

● 프롬프트 4
  서울특별시에서 재개발사업을 하는 경우에 아파트 분양권을 받을 수 있는 토지 또는 건
  축물 소유자의 자격을 정리해주세요

● 프롬프트 5
  재개발사업의 유형을 분류해서 정리해주세요

● 프롬프트 6
  재개발사업의 진행절차를 시간적 순서에 따라 정리해주세요

● 프롬프트 7
  재개발사업에서 권리산정기준일에 대해서 정리해주세요

● 프롬프트 8
  서울특별시 [   ]에서 진행하고 있는 재개발사업을 정리해주세요

6 상권분석 프롬프트

● 프롬프트 1
  [   ] 상권의 특정 업종 현황을 정리해주세요

● 프롬프트 2
  [   ] 상권과 [   ] 상권을 항목별로 비교해서 표로 정리해주세요

● 프롬프트 3
  [   ] 상권의 최근 변화를 분석해주세요

● 프롬프트 4
  [   ] 상권과 [   ] 상권의 수익을 비교해주세요

● 프롬프트 5
  [   ] 상권의 신규 입점 업체를 분석해주세요

● 프롬프트 6
  [   ] 상권의 주변 상가 공실률을 확인해주세요

● 프롬프트 7
  [   ] 상권의 주요 업종을 확인해주세요

● 프롬프트 8
  [   ] 상권 주변 임대료 추이를 알려주세요

● 프롬프트 9
  [   ] 상권과 [   ] 상권 중 어떤 상권에 투자하는 것이 좋을까요?

● 프롬프트 10
  GTX 개통 시기와 GTX 개통이 [   ] 상권에 미치는 영향을 분석해주세요

개업공인중개사가 인터넷 광고 시 명시해야할 사항(체크리스트)

① 중개사무소 및 개업공인중개사(5가지 항목 예시, 중개대상물 종류별 공통사항)

① 명칭	AA공인중개사사무소				☐
② 소재지*	BB시 CC동 DD건물 1층	☐	④ 등록번호	가123456	☐
③ 연락처*	02-123-4567	☐	⑤ 성 명*	김○○	☐

② **소재지** : 지번과 건물번호 생략 가능 (예시) 서울 영등포 의사당대로 (○)
③ **연락처** : 등록관청에 신고된 중개사무소 연락처만 가능 (이 외 다른 연락처는 표시 불가)
⑤ **성 명** : 개업공인중개사의 성명 (소속공인중개사 성명은 대표자 성명과 병기 시 가능)
　　　　　(예시) AA공인중개사사무소 김○○(소속공인중개사 박○○)

※ **중개보조원 관련 사항(명함, 이름, 전화번호 등) 명시 금지**

② 중개대상물(12가지 항목 예시, 건축물 기준)

① 소재지*	EE시 FF동 00번지 GG아파트 00동 00층	☐	⑦ 입주가능일*	00년 00월 00일 또는 00년 0월 초순	☐
② 면적*	전용면적 : 84㎡ (공급면적 113㎡)	☐	⑧ 방수/욕실수*	0개/0개	☐
③ 가격*	0억 0천만원	☐	⑨ 행정기관 승인일자*	(사용승인일) 00년 00월 00일	☐
④ 중개대상물 종류*	공동주택	☐	⑩ 주차대수*	세대당 1대 주차	☐
⑤ 거래형태*	매매	☐	⑪ 관리비*	매월 4만원, 수도요금 및 전기요금은 실사용량에 따라 별도 부과	☐
⑥ 총 층수	총 00층	☐	⑫ 방향*	남향 (거실 기준)	☐

① **소재지**
　· **(등록주택)** 지번 포함(단, 중개의뢰인 요청 시, 읍·면·동·리까지 표시 가능)
　· **(그 외 주택)** 지번·동·층수 포함 (단, 중개의뢰인 요청 시, 층수 저/중/고 표시 가능)
　· **(주택을 제외한 건축물)** 읍·면·동·리까지 표시 가능, 층수 포함
② **면적** : 전용면적을 '제곱미터(㎡)' 단위로 표시해야함
③ **가격** : 단일가격으로 표시해야함
④ **중개대상물 종류** : 건축법에 따른 건축물의 용도(단독주택, 공동주택, 제1종 근린생활시설 등)
⑤ **거래형태** : 매매 / 교환 / 임대차 / 그 밖에 권리 득실변경
⑦ **입주가능일** : '즉시입주' 혹은 입주 가능한 세부 날짜를 표시해야함
　· 거래당사자가 합의에 따라 입주가능일을 조정할 수 있는 경우에는 입주가능 월의 초순, 중순, 하순으로 표시 가능
⑨ **행정기관 승인일자** : 사용검사일 / 사용승인일 / 준공인가일 중 선택하여 세부 날짜를 표시해야함
⑩ **주차대수** : 총 가능한 주차대수 또는 세대 당 가능한 주차대수
⑪ **관리비** : 관리비와 사용료를 명확히 구분하여 표시 해야함
⑫ **방향** : 방향의 기준과 함께 표시해야함(거실이나 안방 등 주실의 방향 기준)

※ 기타 자세한 사항은 '**중개대상물의 표시·광고 명시사항 세부기준(국토부 고시 제2021-1488호) 및 가이드라인 참고**

- 1 -

▲ 국토교통부 부동산광고시장감시센터

※ 개업공인중개사가 인터넷광고 시, 올바로 명시한 사례[예시]

<중개대상물의 표시·광고 명시사항 작성 예시1 (건축물 기준) - 표 형식>

중개 사무소 정보	① 명칭	AA공인중개사사무소		
	② 소재지	BB시 CC동 DD건물 1층	④ 등록번호	가123456
	③ 연락처	02-123-4567	⑤ 성 명	김OO
매물 정보	① 소재지	EE시 FF동 00번지 GG아파트 00동 00층	⑦ 입주가능일	00년 00월 00일 또는 00년 0월 초순
	② 면적	전용면적 : 84㎡ (공급면적 113㎡)	⑧ 방수/욕실수	0개/0개
	③ 가격	0억 0천만원	⑨ 행정기관 승인일자	(사용승인일) 00년 00월 00일
	④ 중개대상물 종류	공동주택	⑩ 주차대수	세대당 1대 주차
	⑤ 거래형태	매매	⑪ 관리비	매월 4만원, 수도요금 및 전기요금은 실사용량에 따라 별도 부과
	⑥ 총 층수	총 00층	⑫ 방향	남향 (거실 기준)

<중개대상물의 표시·광고 명시사항 작성 예시2 (건축물 기준) - 줄글 형식>

<중개사무소 정보>
명칭 : AA공인중개사사무소
소재지 : BB시 CC동 DD건물 1층
등록번호 : 가123456
연락처 : 02-123-4567
성명 : 김OO

<매물 정보>
소재지 : EE시 FF동 00번지 GG아파트 00동 00층
면적 : 전용면적 : 84㎡ (공급면적 113㎡)
가격 : 0억 0천만원
중개대상물 종류 : 공동주택
거래형태 : 매매
총 층수 : 총 00층
입주가능일 : 00년 00월 00일 또는 00년 0월 초순
방 수/욕실 수 : 0개/0개
행정기관 승인일자 : (사용승인일) 00년 00월 00일
주차대수 : 세대당 1대 주차
관리비 : 매월 4만원, 수도요금 및 전기요금은 실사용량에 따라 별도 부과
방향 : 남향 (거실 기준)

- 2 -

▲ 국토교통부 부동산광고시장감시센터

※ 중개대상물의 종류(5가지)별 표시 · 광고 명시사항 구분 - 요약표

가. 공통 사항

○ **중개사무소 및 개업공인중개사의 표시·광고 명시사항(5가지)**

- 상호, 소재지, 전화번호, 등록번호, 개업공인중개사 성명

나. 중개대상물 종류(5가지)별 명시사항 구분

○ **중개대상물의 표시·광고 명시사항 : 중개대상물 유형별 상이**

- **(토지, 5가지)** 소재지, 면적, 가격, 중개대상물 종류, 거래형태

- **(건축물, 12가지)** 소재지, 면적, 가격, 중개대상물 종류, 거래형태, 총 층수, 입주가능일, 방 수 및 욕실 수, 행정기관 승인일자, 주차대수, 관리비, 방향

- **(입목, 5가지)** 소재지, 면적, 가격, 수종/수량/수령, 거래형태

- **(공장재단/광업재단, 3가지)** 소재지, 가격, 거래형태

구분	위반 내용	중개대상물 종류			
①중개사무소 및 개업공인중개사	명칭	공통			
	소재지				
	연락처				
	등록번호				
	개업공인중개사 성명				
②중개대상물	소재지	입목	공장재단/광업재단	토지	건축물
	가격				
	거래형태				
	면적				
	중개대상물 종류				
	총 층수				
	입주가능일				
	방 수 및 욕실 수				
	행정기관 승인일자				
	주차대수				
	관리비				
	방향				
	수종/수량/수령	입목			

- 3 -

▲ 국토교통부 부동산광고시장감시센터

2 · 중개대상물 표시·광고 규정 가이드라인(문답풀이)

① 표시 · 광고 규정 적용에 관한 일반사항 Q&A

Q1. 중개대상물 표시·광고 규정 적용 시기는?

○ **'20.8.21일 이후 중개대상물 표시·광고**에 대해 **적용**하되, 이전부터 표시·광고해 온 경우라 하더라도 현행 규정에 부합하지 않는다면 자발적으로 내용 수정 또는 삭제 등을 권고함

○ **등록관청**은 **계도기간**('20.8.21 ~ 9.20) **내 위반 행위**에 대해서 **과태료 부과 대신** 당해 공인중개사가 표시·광고를 **수정 또는 삭제**할 수 있도록 계도하고 **계도기간 이후 위반행위**는 본격적으로 법령 위반에 따른 **과태료 부과** 등의 조치를 할 것을 요청함

○ 표시·광고 **규정의 준수 여부** 등을 모니터링 기관인 **'한국인터넷 광고재단'**에서 **집중적으로 조사**하고 있으며 그 결과를 등록관청 등에 통보하고 필요한 조치를 요구하는 등 촘촘히 관리하고 있음

Q2. 중개대상물 표시·광고 규제와 관련하여, 개정된 공인중개사 법령에 따라 추가로 명시해야 하는 내용은?

○ **개업공인중개사**가 의뢰받은 중개대상물에 대하여 **표시·광고**를 하는 경우에는 **현행대로 중개사무소**의 **명칭과 소재지, 연락처**와 **개업공인중개사의 성명을 기재**하고, **등록번호를 추가**로 명시함

- 다만, **인터넷을 이용**하여 **표시·광고**하는 때에는 **추가적**으로 중개대상물의 소재지, 면적, 가격 등의 사항을 **명시**하여야 함

○ **개업공인중개사**가 중개대상물에 대한 **표시·광고를 하는 경우** 중개보조원에 관한 사항을 명시할 수 없음

- 6 -

▲ 국토교통부 부동산광고시장감시센터

Q3. 이미 계약이 체결된 사실을 모르고 표시·광고한 개업공인 중개사도 부당한 중개대상물 표시·광고로 처벌되는 것인지?

o 이미 계약이 체결되어 중개를 할 수 없다는 사실을 알고 있는 **개업 공인중개사가 고의로** 다시 **표시·광고**하는 행위를 금지하기 위한 내용으로, 이 사실을 모르고 표시·광고하는 공인중개사를 단속하기 위한 규정이 아님

- 다만, **개업공인중개사**는 의뢰받은 중개대상물에 대한 계약이 체결 되었는지 여부 등 **매물관리를 철저하게 진행**할 필요가 있음

Q4. 유튜브, 인스타그램 등 SNS도 표시·광고물에 해당되는지?

o 유튜브, 인스타그램 등 **SNS를 통해 중개업을 하기 위한** 중개대상물 표시·광고 **행위**를 하였을 경우 **공인중개사법 적용대상임**

Q5. 부동산광고대행업체가 유튜브 등을 활용하여 중개대상물에 대한 표시·광고를 올리는 행위는 법령 위반인지?

o **개업공인중개사가 아닌 자는 중개업을 위한 목적**으로 중개대상물에 대한 **표시·광고를 하면 안 된다고 규정**하고 있음

· "중개"란 중개대상물(토지, 건축물 등)에 대하여 거래당사자간의 매매·교환 ·임대차 그 밖의 권리의 득실변경에 관한 행위를 알선하는 것을 의미

- 따라서 해당 행위가 중개업을 목적으로 하는 것이 아니라 **광고업 등** 이라고 판단되면 공인중개사 **법령을 위반하였다고 보기 어려움**

· "광고"란 사업자등이 상품 등을 신문·인터넷신문, 정기간행물, 방송, 전기통신, 전단, 간판 등의 매체를 이용하여 소비자에게 널리 알리거나 제시하는 것

o 다만, 해당 표시·광고에 대한 연락처는 **의뢰를 요청한 개업공인 중개사의 연락처를 표시**하여야 하며, 그렇지 않고 **대행업체의 연락처**를 표시하는 경우에는 중개업을 위한 목적으로 판단하여 **공인중개사법 위반**으로 볼 수 있음

- 7 -

▲ 국토교통부 부동산광고시장감시센터

Q6. 유튜브, 블로그 등을 통해 표시·광고한 중개대상물의 거래가 완료된 경우에도 지체없이 표시·광고를 삭제해야 하는 지?

○ 표시·광고 **플랫폼의 종류·방식 등을 불문**하고, **거래가 완료**된 중개대상물임을 알고도 **표시·광고를 방치**하는 경우에는 **부당한 표시·광고에 해당**하여 **과태료 부과 대상**에 해당함

   · 부당한 중개대상물 표시·광고행위의 유형 및 기준 고시 제5조 제2항 제2호 : 개업공인중개사가 중개대상물에 관한 거래계약서를 작성하는 등 계약이 체결된 사실을 알고 있음에도 불구하고 지체없이 표시·광고를 삭제하지 않는 경우

   - 일부 중개플랫폼의 경우, "거래완료"로 표시·광고된 중개대상물의 거래대금이 **실제 거래대금과 다른 경우가 빈번**하여 **소비자**에 **오인, 혼동**을 줄 우려가 있어 이를 **예방할 필요**가 있음

○ 계약일 이후 표시·광고를 방치하여 **감시센터 신고 또는 실거래 기반 모니터링**을 통해 적발되는 경우 **규정 위반의심 광고**로 분류

Q7. 중개대상물의 인터넷 표시·광고 위반은 어디에 신고하는지?

○ 공인중개사법 관련 규정*에 따라, **중개대상물 인터넷 표시·광고 모니터링에 관한 업무를 "한국인터넷광고재단"에 위탁**하였음

   · 제18조의3제4항 및 같은 법 시행령 제17조의3제2항

   - 모니터링 기관은 현행 중개플랫폼**업체의 자율시정 등 이행여부를 확인·점검**할 뿐만 아니라, 별도의 신고·접수와 **기획조사도 실시**할 예정으로, 인터넷 표시·광고 위반사항에 대해서는 **"한국인터넷광고재단 부동산광고시장감시센터" 홈페이지**(budongsanwatch.kr)**를 통해 신고**할 수 있음

○ 또한, 중개대상물이 표시·광고된 해당 **부동산중개플랫폼**의 신고 기능을 활용하여 신고할 수도 있음

   · (예시) 중개플랫폼의 '허위매물 신고' 버튼을 클릭하여 신고하기

- 8 -

▲ 국토교통부 부동산광고시장감시센터

중개대상물 표시·광고 주요 위반유형 (예시)

1-1. 정확한 매물정보의 표시 여부

법 제18조의2 제1항 및 시행령 제17조의2 제1항

중개사무소 및 개업공인중개사 정보 필요!
(5가지)

✓ 1. 중개사무소 명칭
✓ 2. 중개사무소 소재지
✓ 3. (등록관청에 등록된) 연락처
✓ 4. 등록번호
✓ 5. 개업공인중개사의 성명
    (법인인 경우에는 대표자의 성명)

* 등록증에 기재된 내용과 동일한 내용으로 표시!
* 중개보조원에 관한 사항 명시 금지!

명칭	중개사무소 등록증에 기재된 명칭
소재지	중개사무소 등록증에 기재된 소재지
연락처	등록관청에 신고된 중개사무소의 전화번호(휴대전화번호 포함) 이외 다른 연락처 및 중개보조원 등의 전화번호 표시 금지
등록번호	중개사무소 등록증에 기재된 등록번호
성명	중개사무소 등록증에 기재된 개공의 성명 소공의 성명은 대표자 성명과 병기 시 가능

1-2. 정확한 매물정보의 표시 여부

법 제18조의2 제2항 및 시행령 제17조의2 제2항

중개대상물 정보 필요!
(소재지, 면적, 가격 등 12가지)

건축물 및 그 밖의 토지 정착물인 경우

✓ 1. 소재지
✓ 2. 면적
✓ 3. 가격
✓ 4. 중개대상물 종류
✓ 5. 거래 형태

✓ 6. 총 층수
✓ 7. 입주가능일
✓ 8. 방 수 및 욕실 수
✓ 9. 사용승인일
✓ 10. 주차대수
✓ 11. 관리비
✓ 12. 해당건축물의 방향

중개 사무소 정보	1.명칭	○○공인중개사사무소	4.등록번호	*****-****-******
	2.소재지	서울특별시 서초구 서초동 0000-0		
	3.연락처	010-2222-3333	5.성명	○○○
매물정보	1.소재지	단독주택;지번포함 (단,중개의뢰인이 원치 않으 시읍,면,동,리까지 기재 가능)	7.입주가능일	2025년 00월 00일
	2.면적	전용면적을 ㎡ 단위로 표시	8.방수/욕실수	3개/2개
	3.가격	○억○천○백만원	9.사용승인일	2002년 00월 00일
	4.중개대상물 종류	단독주택	10.주차대수	○○대/세대당 ○대
	5.거래형태	매매	11.관리비	수도,전기 실사용량 부과
	6.총 층수	총 2층	12.방향	남향(거실기준)

▲ 건축물 예시

중개 사무소 정보	1.명칭	○○공인중개사사무소	4.등록번호	*****-****-******
	2.소재지	서울특별시 서초구 서초동 0000-0		
	3.연락처	010-2222-3333	5.성명	○○○
매물정보	1.소재지	토지대장에 기재된 소재를 표시하되 읍,면,동,리까지 표시	4.중개대상물의 종류	지목
	2.면적	토지대장에 기재된 면적을 m² 단위로 표시	5.거래형태	매매
	3.가격	중개가 완성되기 전 거래 예정금액을 단일 가격으로 표시		

▲ 토지 예시

중개 사무소 정보	1.명칭	○○공인중개사사무소	4.등록번호	*****-****-******
	2.소재지	서울특별시 서초구 서초동 0000-0		
	3.연락처	010-2222-3333	5.성명	○○○
매물정보	1.소재지	입목등기부에 기재된 소재지를 표시하되 읍,면,동,리까지 표시	4.입목내역	입목등기부에 기재된 수종,수량,수령 표시
	2.면적	입목등기부에 기재된 면적을 m² 단위로 표시	5.거래형태	매매,교환,임대차,그 밖에 권리의 득실변경으로 구분표시
	3.가격	○억○척만원		

▲ 입목 예시

중개 사무소 정보	1.명칭	○○공인중개사사무소	4.등록번호	*****-****-******
	2.소재지	서울특별시 서초구 서초동 0000-0		
	3.연락처	010-2222-3333	5.성명	○○○
매물정보	1.소재지	공장(광업)재단등기부에 기재된 소재지를 표시하되 읍,면,동,리까지 표시	3.거래형태	매매,교환,임대차 그 밖에 권리의 득실변경으로 구분표시
	2..가격	중개가 완성되기 전 거래 예정금액을 단일가격으로 표시		

▲ 공장재단/광업재단 예시

2. 개업공인중개사가 아닌 자의 광고여부

법 제18조의2 제3항

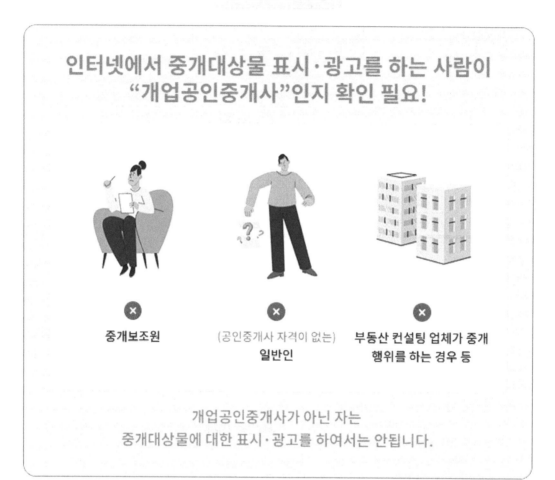

인터넷에서 중개대상물 표시·광고를 하는 사람이
"개업공인중개사"인지 확인 필요!

중개보조원

(공인중개사 자격이 없는)
일반인

부동산 컨설팅 업체가 중개
행위를 하는 경우 등

개업공인중개사가 아닌 자는
중개대상물에 대한 표시·광고를 하여서는 안됩니다.

3-1. 허위·과장 광고 판단하기

법 제18조의2 제4항 제1호

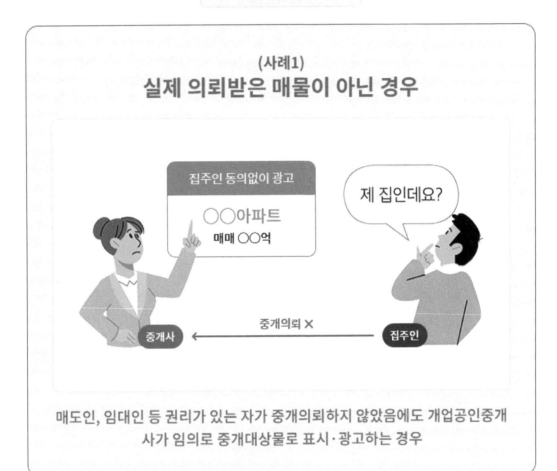

(사례1)
실제 의뢰받은 매물이 아닌 경우

매도인, 임대인 등 권리가 있는 자가 중개의뢰하지 않았음에도 개업공인중개사가 임의로 중개대상물로 표시·광고하는 경우

3-2. 허위·과장 광고 판단하기

법 제18조의2 제4항 제2호

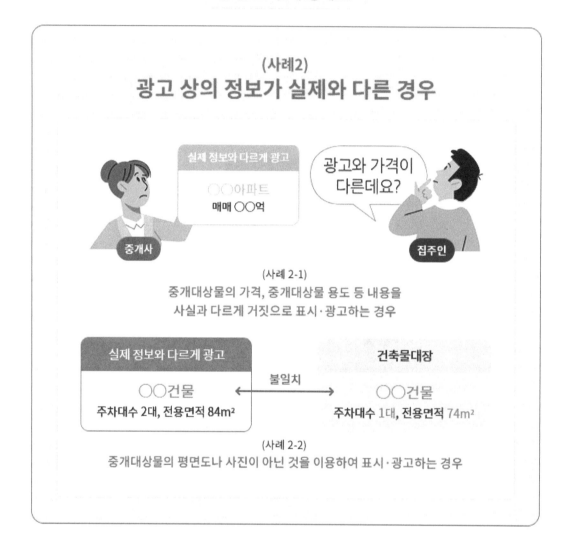

(사례2)
광고 상의 정보가 실제와 다른 경우

(사례 2-1)
중개대상물의 가격, 중개대상물 용도 등 내용을
사실과 다르게 거짓으로 표시·광고하는 경우

(사례 2-2)
중개대상물의 평면도나 사진이 아닌 것을 이용하여 표시·광고하는 경우

3-3. 허위·과장 광고 판단하기

법 제18조의2 제4항 제3호

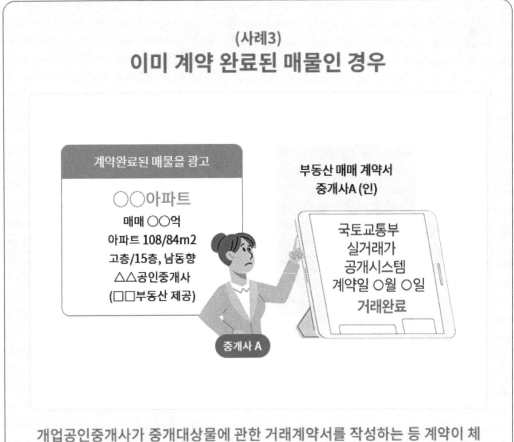

(사례3)
이미 계약 완료된 매물인 경우

계약완료된 매물을 광고

○○아파트

매매 ○○억
아파트 108/84m2
고층/15층, 남동향
△△공인중개사
(□□부동산 제공)

중개사 A

부동산 매매 계약서
중개사A (인)

국토교통부
실거래가
공개시스템
계약일 ○월 ○일
거래완료

개업공인중개사가 중개대상물에 관한 거래계약서를 작성하는 등 계약이 체결된 사실을 알고 있음에도 불구, 지체없이 표시·광고를 삭제하지 않는 경우

저자 장미정

국내최초 일본 홈스테이저1급 자격보유

[저서]
  잘 팔리는 부동산은 따로 있다(2021)
  융합연출디자인워크샵(2019)
  브랜드스페이스마케팅(2015)
  인정도서 실내디자인(2014)

[경력]
  <현>
  한국홈스테이징 대표
  한국홈스테이징협회 협회장
  숭실대학교 건축학부(실내건축전공) 겸임교수
  세종사이버대학교 자산관리건축건설학부 겸임교수
  재능대학교 인테리어디자인과 겸임교수

  <전>
  숙명여자대학교 연구교수
  인천도시공사 기술자문위원
  용인도시공사 기술자문위원
  평택시 기술자문위원
  한성아이디 디자인스쿨원장
  롯데백화점, 신세계백화점, 그랜드백화점, SK텔레콤 디스
  플레이/ ES리조트 객실공간코디네이션/ W유방암캠페인
  플라워연출/ 더베일리하우스, 빌라드베일리, 본 뽀쓰또 플
  라워공간연출/ ㈜ 결혼을 만드는 사람들, 이노웨딩, 프리마
  베라 웨딩스튜디오 셋트스타일링/ ㈜노빌리타 외 다수
  KBS2TV『색다른 오후』, 부동산tv, YTN 출연

[학력]
  숙명여자대학교 공간환경디자인전공 (디자인학 박사)
  숙명여자대학교 리빙스타일디자인전공 (디자인학 석사)
  일본 홈스테이저 1급과정 수료(동경)
  일본 홈스테이저 2급과정 수료(동경)

[강의경력]
  ◦ 세종사이버대학교 자산관리학부
    (실내디자인, 실내건축환경) 강의 (2021.3~현)
  ◦ 숙명여자대학교 환경디자인학과(실내디자인전공) 강의
    (2010.3~2020.12)
  ◦ 연출을 통해 자산가치를 높이는 홈스테이징 강연
    (세종사이버대,2019.12)
  ◦ 인테리어 창업과정 홈스테이징 강연
    (㈜한성아이디, 2019.9)
  ◦ 부동산 불황에 뜨는 홈스테이징 강연
    (KRF 한국유통포럼, 2018.1)
  ◦ 인테리어 디자인 기초과정 강연
    (㈜한성아이디, 2016.11~2017.7)
  ◦ 주방식기 비주얼 머천다이징 강연
    (웨지우드 코리아, 2013.6)

[자격사항]
  ◦ 일본홈스테이저 1급
    (공인일본홈스테이징협회 동경, 2017.11)
  ◦ 공인중개사 (한국산업인력관리공단, 2018.11)
  ◦ 인테리어 코디네이터 2급
    (한국인테리어코디네이션학회, 2004.12)
  ◦ 건축기사 1급 (한국산업인력관리공단, 2003.6)

[홈페이지]
  www.koreahomestaging.com

Part

07

인테리어 ·
홈스테이징

1 왜 홈스테이징을 해야 할까?

1. 부동산도 융합의 시대

1) 국내의 부동산종합서비스를 위한 관련 법 시행

국토부는 2017년 부동산업의 고부가가치산업 육성을 위해 부동산서비스산업진흥법을 제정·공포하였다. 부동산 서비스는 부동산의 개발·이용·유통 등 전 과정에서 수반되는 서비스를 말한다[그림 1].

이는 부동산 서비스를 하나의 산업군으로 분류하고 사람의 생애주기와 같이 부동산 전 생애에 걸친 시행·시공·분양·임대·관리·유통·생활서비스·리폼의 토탈 서비스를 지원하는 것이다.

▲ [그림 1] 부동산서비스산업의 밸류체인(자료: 국토부, 2018)

그러나 한국의 부동산서비스 산업은 최근까지 개발과 분양중심, 또는 부동산 중개서비스에 편향되었다. 임대·관리·유통·생활서비스·리폼의 후방분야에 상대적으로 미흡한 편이다.

이에 홈스테이징은 한국의 부동산서비스분야에서 가구유통업, 생활서비스업, 인테리어업에 걸친 융복합적 분야로서 산업간 가교역할을 할 것으로 기대된다. 홈스테이징 산업의 인재육성 및 파급효과가 클 것으로 예상된다.

현재 국내 건설사는 시행·시공위주에서 분양·임대·관리로 확장하고 있으며, 부동산 중개소는 중개중심에서 임대·관리로 확장하고 있으나, 유통·생활서비스·리폼의 후방산업은 미비하여 홈스테이징 전문가의 양성이 필요하다[그림 2].

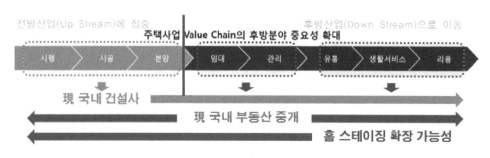

▲ [그림 2] 홈스테이징 산업의 확장성

코로나19로 비대면이 활성화되면서 메타버스(확장형 가상현실)에 대한 산업이 활성화되었다. 이에 홈스테이징은 메타버스 내 가상부동산의 매매연출가로서 역할을 기대해 볼수있다. 특히, 일본에서는 아래의 그림과 같이 이미 홈스테이징 산업에 VR을 활용하여 매매주택 연출을 사용하고 있다[그림 3].

▲ [그림 3] 가상(VR) 홈스테이징 시뮬레이션

출처: prtimes.jp

또한 현재 일본의 부동산시장에서는 현실공간의 가상(VR)에서 확장하여 몰입감 있는 (XR) 가상부동산의 모델하우스공간의 연출을 진행하고 있어 향후 한국에서도 홈스테이징을 활용한 가상부동산의 매매연출가로서 양성이 필요하다. 주택메이커 도요타 홈 주식회사는 도쿄를 재현한 메타버스 'Meet-me'에 가상주택 전시장을 오픈하였다. 이는 토요타 자동차가 'Meet-me'에서 운영하는 토요타 메타폴리스의 일부이다. 토요타는 메타버스를 통해 실제로 건축하기에 제약이 있는 전시장을 보완하고, 기존 영업채널과 다른 잠재적 고객층 발굴을 노린 것이다. 오프라인이 아닌 이제는 가상주택전시공간에서 고객을 맞이하고, 홈스테이징전문가는 가상부동산 매매연출가로서 문과 바닥 색상, 주방시설 코디를 변경하고 분위기를 만드는 일을 한다[그림 4].

▲ [그림 4] 도요타의 가상주택 전시장

출처: https://internet.watch.impress.co.jp

2) 부동산중개+가구유통업+생활서비스업과 연계된 홈스테이징 전문가

코로나19로 재택근무가 활성화 되면서 주택은 휴식을 위한 역할에서 사무실 또는 학교의 역할로 확장되고 있다. 이에 부동산을 찾는 고객은 기존의 단순한 부동산 매매 또는 임대에서 확장하여 재택업무 또는 수업에 맞는 가구선택부터 공간연출까지 고객의 니즈가 다양해지고 토탈화 되고 있어 관련 역량이 요구되고 있다.

이에 홈스테이징 전문가는 아래의 그림과 같이 부동산 중개업에서 확장하여 지역의 가구유통업과 실내건축업을 연계하여 부동산을 하나의 상품으로서 연출하는 지역부동산유통전문가로서의 역할을 기대할 수 있다[그림 5].

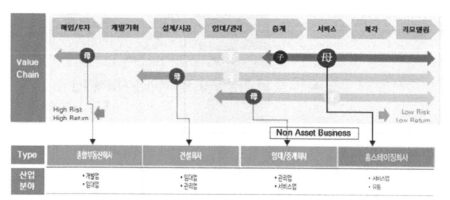

▲ [그림 5] 부동산 중개업과 연계된 홈스테이징 전문가

2. 홈스테이징 산업의 전망

1) 부동산원스탑서비스를 통한 다양한 수익 창출

국토부는 2017년 제공·공포 후 2020년 12월 향후 5년간 부동산서비스산업의 고부가가치화와 신뢰확보를 위해 제1차 부동산서비스산업진흥기본계획(2021~2025)을 발표하였다. 이는 프롭테크**등 유망 신산업이 고부가가치를 창출할 수 있도록 집중육성하고, 중개·감정평가업 등 기존산업의 낡은 규제를 혁신하여 체질을 개선함과 동시에 그간 다른 산업에 비해 소홀하였던 부동산 서비스 소비자의 권익 보호를 위한 제도개선을 추진하는 것이다[그림 6].

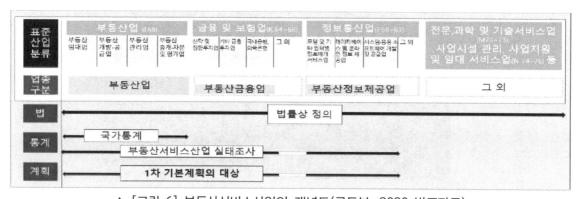

▲ [그림 6] 부동산서비스산업의 개념도(국토부, 2020 발표자료)

정부는 부동산산업 다각화를 위해 부동산 생애주기에 따른 원스탑서비스의 부동산종합서비스를 활성하고 있으나, 여전히 인식이 부족하고 일부에서는 도시재생측면에서만 접근하고 있다(단순히 건물외부의 리폼인 벽화작업에만 초점을 두고 있음). 국민의 일상생활에 밀접한 영향을 미치는 부동산서비스는 여전히 산업의 성숙도가 미흡한 부분이 많고, 정부차원의 정책적 대응도 부족한 편이다.

그러나 부동산 시장에서 수요자는 부동산 입지분석부터 건축, 인테리어까지 종합적으로 개발하고자 하는 니즈가 나타나고 있어, 이러한 수요를 해결하고 '부동산을 상품으로 보고 비주얼 머천다이징하는 홈스테이징 전문가의 역할이 필요하다.

현재의 부동산산업은 법학에서 경제학, 공학, 행정학 등으로 확장하였으나 여전히 부동산을 상품으로서 고부가가치를 올려줄 수 있는 디자인에 대한 역량이 부족한 편이다. 향후 디자인측면의 부동산 산업융합이 기대되며 다양한 수익을 창출할 것으로 기대된다[그림 7].

▲ [그림 7] 부동산의 융합영역

2) 자신의 역량에 따라 선택할 수 있는 홈스테이징 비즈니스 유형

현재 국내 부동산서비스산업은 임대+관리 등 새로운 수요가 증가중이나 창업 등을 위한 지원이 부족하고 해외 시장 진출 등 신시장 개척이 미흡한 편이다. 이에 홈스테이징 산업은 2가지 유형으로 확장할 수 있다.

첫째, 홈스테이징업+부동산중개업+부동산관리업의 융합형태다. 이는 부동산 매매 및 임대차시 전월세 수요자를 위한 중개 이전의 홈스테이징과 중개 이후의 관리가 함께 융합되는 형태이다. 부동산을 상품으로서 잘 팔릴 수 있도록 머천다이징의 역할이 중요하다.

들째, 홈스테이징업+가구유통업+건축·실내업의 융합형태다. 이는 중개 이전의 리모델링을 위한 실내건축업, 가구유통업과 연계하여 지역부동산매물 유통관리자로서 수요자의 니즈를 맞추고, 중개 이후에는 가구소품의 임대 및 판매에서 새로운 매출을 기대할 수 있다.

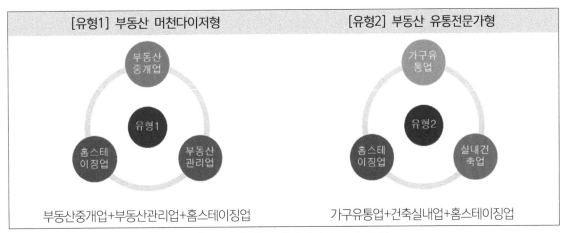

▲ [그림 8] 홈스테이저의 2가지 유형

3) 일본에서의 홈스테이징 비즈니스 사례

① 입주를 기피하는 매물에 홈스테이징 활용

일본홈스테이징백서(2020) 조사에 의하면, 빈집으로 방치되어 입주하기 곤란한 공실의 경우 52.3%, 장기 공실의 경우 40.9%가 홈스테이징을 실시했다고 한다[그림 9].

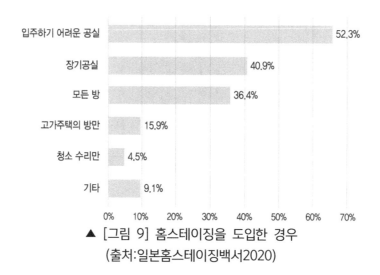

▲ [그림 9] 홈스테이징을 도입한 경우
(출처:일본홈스테이징백서2020)

이렇게 오랫동안 방치된 빈집이나 입주하기 곤란한 공실의 경우, 홈스테이징을 도입하여 실시한 경우, 보통 1개월 또는 2주 이내에 매매 또는 임대가 성사되었다고 한다. 오래된 빈집의 경우, 홈스테이징 전문가를 통해 고객에게 어떻게 매력적인 부분으로 어필될지 많이 고민을 해야 하는 부분이다. 그래서 홈스테이징에 드는 비용의 경우, 설문조사 결과 소유자가 지불하는 경우(65.9%) 가 가장 높았다[그림 10].

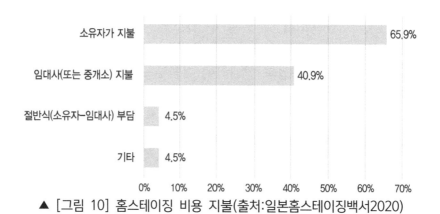

▲ [그림 10] 홈스테이징 비용 지불(출처:일본홈스테이징백서2020)

② 부동산 중개업의 매매에 홈스테이징 활용

부동산 중개소에서 홈스테이징을 도입하여 활용하는 것으로는 매매물건(86.5%). 임대물건(32.7%), 민박(1.9%)으로 매매물건에 주로 활용되었다. 부동산 중개소의 업무는 대부분 중개업무(86.5%)이지만, 매물을 그냥 부동산 광고시장에 내놓지 않고 해당매물의 장점을 최대한 부각시킬 수 있도록 기존 부동산 중개소 내에 새로운 홈스테이징 사업부를 신설하여 직접 홈스테이징하여 판매하였다.

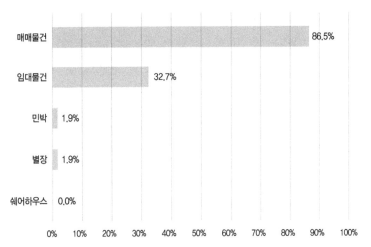

▲ [그림 11] 부동산 중개소의 홈스테이징을 도입한
부동산매물(출처:일본홈스테이징백서2020)

특히, 부동산 중개소 내에 홈스테이징 부서를 신설(78.7%)하거나 아웃소싱(10.6%)하는 2가지 형태로 나타났으며, 그 중 부동산 중개소 내에 신규 사업부서를 두는 경우가 많았다.
부동산 중개소에서 주로 홈스테이징을 도입한 사례는 입주하기 곤란한 공실에 주로 활용된 것으로 조사되었다. 공실 등의 매물은 매매물건(86.5%), 임대물건(32.7%), 민박(1.9%)으로 주로 매매를 위해 공실에서 홈스테이징을 활용한 것으로 나타났다.

③ 부동산 임대업의 임차인 모집을 위한 홈스테이징 활용
일본의 경우, 대도시와 지방의 인구이동에서 인구감소는 지방뿐만 아니라 도시 내에서도 나타나고 있다. 대도시 중 오사카와 나고야의 전입인구가 감소하고 있어 대도시에서도 공실에 대한 문제가 야기되고 있다. 이를 해결하기 위해 홈스테이징을 활용하는 추세가 증가하고 있다.

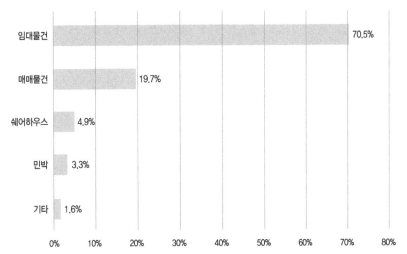

▲ [그림12] 홈스테이징을 도입한
부동산매물(출처:일본홈스테이징백서2020)

④ 가구유통업과 연계한 홈스테이징 활용

홈스테이징 이후 연출된 가구 및 소품을 판매한 경우에 대한 설문조사에서는 가구(73.4%), 조명(51.9%), 커텐(50.6%), 장식소품(39.2%) 순으로 나타났다. 이는 매매나 임대매물에서 홈스테이징을 통한 새로운 수익창출을 기대할 수 있다.

한국에서도 지역 가구단지 및 인테리어소품 소공인들과 연계하여 부동산매물을 위한 홈스테이징에서 새로운 수익창출을 기대할 수 있다.

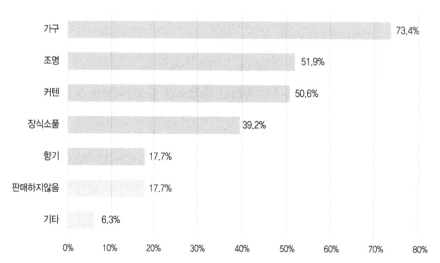

▲ [그림13] 홈스테이징 이후 가구소품판매(출처:일본홈스테이징백서2020)

2 인테리어와 홈스테이징

1. 인테리어과 홈스테이징의 차이

사람의 첫 인상은 처음 10초 정도에 결정된다. 그리고 한번 각인된 인상을 바꾸는 것은 매우 어렵다. 부동산 매물에서도 같다. 현관에 처음 들어섰을때 어두운 인상을 거주나 실내에 물건이 너무 많아 어수선한 느낌을 준다면, 물건을 보러 온 사람들(예, 임차인, 매수인 등)은 구입 후보리스트에서 제외하게 된다. 물건에 있어서 첫인상은 그 물건 자체의 인상이 될 정도로 매우 중요하다.

홈스테이징을 하는 것도 인테리어의 일부를 매력적으로 연출하는 것이다. 인테리어는 크게 골조, 마감, 실내장식 3개의 과정으로 구분한다[그림 14].

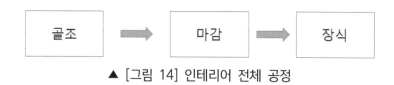

▲ [그림 14] 인테리어 전체 공정

그중 <골조공사>는 실내공간의 크기와 형태 등 뼈대를 만들고 결정짓는다. 이는 실내공간 내부의 칸막이공사부터 단열재공사까지 포함한다. 그리고 <마감공사>는 사람의 피부와 같이 마감된 뼈대에 살을 붙여나가는 것으로 이때부터 공간의 분위기를 나타낸다. 이는 타일,

페인트, 벽지공사들을 포함한다. 마지막으로 <실내장식>은 그 공간을 살아가는 사람들의 라이프 스타일을 많이 반영하고 때로는 그 공간에 올 미래 고객의 라이프 스타일을 반영하기도 한다. 이는 가구배치부터 액자 및 장식소품으로 분위기를 만든다.

인테리어 전체공정에서 리모델링공사는 골조공사와 마감공사까지 하는 경우를 의미하고, 홈스테이징은 마감공사와 실내장식까지 하는 것을 의미한다. 홈스테이징은 인테리어에서 간단한 개보수와 벽지 및 페인트를 일부 변경하고, 공간의 분위기는 가구 및 소품으로 바꾸는 것이다[그림 15].

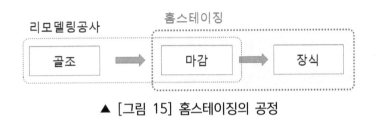

▲ [그림 15] 홈스테이징의 공정

홈스테이징은 인테리어 리모델링보다 전체공사기간이 절약되고, 비용도 저렴해서 최소한의 비용으로 빠르게 진행할 수 있는 장점이 있다. 그러나 낡고 오래된 화장실이나 베란다 공간 등 일부 수리·보수가 필요한 곳은 리모델링을 해야 하는 경우도 있어 인테리어 전체에 대한 공정은 알아둘 필요가 있다.

인테리어 공사는 철거 → 창호공사, 목공사, 설비공사 → 타일 및 화장실 → 도장(페인트) 공사 → 필름공사 → 도배 → 붙박이가구(싱크대, 신발장, 욕실장) → 전기, 스위치 콘센트 교체 → 입주청소 → 가구 반입, 소품 스타일링 순으로 진행한다[표 1].

◈ [표 1] 보통 20평 내외 공사: 공사기간 15일 정도 소요(평균 3주)

공사순서	공사내용	공사기간
철거공사	바닥, 벽, 천정	1일
창호공사	샤시, 문	제작1주일/설치1일
목공사	문틀, 창틀, 가벽, 몰딩	3일
설비공사	배관, 보일러, 바닥난방	동시진행 3일
타일공사	화장실, 현관, 베란다	3일
도장공사	페인트	3~4일
필름공사	필름시트(유리문 등)	3일
도배공사	벽지(실크, 합지)	1일
주방가구	싱크대	설치1일
전기공사	스위치, 전기콘센트	1일
청소	입주청소	1일
스타일링	가구반입, 소품셋팅	1일

이러한 공정들도 사전에 인테리어나 홈스테이징을 실행하기 위해 어떻게 공간의 분위기를 만들것인지 인테리어 스타일을 찾아야 하고, 그에 맞는 공간의 레이아웃이 진행되어야 한다. 따라서 여기서는 인테리어 공사를 하거나 홈스테이징을 할 때 반드시 알아두어야 할 공통의 요소들(인테리어 스타일 찾는법, 가구배치하는 법, 공간별 컨셉도출하는 법)에 대해 간략히 다룬다.

2. 부동산을 상품으로 만드는 홈스테이징

홈스테이징은 생활하고 있는 거주자의 관점에서 디자인하는 인테리어와 달리, 부동산의 상품으로서 구매예정자(현재 거주자×, 미래 거주자○)를 위해 설계하고 디자인한다. 따라서 홈스테이징은 인테리어 보다 좀 더 가성비 있고, 빠르게 스타일링하면서 좀 더 비싸게 팔수 있는 부동산 마케팅 기법이다. 아래에는 대표적인 홈스테이징을 위한 3가지 개념을 제시한다.

> ◦ 홈이 아닌 하우스로 만들어라.
> ◦ 구매 이후의 집을 상상하도록 메시지를 전하라.
> ◦ 거주자의 유무에 따라 연출은 다르게 하라.

1) 홈이 아닌 하우스로 만들어라

홈스테이징은 이제까지 그 공간에 머물면서 생활하고 있었던 거주자(매도인 또는 임차인)가 지금까지의 생활모습을 그대로 보여 주는 것이 아니라 새로 이사를 올 대상을 위해 이제부터 집을 팔아야 하는 상품으로 인식하는 것에서 시작한다.

많은 사람들이 매물을 내놓을 때 상품이 된다는 인식을 잘 하지 못한다. 청소를 하지 않고 그대로 방치된 채로 보여주거나 옷과 짐들을 그대로 보여주는 경우도 있다. 부동산 매물을 상품으로 보여주고자 한다는 의식을 갖는 것이 첫 번째 일이다[그림 16].

▲ [그림16] 상품으로서 인식을 못하는 매물

그리고 청소를 하고 주변을 정리정돈부터 한다. 이때는 상품으로서 최소한의 수리만 한다. 정확한 구매예정자에 대한 타깃을 설정하고 시대흐름에 맞지 않는 벽지나 페인트 등 상품성으로서 많이 떨어지는 곳을 제거한다.

2) 구매 이후의 집을 상상하도록 메시지를 전하라

아래의 그림과 같이 좌측그림은 고객을 맞이할 준비가 아무것도 되어 있지 않다. 그러나 우측 그림은 고객이 이곳에 이사를 오면 어떠한 삶을 살아갈지 예상을 할 수 있다[그림 17].

▲ [그림 17] 구매이후의 생활모습을 상상할 수 있게 하라
(출처: www.elitestagingandinteriors.com)

고객은 아무것도 없는 빈 공간만 있는 매물을 보고 차갑기만 할뿐 아무런 매력을 느끼지 못한다. 공실로 나온 매물은 우측의 그림과 같이 고객이 구매이후의 삶을 상상할 수 있도록 가구를 두어 집의 크기와 규모를 파악할 수 있게 한다.

3) 거주자의 유무에 따라 연출을 다르게 하라

홈스테이징의 기본은 구매자가 호감을 가질 만한 매물로 만드는 것이다. 이는 거주자가 있는 매물과 거주자가 없는 매물 2개로 나뉘며, 거주자의 유무에 따라 연출도 달라진다.
거주자가 있는 매물의 경우, 거주자와 협의하여 매물이 팔릴때까지 생활의 불편을 감수하고 상품으로서 부동산이 돋보일 수 있도록 연출을 한다. 아래의 두 사진을 비교해보면, 개성 없이 이 상품의 매력을 보여주지 못하는 왼쪽사진에 비해, 오른쪽은 공간의 가구를 컨셉에 맞게 재배치하고 소품과 액자도 교체하여 연출을 한다. 이는 일관된 컨셉을 보여줘 좀 더 세련되고 있어 보이는 효과를 준다[그림 18].

▲ [그림18] 거주자가 있는 집(출처: www.julea.com)

한편, 미분양 아파트나 어떤 이유로 오랫동안 비어있는 빈집의 경우, 구매예정자의 소득수준, 라이프스타일, 연령대 등을 분석하여 상품으로 연출한다[그림 19].

▲ [그림19] 거주자가 없는 집 (출처: www.broadway-platinum.com)

3 홈스테이징의 기초와 테크닉

1. 홈스테이징으로 매각하는 법

1) 일반적인 인테리어 공정의 순서

일반적으로 고객이 인테리어 회사를 방문하여 인테리어를 의뢰하고, 시공을 거쳐 마지막 완성이 되기까지 아래의 표와 같은 일정을 거친다[표 2].

◈ [표 2] 인테리어작업 공정순서에 따른 업체유형

공정	인테리어 작업공정 및 경쟁업체					
	① 디자인컨설팅	② 견적문의	③ 시공	④ 가구구매	⑤ 홈퍼니싱	
업체명	–	집닥 (2015)	인테리어스 (2016)	이케아 (2013)	오늘의 집 (2014)	집꾸미기 (2014)
평수	–	15평 이상	15평 이상	1–9평	1–9평	1–9평
주거 형태	–	아파트,상가	아파트,상가	원룸&오피스텔	원룸&오피스텔	원룸&오피스텔
전문가 상담	–	셀프인테리어× 전문가상담O	셀프인테리어× 전문가상담O	셀프인테리어O 전문가상담×	셀프인테리어O 전문가상담×	셀프인테리어O 전문가상담O
주력 사업	–	시공 (바닥O, 페인트O)	시공 (바닥O, 페인트O)	침실가구 (바닥×, 페인트×)	침실가구 (바닥×, 페인트×)	침실가구 (바닥×, 페인트×)
업체	–	집닥		IKEA		

먼저 고객이 원하는 인테리어 공간에 대한 '①디자인 컨설팅'의 단계이다. 이 경우는 인테리어의 컨셉이 중요하다. 고객은 이 단계에서 자신이 원하는 인테리어 회사를 컨택하는 경우가 많다. 그리고 두 번째 어느 정도 디자인 컨설팅이 끝나면 준비된 예산에 맞는지 '②견적문의'를 하고, 디자인과 가격이 적절하다면 고객은 그 회사를 선택하게 된다. 선택된 회사를 통해 인테리어 공사를 시작하게 된다. 이때 인테리어회사는 직접 '③시공'을 담당하거나 시공부분을 하청으로 발주를 준다.

그러나 많은 고객들이 자신이 원하는 디자인에 비해 시공에서 많은 불만신청을 한다. 디자인원안대로 되지 않아서 많이 발생한다. 또는 원안대로 되었더라도 부실공사로 이어져 인테리어 완공이후에 하나씩 하자가 발생하기 때문에 하자보수를 해주는 경우도 많다.

공사가 완공되면, 이후에 공간의 분위기를 만들기 위해 먼저 생활에 필요한 '④가구'를 구매하고 배치를 한다. 식탁이나 쇼파 등 큰 부피의 가구는 인테리어 회사에서 전체 디자인 컨셉에 맞추어 구매를 하여 가구배치까지 해주는 경우도 있지만, 고객이 직접 구매해서 놓은 경우도 많다. 이 경우, 고객의 취향에 맞추어 가구를 선택하고 구매하기 때문에 전체적인 디자인 컨셉에 안 맞는 경우가 많다. 그리고 '⑤홈퍼니싱' 단계로 가구이외에 커튼이나 실내 장식소품을 연출하여 전체적인 마무리를 한다.

◈ 실내건축공사, 해당 건설업 면허등록자만이 시공가능

> 건설산업기본법 시행령은 시공자격에 대해서도 규정하고 있는데. 실내건축공사의 경우, 공사예정금액이 1,500만원 이상일 경우 해당 건설업 면허(실내건축공사업종)를 등록하여야 한다고 규정하고 있다. (근거조항: 건설산업기본법 시행령 제9조 제1항, 동법 시행령 제8조 제1항 제2호)

☑ [TIP] 실내건축공사업의 면허등록자격기준에 관한 법령(출처: https://www.law.go.kr/법령/건설산업기본법 시행령)

위에서 살펴본 바와 같이 인테리어 공사에서는 시공에 있어 일정한 요건을 갖추어야 한다. 또한 시공과 함께 공사완료 이후에도 1년간의 하자보수 기간을 유지해한다. 건설산업기본법 시행령 제28조에 따르면 실내인테리어의 하자보수기간은 1년으로 규정하고 있다[표 3].

◈ [표 3] 리모델링 하자보수 기간(출처: 서울신문, 자료 한국소비자원)

공사	하자보수기간
벽지, 도배, 창틀, 베란다, 미장, 타일, 페인트칠	1년
보일러, 시스템에어컨 등, 냉난방설비	2년
방수, 지붕	3년

2) 인테리어보다 리스크가 적은 홈스테이징

위의 인테리어 공사보다 좀 더 간단한 방법으로 부동산 매물을 개보수하는 홈스테이징 방법이 있다. 이는 아래의 그림과 같은 순서로 진행된다[그림 20].

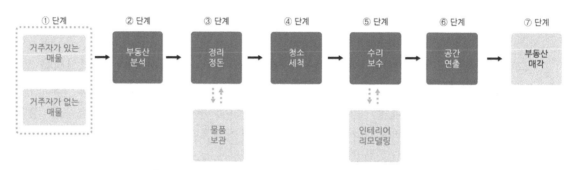

▲ [그림 20] 부동산 매각을 위한 홈스테이징의 흐름도

①단계는 거주자가 있는 매물과 거주자가 없는 매물을 구분한다. 이 단계에서는 이 매물을 어떻게 상품화시킬 것인지에 대한 마인드 셋(mind set, 사고방식)이 중요하다. 거주자가 없는 매물의 경우, 얼마나 공실상태로 비워졌는지 또는 왜 비워졌는지 파악을 하는 것이 중요하다.

②단계는 해당 부동산에 대한 분석을 한다. 이 단계에서는 내놓는 매물이 어떤 지역에 있는가에 따라 주변 입지나 인프라부터 구매예정자까지 분석을 한다. 경우에 따라 권리분석, 법률분석, 토지분석 등이 필요하다.

③단계는 정리정돈단계이다. 내놓는 매물을 상품으로 보일 수 있도록 정리정돈을 한다. 불필요하고 너저분한 것들을 치우면 고객이 매물의 장점을 더 파악하기 쉽게 된다.

④단계는 청소세척단계이다. 인테리어 공사의 경우 청소는 입주를 위해 하는 것이다. 그러나 홈스테이징에서는 매물의 상태가 정리정돈을 통해 양호한 경우, 일부공간에 대한 청소만으로 상품성이 있어 보인다.

⑤단계는 수리보수단계이다. 이 경우는 떨어져 있는 문고리나 비어있는 전등의 교체, 깨진 거울 등 간단히 수리할 수 있는 곳은 한다.

그러나 주방이나 욕실의 경우, 사용연한이 오래되어 고객이 해당부동산에 대한 방문을 꺼려한다면 일부 인테리어 리모델링이 도입될 수도 있다. 상품으로서 가치가 현저히 떨어져 판매기간이 길어지거나 원하는 가격대보다 낮게 팔릴 수 있는 경우 일부의 인테리어 리모델링을 한다.

⑥단계는 공간연출이다. 이는 해당 매물을 가장 상품성있게 보이도록 연출하는 것으로 효과가 가장 크게 나타난다. 불필요한 공간이나 죽어있는 공간을 찾아 공간의 동선을 바꾸고, 가구를 재배치하는 등의 노력이 필요하다. 여기에 인테리어 소품으로 포인트를 주어 매력적인 공간으로 만든다.

⑦단계는 부동산 매각이다. 상품으로서 해당 매물이 잘 팔리도록 사진의 구도와 각도를 맞추어 촬영을 한다. 이후 부동산 광고시장(예, 직방, 다방, 한방 등)에 올린 연출된 사진은 고객이 바로 사고 싶은 생각이 들게 한다. 즉, 고객이 해당 매물에 대해 입주 이후의 생활을 상상할 수 있게 해준다.

이러한 흐름을 거쳐 부동산 매각을 진행하면, 내놓는 매물은 부동산 중개인이 구매 예정자에게 집을 설명하기도 쉽고, 부동산 광고시장에서도 고객의 눈에 잘 띄어 쉽게 판매나 임대가 이루어진다.

2. 홈스테이징의 프로세스

다음은 위의 7가지 단계를 부동산 마케팅 관점에서 부동산을 상품으로 만드는 전체적인 프로세스이다. 이는 6개월 만에 30%높이는 방법이 될 수 있다.

상품성있는 물건은 접근부터가 다르다. 여기서는 위의 7단계를 3단계(콘텐츠 기획→ 입지분석→ 스타일 메이킹)로 작업한다[그림 21].

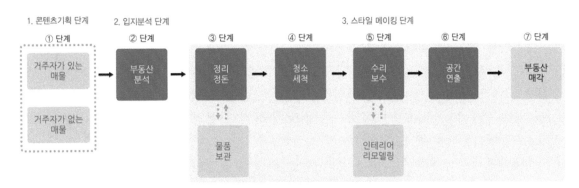

▲ [그림 21] 부동산 매각을 위한 3단계

1) 콘텐츠 기획 단계

이 단계는 상품·고객·시간을 중심으로 해 콘텐츠를 기획하고 개발한다. 현재 부동산 매물의 문제점을 먼저 보고, 어떤 방법이 필요한지, 구체적으로 무엇을 하면 빠르고 비싸게 매각을 성공적으로 이끌 수 있을지를 예측한다. 세부적으로는 다음과 같다[표 4]. 고객(매수인, 임차인)의 입장에서 우선 생각하고, 그 다음 판매자(매도인, 임대인)입장에서는 팔리는데 어느 정도 시간을 고려하는지 파악한다.

◈ [표 4] 재택과 공실의 차이

	재택	공실
거주자	○	×
조명(스탠드램프, 플로어램프)	○	×
커튼	○	×
가구(소파, 식탁 등)	○	×
소품(액자, 쿠션, 꽃 등)	○	×

아래의 표와 같이 현재 매물에 거주자가 있는 경우와 없는 경우는 각각 접근법이 달라지게 된다. 거주자가 있는 경우는 전체적으로 산만하여 물건의 가치가 잘 드러나 보이지 않으므로 최대한 악센트 컬러의 강약을 작게하고, 엘리먼트의 양도 적당히 줄인다. 반면, 공실의 경우 계절감이 나타나도록 악센터 컬러를 강하게 하고, 엘리먼트의 양도 적절히 표현한다 [표 5].

◈ [표 5] 재택과 공실의 상품연출차이

	재택	공실
악센트 컬러의 강약	적게(눌러줌)	강하게(계절감)
엘리먼트의 양	적당히 줄임	적절한 생활감을 표현

① 현재 상황의 파악과 분석

고객의 시선으로 해당 매물에 대해 소재를 모으고 현장사진을 찍는다. 고객에게 첫인상을 주는 진입로부터 촬영하고 실내의 각 공간별 사진을 찍어둔다. 아래의 사진은 서울시 역삼동의 한 단독주택에 대한 매물사진을 현장에서 직접 촬영한 것이다. 마을의 초입부터 집안으로 들어가는 순간을 고객의 시선과 동선에서 촬영을 한다. 그리고 집안으로 들어 왔을때는 대문에서부터 마당을 거쳐 실내공간을 하나씩 촬영한다[그림 22].

▲ [그림 22] 단독주택의 현재상황분석(외부진입로부터 대문, 마당, 실내까지 사진촬영)

② 체크리스트 만들기

아래의 표와 같이 해당 매물의 각 공간에서 상품으로서 방해를 주는 것이 무엇인지를 판단하는 체크리스트를 만든다. 여기에는 당장 버려야 할 것, 일시 보관해야 할 것, 주변에 줄 수 있는 것, 중고장터 등에 팔수 있는 것으로 분류한다[표 6].

❖ [표 6] 4가지 분별법(장미정, 2021)

장소	당장 버릴 것	일시보관해야 할 것	주변에 줄 수 있는 것	팔 것
현관				
거실				
주방				
욕실				
침실1				
침실2				
베란다				

③ 아이디어의 이미지 추출

현장분석을 통해 머릿속에 떠오른 아이디어를 참고하기 위해 인터넷으로 이미지를 찾아본다. 이것은 참고이미지로 고객에게 의사전달할 때 중요한 수단이 된다[그림 23].

▲ [그림 23] 마당에 대한 이미지추출 (출처: https://www.idesignarch.com)

④ 아이디어의 이미지 검토

현장분석과 체크리스트를 통해 현재상태를 파악하면 아이디어 이미지와 함께 해결책으로서 어느정도 머릿속에 떠오른 이미지를 스케치해본다. 이러한 검토에서는 간단한 페인팅에서 인테리어 보수까지 어디서부터 어디까지 진행을 할지 고민하고 검토한다[그림 24].

▲ [그림 24] 앞 마당에 대한 이미지 스케치(장미정, 2021)

⑤ 콘텐츠 책정

이전의 현장상황분석부터 아이디어 이미지 검토까지 끝나면 어느정도 해당 매물에 대한 컨셉이 결정된다.

2) 입지분석 단계

이 단계는 본격적인 부동산 상품으로서 주변도로, 인프라 등 입지를 분석한다. 입지분석할 때는 아래와 같이 지역 및 도시분석, 근린분석, 부지분석, 수요분석, 공급분석을 고려해야한다[표 7].

◈ [표 7] 시장분석에 고려해야 할 요인들

범주	고려요인
지역 및 도시분석	지역 및 도시의 경제활동, 인구 및 소득수준, 지역 및 도시의 성장과 개발유형, 교통망, 경제기반분석
근린분석	근린지역의 경제활동, 근린지역에서 개발사업의 현재와 미래의 경쟁력, 인구적 특성, 교통 흐름
부지분석	용도지역제, 건축규제, 전기·가스·상하수도 등 편의시설, 부지의 크기와 지형적 조건, 접근성
수요분석	경제, 인구, 추세분석
공급분석	공실률 및 임대료 수준

3) 스타일 메이킹 단계

이 단계는 구매예정자를 어떤 고객으로 할지 부동산 마케팅을 통해 타깃을 설정하고 상품으로 만들어간다. 여기서는 어떻게 표현할 것인지가 중요하다. 7단계에서 언급한 정리정돈, 청소세척, 수리보수, 공간연출이 들어간다.

아래의 그림처럼 중요한 점은 부동산 매물도 하나의 상품으로서 높이에 따라 고객의 시선처리를 달라야 한다. 즉, 의자나 협탁과 같이 60cm의 낮은 존(A)과 서랍장과 식탁의 90cm의 중간 존(B), 책장과 장식장의 180cm이상의 높은 존(C)은 각각 고객의 시선처리를 다르게한다[그림 25].

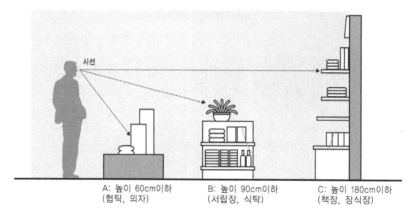

▲ [그림 25] 부동산 상품을 위한 수직적 시선과 정리법(장미정, 2021)

또한 여기서 중요한 점은 상품으로서 돋보이게 연출을 하는 것이다. 즉, 보여주는 곳을 만드는 것이다. 고객에게 잘 보여줄 수 있도록 고객이 지나가는 동선에 각각 포컬 포인트를 만들어 준다. 아래의 그림처럼 선은 고객이 움직이는 동선이 되고, 점은 포컬 포인트가 된다 [그림 26].

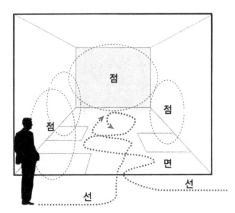

▲ [그림 26] 공간에서의 연출 포인트(점-선-면)

3. 홈스테이징의 가이드라인

1) 명확한 타깃을 잡는다.

홈스테이징의 영역은 특정한 고객이라고 해도 너무 세분화된 고객이 아니라 연령층이나 소득층에서 두루 공감할 만한 것이어야 한다. 명확한 타깃을 잡기 위해서 아래의 가이드라인을 참고해본다. 예상고객의 연령, 소득수준, 가족 구성, 라이프 스타일, 세일즈 포인트 등 있다. 이것을 통해 고객에게 어떻게 보여줄 것인지 공간연출로 표현한다[표 8].

◈ [표 8] 타깃 구체화하는 법

구분	내용
연령	
소득수준	
가족 구성	
라이프 스타일	
세일즈 포인트	

타깃은 가능한 한 구체적으로 대상을 정하는 것이 중요하다. 어떤 타깃에 맞추어 상품을 만들것인지 구매 유도 포인트로서 중요하다. 타깃을 명확히 하기 위해서는 아래의 그림처럼 라이프스타일, 생애단계, 연령별로 나누고 어느정도 범위가 좁혀지면 상품화 계획을 한다 [그림 27].

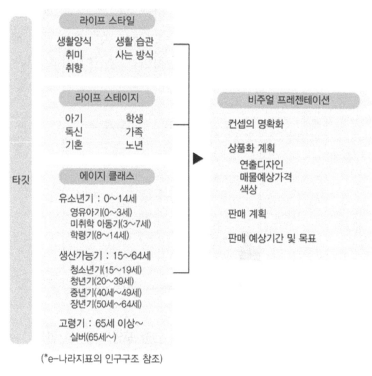

라이프 스타일

생활양식   생활 습관
취미   사는 방식
취향

라이프 스테이지

아기   학생
독신   가족
기혼   노년

에이지 클래스

유소년기 : 0~14세
  영유아기(0~3세)
  미취학 아동기(3~7세)
  학령기(8~14세)

생산가능기 : 15~64세
  청소년기(15~19세)
  청년기(20~39세)
  중년기(40세~49세)
  장년기(50세~64세 이상)

고령기 : 65세 이상~
  실버(65세~)

(*e-나라지표의 인구구조 참조)

비주얼 프레젠테이션

컨셉의 명확화

상품화 계획
  연출디자인
  매물예상가격
  색상

판매 계획

판매 예상기간 및 목표

타깃

▲ [그림 27] 타깃 정하기

2) 구매예정자를 고려한 스타일을 찾는다.

홈스테이징을 할 때는 전반적으로 누구나 생각할 수 있게끔 한다. '누구나 생각할수 있게 끔 한다'는 것은 공감영역을 만드는 것이다. 이러한 공감영역은 바로 동시대를 살아가는 사람들의 생활방식(lifestyle, 라이프 스타일)이 대표적이다. 스타일을 정할 때 단순히 보여주는 것으로 끝나면 안 된다. 즉, 구매예정자의 구매 이후의 삶을 상상할 수 있도록 스타일을 정해야 한다. 홈스테이징이 인테리어와 가장 큰 차이점이 바로 여기에 있다. 너무 화려하지도 않으면서 구매 예정자를 고려해 스타일을 만들기 때문에 최근 유행하는 대표적인 스타일이나 특정 계층이나 연령층이 좋아할 만한 스타일로 선정한다[그림 28].

스타일

통시적 관점	공시적 관점	
예술과 디자인 Art & Design	문화현상(Mega, macro) Cultural Phenomenon	하위문화(micro) Sub-culture
고딕 스타일 바로크 스타일 클래식 스타일 모더니즘 팝아트 ...	레트로 로하스 웰빙 노마드 빈티지 ...	히피 힙합 펑키 비트 글램 ...

▲ [그림 28] 스타일의 분류

3) 공간을 레이아웃한다.

부동산 매물의 레이아웃을 구성하는 기준은 사람, 가구, 기타 장식소품이다. 이때 공간의 레이아웃에서 가구가 가장 많이 좌우한다. 따라서 공간 레이아웃할 때는 주요 공간인 거실, 주방, 침실 순으로 레이아웃을 한다.

① 거실, 대화를 이루는 소파 배치를 한다.

거실은 고객이 실내로 들어왔을 때 현관 다음으로 접하게 되는 중요한 장소이다. 이곳은 청소 및 정리정돈 상태뿐만 아니라 공간연출도 구매자의 마음을 사로잡을 수 있도록 신경써야 한다. 먼저 가구의 배치가 중요하다. 해당 매물에 어떤 고객을 예정하는지에 따라 아래와 같이 가족중심의 ㄷ자의 대면형, 분산형이 될 수 있으며, 1~ 2인 가족의 경우 직렬형이 된다 [그림 29].

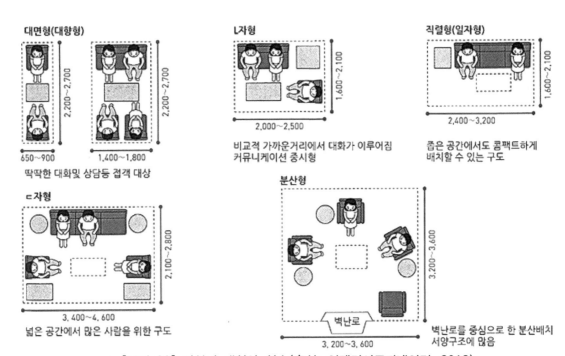

▲ [그림 29] 거실의 배치와 치수(출처: 인테리어코디네이터, 2019)

② 부엌·식탁, 요리하는 모습을 보여준다.

다음으로 홈스테이징에서 드라마틱한 효과를 주는 곳이 바로 부엌과 식탁이다. 그 중 식탁의 공간은 아래의 그림처럼 해당 매물의 고객구성에 따라 가구의 배치가 달라진다. 또한 자칫 식탁의 배치를 잘못하여 공간이 좁아 보일 수 있으므로 신경 써서 배치해야 한다[그림 30].

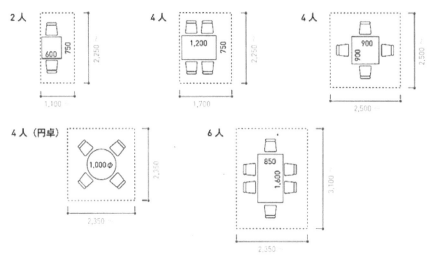

▲ [그림 30] 식탁의 배치와 치수(출처: 인테리어코디네이터, 2019)

③ 침실, 침대배치가 좌우한다.

침실은 매트리스의 크기에 따라 공간의 크기를 파악할 수 있다. 빈 공간에 아무것도 없는 것보다 침대가 놓여진 곳은 구매예정자가 매물을 보러 왔을 때 훨씬 공간의 크기를 빨리 파악할 수 있다. 침대의 사이즈는 싱글베드, 슈퍼싱글베드, 더블베드의 사이즈는 외워두는 것도 좋다[그림 31].

▲ [그림 31] 싱글베드, 더블베드, 1인용 이불의 치수

홈스테이징은 상품으로서 물건의 가치가 높아보이게 연출하는 것이다. 그래서 실제 생활에서는 침대를 배치할 때 거주자의 생활 행동패턴에 따라 주로 배치하나 여기는 공간이 상품으로서 있어보이게 배치하는 것이 무엇보다 중요하다. 그래서 침실에서는 침대의 베드를 벽의 코너에 배치하는 것이 아니라 중앙에 배치한다. 방문을 열고 바라보았을 때 침대헤드가 중앙에 보이도로 좌우대칭구조로 배치한다[그림 32].

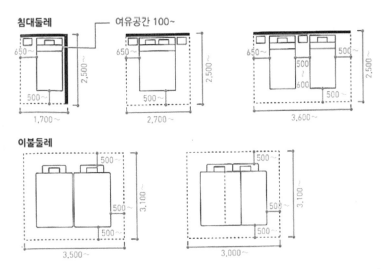

▲ [그림 32] 침대배치와 여유공간 치수(출처: 인테리어코디네이터, 2019)

4) 연출이 돋보이는 포인트를 만든다.

　어느 정도 가구의 배치가 끝나면 그 다음으로 하는 것이 공간의 포인트를 만드는 것이다. 이것이 홈스테이징이 인테리어와 다른 점이다. 아래의 그림과 같이 모든 공간을 다 하는 것이 아니라 고객이 해당 매물을 방문했을 때 시선을 끌만한 포인트 지점에 중요한 장식소품을 두거나 액자 등을 두어 고객의 시선을 유도하는 것이다[그림 33].

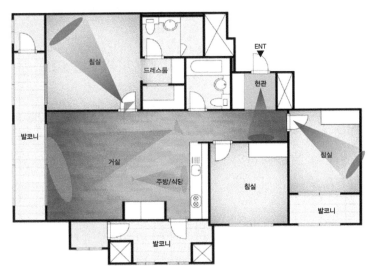

▲ [그림 33] 포컬 포인트가 되는 곳(장미정, 2021)

4. 홈스테이징의 공간별 콘셉트

1) 어필할 수 있는 인테리어 스타일을 찾는다

홈스테이징은 고객에게 어필할 수 있는 인테리어 스타일을 찾는 것이 무엇보다 중요하다. 이것은 고객에게 매력적으로 보일 수 있는 포인트를 찾는 방법이 될 수 있다.

인테리어 스타일은 타겟 고객의 생활양식과 취미, 취향을 담고 있다. 아래의 그림과 같이 인테리어에서 사용하는 스타일은 가로축의 웜(Warm)과 쿨(Cool), 세로축의 소프트(Soft)와 하드(Hard)를 기초로 하여 14가지 스타일이 있다. 그리고 이를 서로 혼합하여 퓨전 스타일로 활용한다[그림 34].

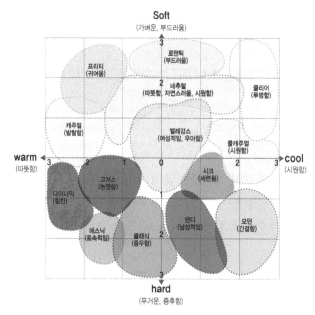

▲ [그림 34] 이미지 스케일(장미정, 2021)

타겟 고객에 따라 조금은 달라질 수 있지만 최근 홈스테이징에서는 가로축의 쿨쪽에 있는 클리어 스타일, 네추럴 스타일, 시크 스타일, 모던 스타일, 클래식 스타일이 활용되고 있다. 그리고 이를 응용하여 퓨전 스타일은 하나의 스타일을 먼저 정하고 이를 메인으로 하여 다른 스타일을 악센트로 가미시킨다.

① 클래식 스타일

클래식 스타일은 '고전적·전통적·일류의' 등의 의미가 있다. 인테리어에서는 유행에 좌우되지 않고 장기간 지속되는 스타일이다. 영국이나 프랑스의 앤티크 가구와 골드의 장식들과 어우러진 실내 스타일이다[그림 35].

② 댄디 스타일

댄디 스타일은 영어로 '멋쟁이, 맵시꾼'을 뜻하는 dandy에서 유래한 것이다. 패션용어에서 유래한 것이다. 패션용어로서 자신의 옷과 액세서리에 유난히 관심을 많이 갖는 남성 스타일에서 유래했다. 인테리어에서 댄디 스타일은 엘레강스 스타일과 반대 콘셉트로 지적이고 세련된 남성의 공간으로 사용된다[그림 35].

③ 에스닉 스타일

에스닉 스타일은 민속적(ethnic)이며, 토속적인 것으로 기독교 문화를 바탕으로 한 서유럽과 미국이외의 문화권에서 나타난 민족 고유의 스타일이다. 특히, 아프리카, 중동, 중남미지역, 중앙아시아, 몽고 등의 스타일을 가르킨다. 에스닉 스타일은 민족의상이 가지는 독특한색이나 소재, 수공예품 등이 있다[그림 35].

클래식 스타일　　　　댄디 스타일　　　　에스닉 스타일
(https://layjao.com)　　(www.pinterest.jp)　　(https://mydecorative.com)

▲ [그림35] 클래식스타일, 댄디스타일, 에스닉스타일

④ 모던 스타일

모던 스타일은 필요 없는 장식을 과감히 배제하여 매우 간결하면서 실용성을 강조한 것이 특징이다. 주로 세련됨을 극대화하기 위해 모노톤의 색을 주로 사용하며 최근에는 화이트를 주로 사용한다. 대리석이나 금속을 주요 재료로 사용한다[그림 36].

⑤ 미니멀 스타일

미니멀 스타일은 장식을 절제하고 공간의 효율성을 극대화하는 디자인이다. 최근 1인가구가 증가하고 킨포크 라이프와 같이 비우는 것에 대한 생활방식이 등장하면서 더욱 인기를 끌고 있다. 최소 공간으로 최대 효과를 내기 위해 공간의 레이아웃과 가구를 활용하고 최대한 장식을 배제하는 것이 특징이다[그림 36].

⑥ 내추럴 스타일

내추럴 스타일은 인위적으로 만든 것보다 자연의 느낌을 더 추구한다. 최근 인테리어는 우드 패널과 같이 자연의 나무소재를 주로 사용하고 있다. 우드패널의 바닥과 걸레받이 몰딩, 천정몰딩은 적벽돌색에서 화이트색으로 바뀌었고 여기에 실내장식은 짙은 녹색의 실제 식물과 화분으로 연출되고 있다[그림 36].

모던 스타일(출처:catalk.kr)　　미니멀 스타일decoraid.com)　　내추럴스타일(smalldesignideas.com)

▲ [그림 36] 모던스타일, 미니멀스타일, 내추럴스타일

2) 공간에 흐름을 만들어야 고객이 오래 머문다

① 공간 조닝

홈스테이징에서 가구를 옮기거나 공간을 재배치할 때 조닝과 동선은 먼저 고려되어야 한다. 조닝(zoning)은 공간을 용도별로 나누어 배치한다. 예를 들어, 집안에서 공용영역의 거실과 부엌, 개인영역의 침실과 욕실 등 성격이 같거나 유사한 것 끼리 공간에 영역을 만드는 것이 조닝이다[그림 37].

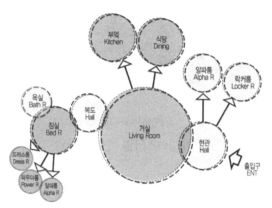

▲ [그림 37] 공간 조닝(장미정, 2021)

② 동선 흐름

조닝을 할 때 동선(flow, 흐름)도 함께 고려해야 한다. 동선은 공간에서 사람이 움직이는 선이다. 동선을 어떻게 계획했는지에 따라 공간을 편리하게 이용할 수도 있고, 불편해질 수도 있다. 동선은 공간에서 가장 많이 이용하는 메인 동선(heavy traffic, 주동선), 중간정도 이용하는 서브동선(medium traffic), 가볍게 이용하는 보조동선(light traffic)이 있다[그림 38].

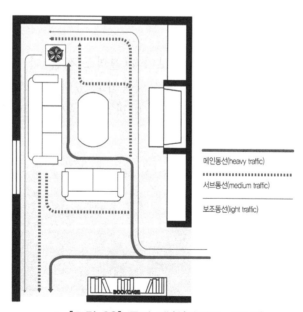

메인동선(heavy traffic)

서브동선(medium traffic)

보조동선(light traffic)

▲ [그림 38] 동선 계획(장미정, 2021)

고객이 해당 매물을 보러 와서 안내를 할때는 스테이징을 거친 집을 보여주게 된다. 이때 몇 가지 동선 패턴이 있다. 그것은 터널형, 교차형, 트리형 동선이다. 고객은 그 공간에 대해 더 오래 기억하게 되고, 이것은 이후에 매매로 쉽게 유도될 수 있다[그림 39].

(1) 터널형 동선　　　(2) 교차형 동선　　　(3) 트리형 동선

▲ [그림 39] 동선의 종류

③ 가구 배치

가구배치를 할 때 비례와 균형, 좌우대칭구조를 늘 생각한다. 좌우대칭을 의식하여 만들어진 공간은 고객에게 안정감을 주고, 공간이 더 정돈되어 깔끔한 인상을 주게 된다.

홈스테이징에서는 대부분 대칭구조로 가구를 배치한다. 이때는 가상의 수평, 수직 기준선을 만든다. 이렇게 대칭구조로 가구배치를 하면 고객이 짧은 순간 공간을 둘러볼 때 공간이 정리가 되어 넓어 보이는 인상을 갖게 된다[그림 40].

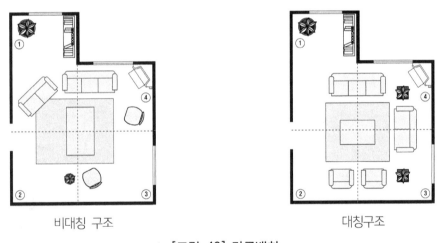

비대칭 구조　　　대칭구조

▲ [그림 40] 가구배치

3) 공간별 콘셉트를 다르게 한다

홈스테이징을 거친 물건을 보여주는 것은 판매방법의 일부이다. 미국의 2021년 홈스테이징 보고서에 따르면 홈스테이징 효과의 중요성은 거실, 안방, 주방, 식당 순으로 나타났지만, 일본의 경우, 식당, 현관, 주방, 화장실 순으로 나타났다. 나라마다 약간의 차이는 있지만, 구입을 생각하는 고객이 집을 둘러볼 때 홈스테이징을 위한 장소로는 대표적으로 거실, 식당, 부엌, 욕실, 침실, 발코니에 대해 다룬다.

① 거실, 화사한 공간으로 연출한다

거실은 대개 구매자의 가족이 공동으로 머무는 장소이므로 밝고 화사한 분위기로 만드는 것이 좋다. 거실의 포컬 포인트는 벽면에 있다. 벽면에는 TV나 장식장 또는 포인트용 액자가 놓여 질 수도 있다. 거실의 포컬 포인트 벽면이 정리되면, 그 다음으로 거실의 쇼파 앞에 놓여진 쇼파 테이블도 그냥 비워 두지 말자. 개성이 전혀 없어 어떤 고객이 오더라도 매물을 보고 매력적이라고 느끼지 않을 것이다. 소파주변은 센터테이블과 사이드 테이블을 이용하여 정리하고 잡지나 책 두세권과 멋진 꽃병을 이용해 소품을 놓아둔다. 홀수로 하는 것이 시각적으로 안정감이 있다[그림 41].

거실(before)

거실(After)

▲ [그림 41] 거실(출처:CHSSP)

② 다이닝룸, 즐거운 식사장면으로 연출한다

다이닝 룸(dinning room)은 테이블 위를 그냥 두는 것보다 엘리먼트를 장식하면 분위기가 고조된다. 예를 들어, 고가의 아파트에서는 디너파티를 하는 듯 연출을 하는 것이 좋다. 이것은 구매예정자가 구매 이후의 삶을 상상할 수 있도록 하는 것으로 이 매물을 통해 좀 더 나은 삶을 제공하기 위한 것이다. 또한 가족 단위로 타겟을 정한 경우라면 아침식사나 점심식사 분위기를 연출하는 경우가 많다[그림 42].

식탁(before)

식탁(After)

▲ [그림 42] 식탁(출처:CHSSP)

③ 침실, 호텔같은 분위기로 연출한다

침실은 취침이 이루어지면서도 사적이고, 독립성이 강한 공간이다. 그래서 프라이버시가 확보되어야 할 곳이다. 침실을 스테이징할 때 소음이 많은 곳과 동선이 교차하는 장소가 있다면 피하는 것이 좋고 공간의 재배치를 해야 하는 경우도 있다.

주택에서 침실은 수, 크기, 상태에 따라 가격에 큰 영향을 줄 수 있어 침실도 스테이징을 해야 한다. 고객은 개방적이고 환기가 잘 되는 곳, 차분한 분위기의 침실에 감동을 느끼기 때문에 답답할 정도로 많은 양의 가구나 넘칠듯한 짐들이 가득한 방은 싫어한다.

정리정돈과 청소를 하고 말끔하게 정리된 빈공간의 침실에서부터 시작한다. 침대가 공간에 비해 너무 커 침실이 작아 보인다면 과감히 침대를 바꿀 필요가 있다. 이때 침대는 가구 렌탈을 통해 팔리는 기간 동안 임대를 할 수도 있다. 침대 뒷벽을 포컬 포인트로 하여, 침대를 중앙에 두고 침대 양옆으로 협탁과 테이블 스탠드를 두어 무드를 잡아준다. 그리고 침대 헤드 위쪽이 포컬 포인트이므로 공간의 전체적인 비례에 맞지 않는 거울을 제거하고 안정감을 줄 수 있는 액자로 연출을 한다.

침실(before)   침실(After)

▲ [그림 43] 침실(출처:CHSSP)

④ 발코니/테라스, 잊지말고 연출한다

눈앞에 펼쳐지는 조망이 좋은 매물이라면 조망을 최대한 장점으로 끌어내야 한다. 이때 활용하면 좋은 것이 바로 발코니이다. 발코니를 통해 외부로 나갈 수 있는 매물의 경우 고객은 밖을 나가 구경을 하게 된다. 이때 눈앞에 공원의 녹음이 우지거나 조망이 좋은 경우에는 발코니도 포컬 포인트가 될 수 있다. 고객이 집을 구경할 때 발코니로 나가는 경우도 고려하여 발코니를 정리하고 청소를 한다. 날씨가 좋은 날에는 발코니로 나가 주변의 경관을 볼 수 있다. 그러나 이곳에 고객이 왔을 때 전혀 그런 상상을 할 수가 없다. 전망이 좋은 뷰를 가지고 있지만 좀 더 감동을 주려면 테라스에서의 티타임을 가질 수 있는 상상을 할 수 있게 해라. 아무 것도 손을 대지 않은 발코니는 그냥 회사 옥상같은 무미건조한 느낌만 준다. 조망이 별로 좋지 않거나 발코니로 나갈 가능성이 적은 경우에는 물건이 놓여있어도 문제는 없지만, 말끔히 청소하는 편이 좋다.

발코니(before)   발코니(After)

▲ [그림 44] 발코니(출처:CHSSP)

☑ <참고문헌> 장미정, 잘 팔리는 부동산은 따로 있다, 라온북, 2021

MEMO

부동산전문가과정 2 부동산 상담마케팅실무

초판인쇄 : 2025년 1월 8일
초판발행 : 2025년 1월 15일
편 저 자 : 박종철, 안진희, 고서연, 박유희, 장문정,
          장미정, 정경연 공편저
발 행 인 : 박 용
등   록 : 2015년 4월 29일 제2019-000137호
발 행 처 : (주)박문각출판
주   소 : 06654 서울특별시 서초구 효령로 283 (서초동, 서경빌딩)
전   화 : 02-6466-7202 Fax : 02-584-2927

저자와의
합의하에
인지생략

정가 : 40,000원   ISBN 979-11-7262-512-2